本书由福建省黄檗山万福寺资助出版

禅与文明丛书

主编　定明
执行主编　孙国柱　能仁

道元与中国禅思想

何燕生　著

中国大百科全书出版社

图书在版编目（CIP）数据

道元与中国禅思想 / 何燕生著 . -- 北京：中国大百科全书出版社，2024.8
ISBN 978-7-5202-1495-7

Ⅰ.①道… Ⅱ.①何… Ⅲ.①禅宗—中国 Ⅳ.①B946.5

中国国家版本馆 CIP 数据核字（2024）第 035304 号

出 版 人	刘祚臣
策 划 人	曾 辉
责任编辑	邬四娟
责任校对	齐 芳
责任印制	李宝丰
封面设计	周 晓
出版发行	中国大百科全书出版社
地　　址	北京阜成门北大街 17 号
邮政编码	100037
电　　话	010-88390636
网　　址	www.ecph.com.cn
印　　刷	北京利丰雅高长城印刷有限公司
开　　本	880 毫米 ×1230 毫米　1/32
印　　张	13.75
字　　数	304 千字
版　　次	2024 年 8 月第 1 版
印　　次	2024 年 8 月第 1 次印刷
书　　号	ISBN 978-7-5202-1495-7
定　　价	88.00 元

本书如有印装质量问题，可与出版社联系调换。

总序

"禅为佛心,教为佛语",禅源自佛教,却又超越了佛教。从释尊灵山拈花示众、迦叶破颜微笑,到东土花开五叶,禅花一脉相承不坠。在过去,作为中华优秀传统文化的重要组成部分,禅宗具有突出的创造性、包容性、灵活性等特性,彰显了中华文明的精神内涵,深刻影响了东亚文明形态,甚至进入欧美国家开启了深层的文明对话。在未来,禅将使人类拥有通向生命觉醒的内向途径。故吾人可说,禅是象征东方文化的文明瑰宝,更是导向人类自我觉醒的精神高峰。

首先应该指出的是,禅在中国文化语境里具有非同寻常的意义。太虚大师说:"中国佛学的特质在禅。"这是对中国佛教思想底蕴、观行与僧寺制度进行深刻观察得出的洞见。在宗门,禅以开悟见性为宗旨,强调教外别传,以心传心。在教下,如天台、华严皆以禅观为立宗之"纲骨"。天台、华严等初期祖师或从禅出教,示己心中所证法门;或从教入禅,证如来所授法门,从而创建出中国教观圆融的天台宗、华严宗。这些中国化的佛教派别,不仅代表着中国佛教思想的高度,也是佛教在世界哲学史、思想史领域的一座丰碑。

非常有必要重新回顾禅学的黄金时代,这也是今天重启禅与文明关系思考的基础起点。钱穆先生曾大赞唐代禅师乃盛世之豪杰。总括而言,禅宗的兴起体现了佛教声闻解脱精神与菩萨入世情怀的完美结合,实现了对佛教本真精神的回归。如果说四祖道信、五祖弘忍所处的东山法门时代尚是禅宗的雏形阶段,那么以神秀禅师为代表的努力则为北宗禅进入帝王和士大夫阶层的精神世界做出卓越贡献,也为后续南宗禅的发展铺垫了社会基础。惠能南宗一脉经过南岳怀让、青原行思二师的数代相传,蔚然大观。在唐五代以至北宋时期,禅宗发展迎来全盛时期,出现了五家七宗的发展格局。从此,禅宗成为中国佛教发展的脊梁,也是维系中国佛教法运的根基。禅宗五家宗风各异。临济宗继承百丈、黄檗的大机大用禅风,采用三玄三要、四照用、四料简、四宾主的方法,棒喝齐施,禅风险峻,具有"临济将军"之誉,直指人心。至有宋一代,临济禅风转而变为文字禅、看话禅,对宋明士大夫群体影响深远。曹洞宗则提倡五位君臣、内外回互,重视理事圆融。到南宋时期曹洞禅演变为默照禅,禅风隐秘、殷实、绵密,素有"曹洞土民"之称。沩仰宗的沩山灵佑和仰山慧寂二人师资唱和,语默不露,体露双彰,以十九门之法(仰山)接引后学,方圆默契,灵活运用华严无碍圆融思想。云门三句之涵盖乾坤、截断众流、随波逐浪的禅法,风驰禅林,有"云门天子"之誉。法眼禅风强调一切现成,引导学人见色明心,闻声悟道,举一心为宗,照万法如镜,真可谓圆同太虚,无欠无余。

诚如太虚大师所总结的，中国禅学史在南宗禅发展以前，有着数百年依据佛经而修禅观的"依教修心禅"发展阶段。而从禅宗的兴起到五家分灯，则历经了悟心成佛禅、超佛祖师禅和越祖分灯禅等不同时期。在禅宗五家形成以前，澄观、宗密等禅师曾努力融合禅教理念；五代十国以后的禅宗五家，则更重视教外别传的直指禅风。纵观历史，禅宗五家七宗丰富多彩的独特教学方法论也是人类教育史上一朵朵绚丽的"奇葩"。需要特别指出的是，五代、两宋开启了禅学与儒学切磋琢磨的新阶段——独特的禅学思想对宋明新儒学产生了很大影响。"儒门淡薄，收拾不住，皆归释氏耳。"这句北宋张文定与王安石交流时的感慨之语，足以说明佛教之兴盛、禅宗影响之广大。儒家思想以"内圣外王"为核心宗旨，纵观历史，"外王"治世一直以来是儒家的强项，然而"内圣"修证部分则常取径禅学。禅宗心性论与功夫论为士大夫群体开通了儒家"内圣"的路径，并在思想与实践方法上提供了支持。因此儒家在宋明时期创发出程朱理学、陆王心学，这些学说不仅影响了近世以来的中华文明形态，还影响了东亚文明史和思想史，形成了有别于西方哲学的纯粹哲思。

禅对中华文明的贡献当然不止于此，事实上，随着两宋以来禅宗五家的全面发展，禅宗随之便有文字禅、公案禅、看话禅、默照禅等不同形态的发展，在诗词、书画、建筑等领域也产生了全面影响。如在中国文学史上，北宋时期的范温在《潜溪诗眼》一书中提出"学者先以识为主，禅家所谓正法眼，直须具此眼目，方可入道"。其后，南宋著名诗论家严羽在《沧浪诗话》中更是继承了这一观点，提出"论诗如论禅"——"大抵禅道惟在妙悟,诗道亦在妙悟"。严羽以禅喻诗,提出诗文创作如同禅道妙悟,是自性流露、妙语天成,而非思量计度所成,形成独特的"禅诗一味"诗论,对后世产生较大影响。这种禅与诗的相遇催生了许多经典佳句,如黄檗希运禅师的"不经一番寒彻骨,怎得梅花扑鼻香",广为传颂;照堂了一禅师的"若无闲事挂心头,便是人间好时节"的四时歌,经由无门慧开改造成为耳熟能详的经典。毫无疑问,黄檗祖师的这两首诗偈,传递着中华民族奋进拼搏的精神和追求生活美好的愿景。不仅是诗词,书画、建筑、园林、茶道等也深受中国禅学影响。总之,禅文化实为中华民族构筑社会和谐图景的远山——在多少次悠然心会时,总是可以发现其默默的身影。

禅,在根本上是不与世间的生活、文化隔绝的,可以随处落地生根。如今,禅早已不再为中国所独有,而为世界所共享了。禅源于印度佛教,禅花却盛开于中国,远播于东亚汉语文化圈,弘传于欧美世界,历经千年的传播史,体现了禅不断蜕变发展的强大生命力。当然,这里的禅也不能仅仅指中国的禅宗。如果从世界佛教史来讲,禅可概括为传统的止观禅,华严、天台大乘佛教的圆顿禅和禅宗的教外别传之宗门禅。传统的止观禅,即阿含佛经中所传授的禅观内容——四念处禅观。围绕四念处禅观的修学需要,还开演出戒定慧三学乃至三十七菩提分的教法。南传佛教,即以斯里兰卡、泰国、缅甸等为中心的东南亚和南亚佛教,传承了阿含佛经的佛教传统,重视四念处与阿毗达摩相结合的禅观实践传统。中国佛教则继承了印度佛教的阿含佛教、部派佛教以及大乘佛教,因此禅法传承内容丰富,具备不同时期佛教的禅观经典。隋唐时期形成的天台、华严则是以大乘圆教的立场，开创出独特的次第禅、非次第禅和圆顿禅观，形成中国佛教独特的禅观思想与实践。承前所述，禅宗更是独树一帜，强调直承灵山拈花之旨，一花五叶，蔚为壮观。如今，禅宗、天台、华严远传邻国朝鲜、韩国、日本，可谓花开异域，影响卓著。

这里不妨以日本为例，考察一下禅的文化输出能力。一言以蔽之，禅对于日本的影响不仅是宗教的，更是文化的。以"五山文学"为例，日本镰仓乃至室町时期模仿中国南宋时期的五山十刹官寺制度，设立了日本佛教的五山禅寺制度。从禅寺的"五山制度"到日本"五山文学"的出现，表明了宗教、哲学思想意义上的禅已被社会大众所接受，并进一步转化为文学层面的禅，被日本社会所推崇。这一禅学新进展深刻影响了日本社会文化的发展。可以这样说，由临济宗、曹洞宗、黄檗宗构成的日本禅宗三大派，在思想、文学、艺术、生活等领域对日本社会产生了全面的影响，构筑了日本独特的禅意美学。

至于禅在欧美国家的因缘际会，更是昭示了禅在人类文明进程中的无穷潜能。在20世纪，禅成为东方心性文明与西方基督文明沟通对话的桥梁。通过日本铃木大拙、阿部正雄、铃木俊隆、前角博雄等禅学代表性人物与西方宗教、哲学、心理学界的对话，催生出"基督禅"这样带有鲜明欧美基督文化背景的精神潮流。这体现了禅作为东方佛教的象征，可以作为一种跨宗教、跨学科、跨文化的独特存在。毫无疑问，禅的学科价值亟待发掘。由于禅对思想、社会精英产生一定的影响，一些西方心理学家甚至在思考如何运用禅学思想与禅修方法破解精神分析学的理论困境。在这方面，以荣格、弗洛姆为代表的精神病学家、心理学家致力于借用禅宗"无念"等方法来挖掘精神治疗的积极意义。还有一部分人在东南亚和南亚国家如泰国、缅甸、斯里兰卡等学禅，以杰克·康菲尔德为代表，他们学习南传佛教的禅修，将之与心理学结合起来运用于治疗实践。而乔·卡巴金则运用禅修内观方法，创立了正念减压的心理治疗学，在欧美形成一定的影响力。

在欧美地区，禅还开启了具有社会实践意义的和平运动。宣化上人（中国禅宗沩仰宗）于20世纪60年代初赴美传法，建立万佛城等道场，传播中国禅的思想，致力于世界和平运动。被西方称为"正念之父"的一行禅师肩负越南临济宗法脉传承重任，于20世纪80年代初以法国梅村为中心，融合中国禅和南传念处禅修，一生致力于和平主义运动。他运用禅修正念的方法提倡"和平在每个人心中，和平在这个世界上"，深受欧美社会人士的认同。

时光轮转，人类社会已经进入第四次工业革命，智能社会即将全面到来，但世界并没有因此获得和平，人类也并没有因此获得幸福，普罗大众反而生活得越加焦虑，乃至虚无不安；更为麻烦的是，社会矛盾加剧、战争频繁、危机四起……此情此景，不由让人想起泰戈尔来华时的感言："梵语中的'dharma'一词，也许是和'文明'一词意思最接近的。"泰戈尔还指出："dharma是对一个人的本质的最好表达。"这些具有高度智慧洞见的概括，非常有助于我们理解禅在未来人类世界的功能乃至贡献。那么，人类如何在科技昌明的时代保持理性的觉照，避免因科技发展无边界而使人类文明走向自我毁灭？如何在智能虚拟的世界中依然保持心性的觉照，使生命回归于真现实，获得精神世界的独立与自由？如何在日趋激烈的竞争中，发掘在缘起世界中本应彼此各美其美、长久和谐共生的可能？这种种的问题，都需要我们深思，乃至付出行动。

以上我们梳理了禅宗波澜壮阔、多彩多姿的传播史、接受史，这些已经足以给我们力量与希望。在历史上，禅佛教乃是构建亚洲文明的重要载体，在整个人类文明史中亦占据着重要的地位。反观今日由科技推动的迅速发展与矛盾危机并存的世界，我们更需具有观照与反思的能力。这又不得不乞力于禅了。禅悟的方法抓住了根本——化解一切矛盾，从心出发。这是因为，自我的觉醒与内心的和平才是我们与这个世界和平相处的根源。于是乎，禅悟直指自心，内而观之，从而照见自我问题，与自我和解，进而与外在世界达到无我共生的圆融境界。

2023年辞京回闽之初，我曾与京中师友畅聊如何着眼于禅与文明的视域，服务社会，贡献世界，以为当今有情众生之鉴，遂决意出版"禅与文明"系列丛书。从文明的高度理解禅，其实就是从最为普遍的公共层次重新寻找禅的根基与潜能。换言之，从文明的视域理解禅，不仅是寻找禅在当下的应然适应，更是致力于禅在未来时代的可能贡献。毫无疑问，禅与文明的视域，必然包罗甚夥——禅学思想，禅修方法，禅史的研究，禅对东亚思想、文学、艺术、生活等领域的多重影响，禅与东方文明的互动，禅与西方文明的对话，禅与现代精神分析学、心理学等领域的结合,如此等等当然皆在关注之列。

时光荏苒,岁月流逝,转眼已然多年。山居闲暇之际,心心念念当时在京华后海湖畔畅谈此事的喜悦心情。如今因缘际会,在各位师友的推动下,终于缘成当初一念心愿。本次出版"禅与文明"系列丛书第一辑,分别是洪修平教授的《中国禅学思想史》、马克瑞教授的《中国禅宗史》、何燕生教授的《道元与中国禅思想》,更多跨文化、跨学科的高水平大作亦将陆续推出。

行文至此,请容许我再次确认内心的信念——禅,是佛陀留给人世界的瑰宝;禅,是人类世界高度自省的文明;禅,是觉照自我与沟通世界不同文明的重要纽带……这一伟大的传统需要我们继承并加以弘扬!是为序!

黄檗住山 定 明
甲辰谷雨 于丈室

目 录

绪论 /001

上 篇┈┈道元其人及其著作

第一章 · 围绕道元生平的诸问题

第一节　道元的出身及其与荣西相见的问题 /027

第二节　道元入宋后的活动 /038

第三节　归国年日及其之后的活动 /051

第二章 · 迷途·觉路·梦中
——道元禅思想的形成

第一节　引言 /058

第二节　由"迷途"到"觉路"
——与禅的相遇 /060

第三节 由"梦中"到"觉路"
　　　　——认识中国禅 /066
第四节 由"空手还乡"到"普劝坐禅"
　　　　——弘扬"正传佛法"/074
第五节 结语 /079

第三章 · 关于道元的著作

第一节 《正法眼藏》/082

第二节 《宝庆记》/092

第三节 《永平广录》/097

第四节 《正法眼藏随闻记》/100

下　篇………道元对中国禅思想的理解

第四章 · 道元与如净（上）
　　　——如净的生平和《如净语录》

第一节 引言 /107

第二节 关于如净的生平 /108

第三节 《如净语录》/126

第五章 · 道元与如净（中）
——《如净续语录》真伪考

第一节　问题之所在 /137
第二节　《如净续语录》的正文及其问题 /140
第三节　《如净续语录》正文的成书年代 /151
第四节　《如净续语录》形成的背景 /163

第六章 · 道元与如净（下）
——关于修证思想的异同

第一节　引言 /167
第二节　研究的进展和问题点 /168
第三节　如净的修证思想 /173
第四节　道元对如净修证思想的理解 /184

第七章 · 雕文丧德与琢磨增辉
——关于道元对宏智正觉禅学的理解

第一节　问题之所在 /191
第二节　道元果真改动过宏智正觉的语言吗 /193
第三节　道元对宏智理解的标准和特征 /209
第四节　结语 /218

第八章 · 道元的佛性论

第一节 前言 /221

第二节 《佛性》卷中所见道元关于佛性的诠释及其特色 /223

第三节 "绝对有"
——道元佛性论在佛性思想史上的位置 /240

第四节 结语 /247

第九章 · 道元对心常相灭论的批判

第一节 问题之所在 /250

第二节 《正法眼藏》中所见道元对心常相灭论的批判 /255

第三节 中国禅文献中的心常相灭论 /260

第四节 结语
——道元批判心常相灭论的思想背景 /268

第十章 · 道元对三教一致说的批判

第一节 前言 /276

第二节 散见于道元著述中关于三教一致说批判的言说 /278

第三节 三教一致说批判的背景
——以道元强调对《法华经》的理解为线索 /288

第四节 结语 /302

结　章·**我们应当如何理解道元禅思想的特征**

第一节　历来的观点 /306

第二节　汉语禅学的日语转换

　　　　——道元禅思想的特征 /309

余　论

一、拈花微笑的思想史——从中国禅到日本道元禅 /315

二、从道元看禅宗的人间佛教思想 /329

三、当禅佛教遇到哲学家——田边元《〈正法眼藏〉的哲学私观》读后 /339

附　录

一、道元和日本曹洞宗 /361

二、道元《正法眼藏》及其思想特色 /375

三、道元研究部分书目 /388

英文提要 /393

引用·参考文献一览 /411

后　记 /419

绪论

一、前言

禅宗是形成于中国的一个佛教宗派。禅宗以北魏时代从印度来华的菩提达摩[1]（？—528）为初祖，以魏齐时代的慧可（487—593）为二祖，以隋代的僧璨（505？—605）为三祖，以唐代的道信（580—651）、弘忍（601—674）为四祖和五祖，重视师资传承。据现存的文献史料和目前的研究，禅宗作为一个宗派实际形成于唐代初期。一般认为，道信和弘忍聚集僧众五百余人以现今湖北省黄梅县的双峰山和冯茂山为中心，力倡坐禅修行，创立所谓的"东山法门"教团，即禅宗的开始[2]。弘忍死后，弟子神秀（605？—

---

[1] 关于"达摩"的汉字表示，通常用"达摩"，但引用文献中通用"达磨"，本书从引用文献，不做统一。

[2] 唐代净觉撰《注般若波罗蜜多心经》序说："次传蕲州东山道信禅师，远近咸称东山法门。"（柳田圣山：《初期禅宗史书之研究》，法藏馆，1967年，第596页）又，唐代宗密（780—841）的《圆觉经大疏钞》卷三之下载："忍大师承信大师后，诣冯茂山，居住止北山，在双峰山东，时人号为东山法门。"类似的记载还见于《楞伽师资记・大通神秀》等。载其规模相当之大，或说五百余人，或说千人、万人。

706）在以长安、洛阳为中心的北方地区弘法，其一派被称为"北宗"。而且，因其主张经过一定阶段的修行而逐渐达到开悟，即所谓的"渐悟"，所以，依其禅法的特征，又被称作"北渐"。另一位弟子惠能[1]（638—713）将弘忍的禅法传播到以现今广东省韶州为中心的南方地区，其一派被称为"南宗"。而且，因其强调"顿悟"，即主张不须经过一定阶段的修行，因时因地，根据不同的事态，顿然开悟，与"北宗"的"渐悟"相异，所以，一般称其为"南顿"。[2]

现今所传的禅宗的历史，其实是以惠能的"南宗"为中心的历史。惠能拥有很多弟子，其中荷泽神会（684—758）、青原行思（？—740）、南岳怀让（677—744）三人特别有名，他们为"南宗"的发展发挥了重要作用。神会在洛阳传法，与"北宗"学人进行辩论，力举惠能为禅宗的六祖，主张"南宗"的正统性。因其在洛阳的各种活动后来得到朝廷的认可，德宗贞元十二年（796），他的主张被正式承认。以惠能为六祖、以神会为七祖的传灯系谱于此得以

鉴于上述文字记载，将"东山法门"视为禅宗之成立的研究，可参见洪修平《禅宗思想的形成与发展》（浙江古籍出版社，1992年）第二章第四节《东山法门与禅宗之初创》。杨曾文在给魏道儒《宋代禅宗文化》（中州古籍出版社，1993年）所写的序中，也发表了同样的见解。然而，"禅宗"一语出现于禅宗文献，是在惠能以后；据柳田圣山的考证，最早出现在敦煌本《顿悟大乘正理诀》（柳田圣山：《初期禅宗史书之研究》，法藏馆，1967年，第454页）中。

1 关于"惠能"的汉字表示，有的文献写"慧能"。本书从引用文献，不做统一。
2 日本学术界一般认为，所谓"南宗""北宗"与"南顿""北渐"的说法，主要见于神会系的文献中。因此，对于历史事实，情况究竟如何，现在很难判断。这里，姑且依据一般的说法。《裴休拾遗问》中有关于"南宗""北宗"之别的叙述，可参见石井修道论文《真福寺所藏〈裴休拾遗问〉的翻刻》（日本花园大学《禅学研究》第60期，1981年）。

形成；神会一派也以荷泽宗之名而载入史册[1]。青原行思和南岳怀让二人在现今的江西省、湖南省一带从事传法活动，广收门徒，其影响逐渐波及全国，成为后来的禅宗主流。禅宗史上所谓"五家七宗"，其实就是以青原行思和南岳怀让及其门下的禅法为基础形成的宗派。"七宗"即指曹洞宗、云门宗、法眼宗、临济宗、沩仰宗，以及临济宗的黄龙派和杨岐派。

中国禅宗的著述很早就传入日本，而且还出现了一部分从事坐禅修行的人。据《续日本纪》记载，奈良时代随从遣唐使一起入唐的道昭（629—700）师从玄奘法师，玄奘劝其坐禅。归国后，道昭于元兴寺东南隅建禅院而住，全国"行业之徒"聚集于此，从道昭学禅。[2] 天平八年（736年，一说天平七年），道璿（702—760）赴日，称"我有心法，曰如来禅。昔三藏菩提达摩从天竺来，付此法于慧可、僧粲、道信、弘忍、神秀，七传而传至我师普寂"，将禅传授给大安寺的行表（722—797）。[3] 道璿所传的是北宗禅，该北宗禅通过行表进而传给最澄（767—822）。最澄亲自入唐，将中国

---

1 关于此事的记载有很多，这里仅介绍一例。比如前注提到的《裴休拾遗问》说："故德宗皇帝，贞元十二年，敕皇太子，齐诸禅师，楷定禅宗宗旨，搜求传法者傍正，遂有敕下，立荷泽大师为第七祖。"
2 见日本《续日本纪》文武天皇四年三月己未条中的《道昭卒传》。
3 见日本《元亨释书》卷一六《道璿传》（南条文雄、高楠顺次郎、大村西崖编著：《大日本佛教全书》第101卷，名著出版社，1911—1922年，第32页）。又，日本凝然（1240—1321）《三国佛法传通缘起》中的《禅宗》章载："寂禅师（普寂）下有道璿禅师，日本天平八年来朝，住大安寺，弘所学之禅法、律法。璿公以禅授予同寺行表和尚，行表授之最澄大德。"（南条文雄、高楠顺次郎、大村西崖编著：《大日本佛教全书》第101卷，名著出版社，1911—1922年，第106页）

天台宗和北宗禅传入日本。[1]据载，最澄的门徒圆仁、圆珍在入唐求法时，也广泛收集禅宗方面的著作，并将它们传入日本。[2]平安后期至镰仓前期，天台宗的觉阿（1143—1182）和大日房能忍（镰仓时代人，生卒年不详）的弟子练中和胜辨等人相继入宋，学习临济宗杨岐派等禅法，并且将它们传入日本。[3]然而，这些宗派并未作为一个独立的宗派流传下来。

中国的禅宗传入日本后，作为一个独立的宗派扎根于日本社会的，是镰仓时代由荣西（1141—1215）传入的临济宗和由道元（1200—1253）传入的曹洞宗。临济宗和曹洞宗传入日本后，与其他佛教宗派一样，经过独自的发展，在其传播和发展过程中，对日本历史和文化发展、日本人的精神生活和价值观的转化产生了重要影响。明末由隐元禅师传入日本的黄檗宗，对江户时代的日本政治、经济、文化产生过重要的影响。隐元称自己的禅法为"临济正宗"，对日本佛教宗派意识的形成起到过积极的促进作用。

据载，道元3岁丧父，8岁丧母，14岁时在比睿山出家，后来对比睿山的天台教义深抱"疑团"，最后离开了比睿山。为了寻求"正传之佛法"，24岁时，道元遥渡南宋，在南宋前后求法五年。宋

---

1 凝然著《八宗纲要》载："道璇律师承北宗之禅，传之日本。又，传教大师自大唐国，传于北宗，名佛心宗。近来名德亦自宋朝而传之矣。日本诸处盛以弘传。"（镰田茂雄译注：《八宗纲要》，讲谈社，1981年，第433页）然而，据《传教大师将来台州录》和《传教大师将来越州录》，最澄归国时，还带回许多的禅籍。

2 参见《大正大藏经》第55册所收圆仁、圆珍的《将来目录》。

3 参见虎关师练《元亨释书》卷六《觉阿传》（《大日本佛教全书》第101卷，名著出版社，1911—1922年，第207页）和日本《本朝高僧传》卷一九《能忍传》（《大日本佛教全书》第102卷，名著出版社，1911—1922年，第273页）。

004 · 道元与中国禅思想

朝时期的中国，在政治方面，各民族间的关系极其紧张。南宋建立后，迫于女真族建立的金的压力，迁都于临安（今杭州）。在思想方面，以朱子学为代表的宋学得以大成，士大夫研禅、参禅蔚然成风。由于士大夫对禅宗的热心研究，禅宗内外出现了主张儒、释、道在根本上相同的所谓三教一致的学说。[1]朝廷对佛教既不反对，也不鼓励，但也不使其"大盛"。比如南宋高宗说："朕观昔有恶释者，欲非毁其教，绝灭其徒；有善释氏者，即崇尚其教，信奉其徒。二者皆不得中。朕于释氏，但不使其大盛耳。"[2]可以想见，朝廷对于禅宗也并不例外。

关于禅宗的情况，当时，临济宗杨岐派最盛，曹洞宗也出现了中兴的迹象。杨岐派的兴盛以圆悟克勤（1063—1135）及其弟子大慧宗杲（1089—1163）的业绩为代表。圆悟对以前被称之为公案的语言和问答进行新的解释，撰写了名著《碧岩录》（10卷）等著作，对公案禅的形成产生了极大的影响。大慧继承圆悟的禅法，特别重视"狗子无佛性"的公案，力倡"看话禅"，其著作《正法眼藏》特别有名。大慧的弟子佛照德光（1122—1203）常奉召入朝，与皇帝谈论禅法等，为杨岐派的发展发挥了积极的作用。[3]关于曹洞

---

[1] 比较有名的是契嵩的《辅教篇》。契嵩从禅宗的立场倡导儒佛一致。作为提倡三教一致的著述，宋真宗的《崇释论》、孝宗的《原道论》、宰相张商英的《护法论》，也有名。道元在宋期间很可能接触到这些思想、言论，回到日本后发表了反对的意见，甚至进行强烈的批判。

[2] 见《宋会要辑稿·道释一》。

[3] 记载佛照德光受请入朝，与孝宗问答的言论，有《佛照禅师奏对录》，收入《古尊宿语录》卷四七。关于其生平，石井修道在《道元禅的成立史之研究》第九章第二节《佛照德光与日本达摩宗》中进行了考察，可参考。

宗，长芦清了（1088—1151）和宏智正觉（1091—1157）极力倡导"默照禅"，与大慧的"看话禅"形成对立格局。特别是长芦清了，相传门下有1700余人。而且，有学者认为，大慧对"默照禅"的批判，并非针对宏智正觉，而是针对长芦清了。[1]长芦清了在当时的影响可见一斑。长芦清了的禅法后被天童如净（1162—1227）所继承。如净强调坐禅，因得日本弟子道元，其禅法由道元传入日本。今天的日本曹洞宗，以道元为高祖，将如净奉为古佛。

道元正式参访如净，是在他入宋留学后的第三年，南宋宝庆二年（1226）的五月，地点在天童山景德寺。在此之前，道元曾拜访过几位禅师，但是，对与如净的相遇，他后来说"亲见先师，是逢人也"[2]，于是，皈依如净。道元参访如净期间，记录与如净的部分问答，后编集成书，命名为《宝庆记》。据载，如净一生，不用道号，淡泊名利，殷勤打坐；时人常以"净长"或"长翁"称呼。道元跟从如净学习"只管打坐，身心脱落"的禅法，并确信它就是"正传之佛法"。道元在后来撰著的《办道话》中述怀说，"参太白峰之净禅师，一生参学之大事于兹了毕"[3]，尊称如净为古佛。道元自步入佛道修行以来，一直不得解决的"疑团"，经与如净的相遇而冰消

---

[1] 关于大慧对"默照禅"的批判，一般认为是针对宏智正觉。柳田圣山针对这种说法进行考察，提出了完全相反的意见，认为大慧针对的不是宏智正觉，而是长芦清了。（柳田圣山：《看话与默照》，日本《花园大学研究纪要》第6期，1975年）

[2] 日文见水野弥穗子校注：《正法眼藏·行持》下卷，岩波书店，1991年。中文见何燕生译注：《正法眼藏》（修订版），宗教文化出版社，2017年，第156页。

[3] 何燕生译注：《正法眼藏》（修订版），宗教文化出版社，2017年，第2页。

瓦解。南宋宝庆三年（1227），道元回国，在归国后撰写的著作中，常署名"入宋传法沙门"。入宋留学对于道元来说，是一件引以为豪的大事。

道元归国后，很快撰写了《普劝坐禅仪》一文，阐释坐禅的方法和坐禅的重要性。在京都建仁寺住三年后，宽喜三年（1231），道元移居到京都南部深草（今京都府宇治市伏见区）的安养院。在这里，道元撰写了《办道话》，强调从如净所得的佛法是"单传正直之佛法"，并说："自参见知识始，更不用烧香、礼拜、念佛、修忏、看经，只是打坐，得身心脱落。"1233 年道元在深草开创兴圣寺，并迁居于此。道元在此上堂说法，开始了真正的禅林生活。当时的上堂是：

上堂。山僧历丛林不多，只是等闲见先师天童，当下认得眼横鼻直，不被人瞒，即空手还乡。所以无一毫佛法。任运且延时。朝朝日东出，夜夜月西沉。云收山骨露，雨过四山低。毕竟以何？良久曰："三年逢一闰，鸡向五更啼。"[1]

道元说他参访如净后，当下理解到"眼横鼻直"，并说自己"空手还乡"，鲜明地表达了道元对中国禅宗所谓的"本来面目""无所得"思想的理解。当时，还以《般若心经》为题材，撰写了《正法眼藏》中的《摩诃般若波罗蜜》卷和《现成公案》卷。翌年，由大日房能忍创立的达摩宗的怀奘（1198—1280）皈依道元，成为道

---

[1] 卍山道白校订本《永平广录》卷一，《曹洞宗全书·宗源》下所收。

元的弟子。怀奘笔录当时道元的一些说法语,命名为《正法眼藏随闻记》。兴圣寺时代,道元的思想最为活跃,他相继撰写了《正法眼藏·佛性》等名篇,并试图对以前的禅思想做出独到的解释。这些作品展现了道元禅思想的特色,对于了解道元的禅思想具有重要意义。

宽元元年(1243),道元离开兴圣寺,移住到越前(今福井县)。据各种传记记载,此次移住是受门人弟子的热心推荐和迎请之故。同年8月,临济宗的入宋僧圣一(1202—1280)来到京都,在当时执政者的大力支持下,建立东福寺僧团。这件事情似乎对道元刺激较大,他从此时开始,加强了对临济禅的激烈批判。道元的著作中所见到的对三教一致说的批判和对僧人接近世俗权力的批判,也是在此前后开始的。

宽元二年(1244),道元创建大佛寺,以此为根据地,开始了新的传禅说法生活。宽元四年(1246),道元将大佛寺改名为永平寺,强调永平寺才是真正的修行道场。

> 改大佛寺称永平寺。上堂。天有道以高清,地有道以厚宁,人有道以安稳。所以,世尊降生,一手指地,周行七步云:"天上天下唯我独尊。"世尊有道虽怎么,永平有道,大家证明。良久云:"天上天下当处永平。"[1]

当时的道元,对于自己所传的禅法充满着强烈的自信。道元继续着《正法眼藏》的撰写工作。因当时同行的弟子中以出家者为

---

[1] 大久保道舟编:《道元禅师全集》下卷,筑摩书房,1970年,第47页。

多，所以当时的作品内容主要以这些弟子为对象，着重论述出家者应有的修行形象等。此一时期，道元还以中国唐宋时代禅寺中的"清规"，如《百丈清规》《禅苑清规》等为样本，撰写了有关永平寺的修行方法和永平寺僧团运营规则的《永平清规》。道元除在48岁至49岁时曾到镰仓向北条传过法外，至54岁逝世之前，从未离开过永平寺。建长四年（1252），道元患病；翌年，病情加重。他以《八大人觉经》为内容，对弟子进行了最后一次开示，着重阐说"少欲""知足"等教义；不久作遗偈而逝世，享年54岁。遗偈曰："五十四年，照第一天；打个踍跳，触破大千。浑身无觅，活落黄泉。咦！"如净逝世前也留有一首遗偈，曰："六十六年，罪犯弥天，打个踍跳，活陷黄泉。咦，从来生死不相干。"可知道元的遗偈是在参照如净遗偈之基础上而写成的，表达了道元对如净的思念。道元一生，思慕先师如净，以弘扬和实践如净的禅风为己任。

镰仓时代，是日本的政治、经济、文化发生空前巨变的历史时期。一方面，由贵族阶级支配的政治体制开始走向崩溃，代之而起的是以武士为代表的政治体制的确立，且迁都于镰仓。另一方面，继荣西将临济宗从中国传入日本后，当时的一部分知识僧侣从以前单纯地移植、介绍中国佛教，逐渐开始转变为主动地消化、吸收中国佛教，并试图建构日本自己的佛教，向更高层面发展。这期间，法然（1133—1212）建立了日本净土宗，亲鸾（1173—1262）建立了净土真宗，日莲（1222—1282）建立了日莲宗，一遍房智真（1239—1289）建立了时宗。这些僧侣未曾到过中国，他们通过对当时传入日本的中国佛教徒撰写的经疏、论著的研究和宗教体验，在思想上与中国佛教徒共鸣，在日本本土创立宗派，其教义具有鲜明的日本特色。这些宗派的创始者在立宗开教的同时，为适应时代的嬗变，对以前佛教的思想内容和修行方法进行过某些新的解释，赋予佛教以新意，并且真正地使佛教在普通大众中流传开来，为此，我们一般称之为"镰仓新佛教"。随着这些宗派势力在普通大众中不断地得到加强，当时的执政者对它们实施了限制和统制政策；以比睿山为首的所谓旧佛教势力，对其也采取了排斥的态度，将它们视为异端邪说。[1]由道元所传的曹洞宗教团，尽管同样也受到旧佛教势力的排斥，但因得到一部分武士的支持，所以在以永平寺为基地的基础上，独自取得了很大发展。

基于对禅的深刻体验和理解，道元本人撰写了《正法眼藏》等多部著作，形成了庞大的思想体系，至今仍然受到日本人的推崇和信仰。道元的禅思想中的确有许多道元独创的东西，尤其是在75卷本《正法眼藏》中，道元用自己的母语——日语解释中国禅思想的概念时所表现出来的种种思想，极富魅力，为我们了解"中国禅思想的日本化"问题提供了重要的线索。道元毕竟是一位身着日本袈裟、讲日本话的日本僧侣，我们不能否认其思想中的日本特色。然而，我们也不能忘记，道元同时又是一位具有入宋留学经历的日本僧侣，用今天比较流行的话说，道元是一位"国际人"，他的禅思想，不可避免地与中国禅思想有着千丝万缕的密切联系。因此，在探讨道元禅思想的特征时，我们不能忽视中国禅思想的影响。只是用

---

[1] 20世纪80年代，日本历史学家黑田俊雄提出新的见解，他认为旧佛教是中世日本佛教的正统派，新佛教是中世日本佛教中的异端。（黑田俊雄：《日本中世的国家与宗教》第六章，岩波书店，1975年）

道元的著作讨论道元的禅思想，所谓"用道元研究道元"的做法，是不客观的，这不利于我们全面了解道元禅思想的真实面貌。

二、以前的研究及存在的问题

关于道元禅思想的学问性研究，可以说始于哲学家和辻哲郎（1889—1960）撰写的《沙门道元》[1]一文。该论文发表于1923年，开道元禅思想研究之先河。此论文的重要性在于作者将道元作为一个思想人物来把握，而不是像以前的佛教学人那样将道元作为曹洞宗的宗祖或宗教人格来宣扬；七百余年来，第一次将道元从宗门人的手中解放出来，将道元的禅思想奉献在一般知识分子和学者面前，使宗门内外的日本人意识到在日本佛教史上曾经有过道元这样富有创造性思想的优秀佛教人物的存在。和辻哲郎的研究不是以道元自己的著作为主要资料依据，而是利用道元的弟子怀奘笔录的《正法眼藏随闻记》，这无疑让人觉得其研究颇欠说服力。不过，从其试图用哲学思维方法把握道元的禅思想这一点来说，我们还是应该刮目相看，予以积极的评价。而且，后来一部分学者在建构新的道元研究视角时，大多是以和辻所开拓的道元研究的学问方法和思维理络作为参照，这给后来的道元研究以积极的影响。比如秋山范二的《道元研究》（岩波书店，1935年）和田边元（1885—1962）的《〈正法眼藏〉的哲学私观》（岩波书店，1939年）就是其例。与

---

[1] 此论文最初以连载的形式刊载于《思想》与《新小说》杂志，后来收入和辻哲郎所著《日本精神史研究》（1926年初版，1940年改订版，1992年收入岩波文库再版发行）。与

擅长哲学研究的和辻一样，秋山和田边二人将其毕生的精力倾注在哲学问题的探讨上。因此，他们二人对道元思想的兴趣，自然地主要放在了哲学或思想的问题上；其研究方法，可以说是对和辻的继承，或者说是对和辻研究的延伸。[1]总之，和辻是试图从学问的角度研究道元禅思想的开拓者，由他和秋山、田边所展开的道元研究，代表了第二次世界大战以前日本的道元研究水准。

第二次世界大战后，关于道元的研究取得了飞跃式发展，许多研究成果相继发表。其中，在基于历史学方法的研究成果中，最有代表性的，应该是大久保道舟的研究。大久保站在历史学的角度，尊重实证科学的方法，撰写了《道元禅师传之研究》一书，1953年由岩波书店出版，1993年再版。该书的出版，为道元生平传记的研究奠定了重要的基础，对以后的研究产生了较大的影响。其后，中世古祥道出版了《道元禅师传研究》（国书刊行会，1979年）一书，该书也是一部较有代表性的著作。不过，从其内容来看，主要是围绕大久保的研究中所提出的一些问题进行展开，并没有完全摆脱大久保的研究格局和思路。其后，竹内道雄撰写了《道元》一书，该书被收入由吉川弘文馆出版的人物丛书系列中。[2]竹内的研究特点在

---

[1] 田边元在该书序中说："我的目标，在于专从当今的哲学立场，解释最具重要意义的道元的思索内容，阐明其不朽的创见和深意足可指导现在的我们。……但是，作为我个人，在大约二十年前，通过畏友和辻哲郎氏的论文《沙门道元》（收入氏著《日本精神史研究》），第一次唤起我对正法眼藏的兴趣；加上通过与专以临济禅的祖录对禅的向往相呼应，具体到今天想亲自就道元谈一点什么，这是我完全没有预想的，其恩惠，不得不感谢。"由此可知田边元研究的立场和动机。秋山在其著作的序中也有相似的叙述。

[2] 1962年出版，1992年出版了新版。

于，他试图把道元放在道元所处的时代背景中来把握，并尽可能地关注当时中国佛教的现状、中国禅宗的趋势等问题。该书是作者在已发表的题为《道元宗教的历史性格》的论文的基础上改写和润色后成书的，可以说是一部概论式著作，也可以说是一部极具学术价值的著作。

在道元的生平传记研究不断推进的同时，有关道元著作的研究也方兴未艾，出版了不少的著作。关于这方面的研究，重点放在了有关日文本《正法眼藏》与汉文本《正法眼藏》的形成及二者之间的关联等问题的探讨上。这方面的成果，除一些零散性研究外，较有系统的研究要算河村孝道的《〈正法眼藏〉成立史的研究》（春秋社，1987年）、镜岛元隆等人主编的《十二卷本〈正法眼藏〉的诸问题》（大藏出版社，1991年），以及古田昭钦的一系列研究。[1] 不论是日文本《正法眼藏》，还是汉文本《正法眼藏》，尽管可以确认它们都是道元的著作，然而，它们究竟是如何成文的，则一直是困扰学者们的一个难题。它对于我们了解道元的思想具有重要意义，但是因其涉及的问题较为繁杂，所以迄今尚未得到满意的解决。可以说，这是今后道元研究中有待进一步探讨的一个重要课题。类似的研究，还有镜岛元隆著的《道元禅师与引用经典·语录之研究》（木耳社，1965年）和镜岛元隆监修的《道元引用语录之研究》（春秋社，1995年），它们对于我们了解道元一生中到底读过哪些著述、参考过哪些著述来撰写自己的著作等问题非常有益。

---

[1] 代表性著述有《正法眼藏之研究》（创文社，1972年）。

第二次世界大战后，上述有关道元生平传记和著述的研究，主要由曹洞宗宗门内的学者来进行。但是，关于道元禅思想的研究，与第二次世界大战前的情况基本相同，主要由宗门外的学者来进行。而且，在这些宗门外的学者中，有一部分人开始尝试从思想史角度探讨道元的禅思想。其研究的焦点，主要集中于对道元在日本文化史或日本精神史上的位置的探讨。作为这方面的成果，家永三郎的《中世佛教思想史研究》（法藏馆，1947 年），可以说最具代表性。该著所收的有关道元研究的论文，着重考察了道元禅思想在日本思想史上的地位，对道元禅思想的"日本化"问题也进行了探讨，并提出了自己的观点。与此同时，曹洞宗的学者也试图从禅思想史的角度研究道元的禅思想。这方面的成果，具有代表性的是卫藤即应的《作为宗祖的道元禅师》（日文名称《宗祖としての道元禅师》，岩波书店，1944 年）和镜岛元隆的《道元禅师及其门流》（诚信书房，1961 年）、《道元禅师及其周边》（大东出版社，1985 年），以及石井修道的《道元禅的成立史之研究》（大藏出版社，1991 年）。这些曹洞宗学者的研究有一个共同特点，那就是试图刻画作为宗祖的道元禅师形象。它们当中，虽有些研究也涉及中国宋代的禅思想，但是，其目的则在于极力强调道元禅思想与宋代禅思想的不同，主张道元禅思想的独创性。20 世纪 80 年代，袴谷宪昭发表了他对道元《办道话》的看法，认为道元在该文中所批判的禅思想，是一种"本觉思想批判"，并展开了所谓"本觉思想批判"的系列研究，这些研究不仅在道元研究方面，而且在整个佛教研究中，引起了较大的反响，成为 20 世纪末国际佛教学术界最为热门的话题之一。[1]不过，其研究意图，从已发表的有关道元禅思想的研究论文来看，在于强调道元禅思想的独创性，主张道元禅思想既非"天台"，也不是"禅"，更不是"中国禅"，是道元独创的"佛法"。此外，以研究印度佛教而有名的中村元、玉城康四郎、高崎直道等佛教学者，也从各自的角度发布了关于道元禅思想的研究成果。然而，他们只是探讨了一些个别问题，并未进行深入而全面的研究。[2]

如上所述，第二次世界大战前后，日本关于道元的研究主要是从哲学（思想）、历史学或曹洞宗学的方法和角度来进行的。他们的这些研究对于阐明和理解道元禅思想的特征无疑具有重要意义。然而，与此同时，我们不得不承认，由于受到方法论的局限和研究者本人立场的偏向等影响，关于道元禅思想的全貌，依然有许多不甚明了的地方。其中，特别是对于道元禅思想与以前的禅思想的关系问题，或者说道元禅思想在整个禅思想史上的定位问题的探讨，尤嫌不够，甚至我们认为有许多观点颇欠客观。关于这方面的问题，本书将在以下有关章节中具体地指出来，并进行探讨。总之，可以承认，迄今的这些研究，大多把道元视为禅宗思想史上不可匹敌的人物，过分地强调或夸大道元禅思想的独创性，弱化那些给予道元禅思想的形成以重要影响的其他人物的思想，有些学者或者干脆回避这些问题。造成这种情况的主要原因，除研究者本人的研究

---

[1] 裤谷宪昭：《本觉思想批判》，大藏出版社，1989年。
[2] 关于中村元的研究，见氏著《东洋人的思维方法》（春秋社，1989年再版）。关于玉城康四郎的研究，见玉城康四郎的《道元》（《日本名著7》，中央公论社，1983年）。关于高崎直道的研究，见高崎直道、梅原猛合著的《效仿古佛的道元》（角川书店，1969年）。

立场外，笔者认为，还存在另一层原因，即在考察道元禅思想赖以形成和发展的历史背景、禅思想特征的过程中，对文献资料的运用等缺乏足够的重视，甚至是片面的。为了弥补这方面的缺陷，需要我们采用一种与以往相异的研究方法和学术视域。在禅宗史研究方面取得巨大成就、可称为泰斗的柳田圣山，针对道元研究的现状曾讲过如下一段话：

> 如果我们重新用一种新的角度，即把道元的佛教放在中国佛教或中国禅思想史的大的源流上，再来一一重读道元的《正法眼藏》或《永平广录》，便会发现很多问题。可是，立足于中国佛教的大的源流来评价道元禅思想，则是以前研究中最为薄弱的环节。[1]

柳田的评价可谓中肯，值得倾听。自称"入宋传法沙门"，将中国禅思想传入日本的道元，其思想当然有许多独创之处。但是，从现存的道元的著述来看，可以承认，道元的禅思想主要是以中国禅思想为前提，围绕如何理解和解释中国禅思想，或者说如何吸取中国禅思想的精神而发展起来的，绝不是毫无根据地建立自己的思想体系。笔者认为，对继承了中国禅思想传统的道元禅思想进行正确评价和客观探讨，有必要依据中国的禅宗文献，从中国禅思想的角度考察道元禅思想，将道元禅思想置于客观的历史视域和思想脉

---

[1] 见柳田圣山公开演讲稿《〈正法眼藏〉与公案》(《驹泽大学佛教学部论集》第9期，1978年)。

络之中,进行具体的分析和公平的审视,只有这样,才能使道元禅思想的独创性得以凸现。本书就是基于这一视角所进行的尝试,通过这一研究,试图给予这位在中日佛教交流史上发挥过积极作用的一代高僧以客观、公正的评价,还道元禅思想以原貌。

三、研究对象和本书的结构

一般说来,宗教人物思想的形成,与其生活体验有着深刻的关联。因此,从学术的角度研究宗教人物的思想,有必要考察其生活体验对其思想形成所带来的影响。我们知道,道元是生活在日本镰仓时代的禅师,他与同时代的佛教人物亲鸾、日莲的不同之处在于他有入宋求法的留学生活体验。入宋留学给道元禅思想的形成带来了极大的影响,可以说,它使道元禅思想与中国禅思想发生了密切的师资相承的法缘关系。因此,我们在研究道元的禅思想时,对道元入宋求法时所接受到的中国禅思想的影响的考察至关重要。笔者认为,要想阐明道元禅思想的内容和特征,如前所述,需要我们从与中国禅思想相关联的角度去探讨。本书就是试图从与中国禅思想相关联的角度,对道元是如何理解、吸收并发展中国禅思想的问题进行系统考察的专著。

然而,尽管我们说道元禅思想与中国禅思想关系密切,但道元并不是对被称为"五家七宗"的整个中国禅思想都感兴趣的。道元为了建构自己的宗教,根据需要,对中国禅宗中的特定人物或思想产生兴趣,与其发生关联。因此,在试图从与中国禅思想相关联的角度探讨道元对中国禅思想的理解时,我们必须关注那些与道元有密切关联或给予过他以重要影响的人物或思想。将那些与道元无直接关联的人物和思想勉强地拿到一起进行比较研究，在这里，可以说并无多大意义，并不利于问题的探讨。有鉴于此，本书在人物方面，拟选择二人作为探讨的对象，即天童如净和宏智正觉二人。

天童如净传法于道元，其思想和人格，深深地影响着道元的一生。宏智正觉虽与道元无直接的师承关系，但作为南宋曹洞宗"默照禅"的主要倡导者，其禅法影响深远；道元一生称宏智正觉为古佛，并效仿宏智正觉的《坐禅箴》，撰写了自己的《坐禅箴》等，宏智正觉在思想上同样对道元影响重大。

其次，在思想方面，本书拟选择三个问题进行探讨，即道元的佛性论、道元对心常相灭论的批判及对三教一致说的批判。佛性论、心常相灭论以及三教一致说，既是中国禅思想中较为重要的话题，同时也是道元在其著作中讨论得较多且较为激烈的问题。因此，本书书名《道元与中国禅思想》，即指书中所要讨论的、与道元有关的这些人物和思想，并不是指道元在其著述中所论及的中国禅宗的其他人物、思想或整个中国禅思想。

本书分为上、下篇，共由十一章构成。另外附加余论和附录。

上篇讨论道元及其著作，拟结合以前的研究，考察道元的生平和其思想的形成；同时，对道元的主要著作，试做简要的介绍和述评，并考察一些相关的问题。探讨道元的禅思想时，这些工作必不可缺。所以，本书将其作为上篇。上篇由三章构成。

第一章讨论道元生平中的主要问题。拟以现存有关道元生平的各种传记和道元本人著述中有关其求法活动的记述为线索，结合前人的研究，对道元一生中被认为不甚明了的地方进行考察。

一般说来，被称为教祖、宗祖的人物的传记，随着年代的久远，都会添加许多的色彩，使其符合作为宗祖的形象，这在宗教中可谓屡见不鲜。在道元的传记中，我们也能看到这种情况，这对于我们了解道元的真实形象，无疑带来了许多的不便。比如，相传道元回国时将《碧岩录》带回日本的记载就是一例。据江户时代形成的各种传记记载，道元在返回日本前，因得到大权现修理菩萨的助笔，一夜之间书写《碧岩录》并将其带回日本。然而，江户时代以前形成的各种传记中，则无此事的记载。本章尽可能地留意道元的传记是在什么时代、由什么人撰写、其立场如何等问题，试图客观地考察道元生平中的各种事迹，并提出笔者个人的看法。其中，也有因受到资料的局限而不能解决的问题。对于这些问题，作者将指出问题之所在，留待今后再做考察。

第二章《迷途·觉路·梦中——道元禅思想的形成》，拟以题为《闲居》的道元诗偈中的"迷途""觉路""梦中"三个词语作为线索，解读它们的意思；同时，试图将其与道元的人生经历和求法过程相对照，考察道元禅思想的形成。我们知道，给予道元禅思想的形成以决定性影响的，当然是其师天童如净。然而，道元在其求法活动过程中所参访的人物，并不只是如净一人，如净也不是首位。在参访如净之前，道元还曾参访过其他的一些禅师。而且，这些禅师的名字并不见于中国的禅宗文献，可以说大多是一些无名之辈。尽管如此，道元在其著述中，经常提及他们，甚至特设一卷，赞叹其禅风和人格。本章将试图考察这些情况，着重探讨如净以外的所谓无名小辈的禅师对道元禅思想形成的影响。

第三章《关于道元的著作》，拟从道元的各种著作中选择较有代表性的《正法眼藏》《永平广录》《正法眼藏随闻记》《宝庆记》，简要地介绍它们的内容，同时指出并考察它们中存在的一些问题。关于这些著述中存在的各种问题，以前有过许多研究。但是，因限于资料，有许多问题迄今尚未得到解决。尽管这些问题大都是一些必须等待新的文献资料的发现才能解决的问题，然而在这里，我们确认一下哪些问题尚未得到解决是必要的，也是有意义的，因为它可以唤起我们在考察道元禅思想时对文献资料使用的慎重态度。

下篇讨论道元对中国禅思想的理解，是本书的核心部分。具体探讨以下几个问题。

第四章《道元与如净（上）——如净的生平和〈如净语录〉》，拟结合以前的研究，对如净的生平、《如净语录》的形成和思想内容等进行考察。在考察道元对中国禅思想的理解之前，必须了解道元之师天童如净的情况。然而，关于如净的生平，存在着许多不甚明了的地方，尤其是关于如净的语录，有许多问题尚未解决。作为记载如净语录的文献，现存的除《如净语录》外，还有一部被称为《如净续语录》的著述。据载，这两部语录，皆由如净的门人所编。本章拟先对《如净语录》进行考察，指出该语录中存在的各种问题，这对于我们了解如净的思想等具有重要意义。

第五章《道元与如净（中）——〈如净续语录〉真伪考》，拟结合前章考察的结果，对《如净续语录》是否由其弟子义远所编的问题进行详细考察。据被收在《如净续语录》卷首的《天童遗落录序》记载，该续语录是《天童景德寺语录》中"遗落"下来的二十则上堂语，由义远搜集成篇，后来义远将其寄送给道元；日本延宝八年（1680），日本曹洞宗学者卍山道白发现该续语录，为了补充如净的语录，使其完备，于日本正德五年（1715）将其刊行。然而，当我们将其与《如净语录》相对比时，便会发现两者不仅在语言用词上，而且在思想内容上，有许多差异和出入。在以前的研究中，有学者曾指出，如净语录中所传的如净思想与道元著述中所传的如净思想之间有出入，不相一致。其实，在如净的语录中，我们同样也能看到相同的问题。《如净续语录》果真如卍山所述，是由义远所编集的吗？探讨《如净续语录》的真伪问题，即本章的课题。

第六章《道元与如净（下）——关于修证思想的异同》，拟以被认为是表达道元禅思想核心的"只管打坐（修），身心脱落（证）"语句为线索阐释它们的含义，同时试图探讨此语句中所表达的思想究竟在如净那里是否已经存在的问题。"身心脱落"一语，只见于道元的著述，却不见于如净的语录。如净的语录中，有"心尘脱落"一词。有鉴于此，以前的研究中，有学者认为它是道元富有独创思想的一个具体体现而加以强调。情况果真如此吗？本章以《如净语录》和道元参访如净时留下的参学笔记《宝庆记》为主要资料，并结合前人的研究，试图对道元和如净二人的修证思想之异同的问题进行探讨。

第七章《雕文丧德与琢磨增辉——关于道元对宏智正觉禅学的理解》，试图通过考察《正法眼藏》和《永平广录》中道元对宏智语言的引用和阐述，考察道元对宏智禅思想的理解。我们知道，道元视禅为"正传之佛法"，对将禅称为禅宗或称为曹洞宗的做法持批判态度。然而，道元从如净那里所继承的是中国曹洞宗的禅法，

《正法眼藏》中《佛祖》卷和其他几卷对此有明确的记述。一般认为，掀开中国曹洞禅法序幕的是唐代的洞山良价（807—869）和曹山本寂（840—901）。然而，将中国曹洞禅进一步发扬光大是在南宋时代，而宏智正觉是其代表人物。道元尊称宏智正觉为古佛，并频繁地引用《宏智广录》中的上堂语，将其作为自己上堂语的一部分加以提倡。而且，他还借用和参照宏智《坐禅箴》中的语句、体裁，撰写了自己的《坐禅箴》，并将其收入主要著作《正法眼藏》。因此，考察道元对中国禅思想的理解，我们不能忽视宏智的存在，要具体探讨道元究竟是如何理解宏智、如何接受宏智思想的问题。在以前的研究中，有学者鉴于道元在引用表达宏智思想之一的"雕文丧德"一语时将其改为"琢磨增辉"的情况，指出道元对此句的改写是道元对宏智思想的超越，说明道元并未承认宏智的思想。情况果真如此吗？本章拟以此语句为线索，并结合该语句在整个文章中所具有的含义，对此问题试做探讨，以此来把握道元对宏智理解的情况，分析其特征。

第八章《道元的佛性论》，拟以《正法眼藏》中《佛性》卷为中心，对被认为是道元禅思想特征之一的佛性论进行考察，探讨其特征。本章拟特别关注道元在该卷中对禅宗史上的某些佛性论的批判，考察其批判的对象和批判的背景，以此来把握道元的佛性论在佛性思想史上的地位。一般说来，道元不仅继承了中国的禅法，而且还通晓中国的语言。然而，道元对中国的禅思想及表达该思想的汉文的理解，颇富特色。比如将《涅槃经》中的"一切众生，悉有佛性"读作"一切者，众生也；悉有者，佛性也"，就是一例。可以说，道元就是这样通过对汉文的所谓"误读"来表达他对中国禅思想的理解，并赋予自己的禅思想不同于中国禅思想的特征的。其中，道元对于佛性的理解尤富特色，值得研究。关于道元的佛性论，迄今已有许多的研究。然而，关注于道元在《佛性》卷中对禅宗史上的某些佛性论所进行的批判的研究并不多见。因此，道元的佛性论在禅宗佛性史上的地位依然不甚明确。本章将着重探讨这一问题，同时拟将其与临济禅法中的佛性论相比较，探讨它们之间的同与异。

第九章《道元对心常相灭论的批判》，拟考察《正法眼藏》中所见心常相灭论批判的具体对象和批判的意图。所谓心常相灭论，即主张心常住不变，作为"相"的身体随着人的死亡而消灭。这一学说，在唐代禅宗中较为盛行。道元因对镰仓时代的日本佛教产生绝望，故遥渡南宋，在南宋禅林中，寻师访道，继承了中国的禅法，并将其奉为"正传之佛法"。与此同时，他认为心常相灭论违背了佛教所讲的"身心一如"，毫不留情地斥之为邪说。道元批判的具体对象到底指的是何种立场的人？其意何在？在探讨道元对中国禅思想的理解时，我们不能忽视对道元批判的具体对象和背景的考察。

第十章《道元对三教一致说的批判》，与前章相同，拟通过对盛见于《正法眼藏》《永平广录》中道元对三教一致说的批判的考察，探讨一下道元对中国禅思想的理解。道元将中国禅思想视为"正传之佛法"，同时又批判中国禅思想中的三教一致说和心常相灭论，这说明道元的禅思想并不是原封不动地、毫无选择地移植中国禅思想。但是，如前所述，道元对这些思想的批判，是有其背景和原因的。我们若不探讨其背景或隐藏在其批判背后的各种问题，只是看到批判这一现象，是不能解决问题的。笔者强调必须将道元对中国禅思想的批判与当时禅思想界的状况相照合加以探讨的理由就在这里。

结章《我们应当如何理解道元禅思想的特征》，拟结合以上各章考察的结果，对道元禅思想的特征到底表现在哪里的问题进行探讨。关于道元禅思想的特征，以前有许多学者进行了阐述，而且一些观点已得到大多数学者的认同。本章首先拟从迄今的研究中选择几个具有代表性的观点进行评述，并提出笔者自己的看法。其次，关注日文版《正法眼藏》中道元对禅宗语言的理解情况，拟以道元对"即心是佛"和"诸恶莫作"的理解作为具体例子进行分析，阐明道元禅思想的特色之所在。我们知道，在道元对禅宗语言富有特色理解的事例中，具有代表性的是他将"一切众生，悉有佛性"读为"一切者，众生也；悉有者，佛性也"。这种读法，从汉文的角度来看，无疑丧失了作为汉文的本来含义，是一种"误读"。相同的语句在汉文著述《永平广录》中依照了汉文原文的情况，完全看不到与日文版《正法眼藏》相同的读法。因此，我们可以认为，道元富有特色的禅思想，主要表现在他用日语理解汉文禅语概念方面。笔者强调应以日文版《正法眼藏》中道元对禅宗语言的理解为线索探讨道元禅思想的特色的理由就在这里。

余论和附录部分，是笔者近年来撰写的应时性小文，因其内容与本书主题有关，一并收入本书。

上篇

道元其人及其著作

第一章

围绕道元生平的诸问题

第一节 道元的出身及其与荣西相见的问题

1. 传记史料和传统道元传研究

记载道元生平事迹的所谓"道元禅师传""道元禅师行状",现存有30余种。其中,形成年代最早的是《永平三祖行业记》(以下简称《三祖行业记》)和《元祖孤云彻通三大尊行状记》。[1] 前者无落款,不知何人撰写。后者也只载由"门人记集",作者是何人同样不详。不过,日本学者一般认为,这里的所谓"门人",即指莹山

---

[1] 《永平三祖行业记》,1卷,又称《伞松山三祖行业记》,记载永平寺道元、怀奘、义介三代祖师的传记。一般推测其形成于室町时代,收入《续群书类从》和《曹洞宗全书·史传上》中。本章以下将依据《曹洞宗全书》所收本。《元祖孤云彻通三大尊行状记》收入《曹洞宗全书·史传上》,一般简称《三大尊行状记》。

绍瑾（1264—1325），《元祖孤云彻通三大尊行状记》出自莹山绍瑾之笔。[1]莹山绍瑾是道元的法孙，曹洞宗门下，曾创建总持寺。由莹山绍瑾撰写的著述还有《传光录》等，该书也有涉及道元生平事迹的部分。[2]出自曹洞宗以外人物之笔的道元传记，作为刊行本，年代最早的是虎关师练（1278—1346）的《元亨释书》，该书卷六载有道元传。不过，此道元传篇幅较短，只是一个简单的概述。

室町时代成文的道元传记，有由永平寺十四世建撕（1415—1474）撰写的《永平开山道元禅师行状建撕记》（一般简称《建撕记》，本书以下使用简称）。此《建撕记》采用了编年体的形式，是一部详细的道元传记。然而，遗憾的是，它并不是以原来的形式流传下来的，而是江户时代由日本曹洞宗学者面山瑞方（1683—1769）修改、加注后流传至今的。江户时代，在17世纪中期至18世纪前期，相继刊行了《永平开山道元和尚行录》《日域曹洞列祖行业记》《日本洞上联灯录》等，在这些著述中，关于道元的生平，有详细的记载。[3]但是，这些著述有一个共同的特点，即

---

1 东隆真在其论文《〈行业记〉与〈行状记〉——〈行状记〉的作者、成立年代之推定》（《宗学研究》第6期，1964年）中持这种意见。伊藤秀宪则主张其一部分由莹山绍瑾撰述（伊藤秀宪：《关于〈三大尊行状记〉的成立》，《印度学佛教学研究》第34期，1985年）。

2 《传光录》，2卷，收入了自释迦至如净、道元、怀奘等人物的"悟则"，一般认为其形成于日本正安元年（1299）至正安二年（1300）之间。现收录于《曹洞宗全书·宗源下》和《大正藏》第82册等中。下文中引自《传光录》资料，皆依《曹洞宗全书》所收本。

3 《永平开山道元和尚行录》，1卷，作者不详，日本延宝元年（1673），由肥前唐津龙源寺第十三世探牛刊行，一般推测其形成于江户时代初期至中期，现收入《曹洞宗全书·史传下》。《日域曹洞列祖行业记》，1卷，相传由濑禅舜融著，成文于

有意识地将道元作为曹洞宗的宗祖加以描写和刻画，可信的地方并不多。[1]

近年来，相继发现了比上述流行本《建撕记》的成书年代还要早的《建撕记》的写本。依照书写年代的顺序，依次是明州本［日本天文七年（1538）书写］、瑞长本［日本天正十七年（1589）书写］、延宝本［日本延宝八年（1680）书写］、门子本［日本元禄七年（1694）书写］、元文本［日本元文三年（1738）书写］。[2]通过这些写本的发现，我们了解到几个重要的情况。第一，在《建撕记》以前，曾存在过道元年谱之类的著述，它们构成了撰写《建撕记》的依据之一。[3]第二，这些写本的记载与前述由面山修改的流行本的记述之间有一定的出入；迄今关于道元的传记之所以有各种不同的说法，是因为采用了由面山修改的《建撕记》的记载。[4]因此，将流行本《建撕记》作为了解道元的主要资料的做法欠妥，必须依据较

宽文十三年（1673），收录了道元、怀奘、义介、义伊的传记，现收入《曹洞宗全书·史传上》。《日本洞上联灯录》，1卷，载有道元的传记，一般认为由江户青松寺二十七世岭南秀恕编，撰于亨保十三年（1728），宽保二年（1742）刊行，现收入《曹洞宗全书·史传上》。

[1] 关于这一点，详见中世古祥道所著《道元禅师传研究》（国书刊行会，1979年）序章《关于道元禅师的诸传》。

[2] 关于发现的详细情况，河村孝道在其编著的《诸本对照〈永平开山道元禅师行状建撕记〉》（大修馆书店，1975年。以下简称《诸本对照〈建撕记〉》）中做了介绍，请参考。

[3] 如瑞长本载："为末世童蒙等易见易闻，今以假名，从行状记或年谱或从广录中抽出重要事迹而书之。"（河村孝道编著：《诸本对照〈建撕记〉》，大修馆书店，1975年，第2页）引文依原文日语译出。

[4] 读前述河村孝道所编著的对校表便能发现，古写本中没有记载的事情却在修订本《建撕记》中被添补进去了。

早时期的写本来考察道元的生平。

近代，开道元传记研究之先河的是辻善之助等日本佛教史的专家。[1]辻善之助在《日本佛教史·中世篇之二》中，依据前述《元亨释书》《道元禅师行录》《永平三祖行业记》及流行本《建撕记》等，试图考察道元的生平。之后，伊藤庆道等曹洞宗学者也开始着手道元传记的研究。[2]其中，昭和二十八年（1953），由大久保道舟撰写的《道元禅师传之研究》[3]，值得介绍。该书基本上以上述面山修改的所谓流行本《建撕记》为主要资料，因此，某些观点让人觉得颇欠说服力。目前关于道元传记的研究，基本上是围绕大久保的观点而进行的。从这一情况来看，大久保的研究可以说是一个划时代的成果。

昭和三十七年（1962）竹内道雄的《道元》（人物丛书，吉川弘文馆）出版。与前述大久保道舟的《道元禅师传之研究》相比，竹内道雄的《道元》一书，虽在篇幅上受到一定的限制，但在资料方面，以前的研究成果基本得到了介绍和采用，可以说是一部学术性很强的著述。

尽管如此，如前所述，在这些研究成果出版之后，日本相继发现了多种《建撕记》的古写本。为此，大久保和竹内的许多观点遭到了挑战。昭和五十年（1975），河村孝道将五种古写本《建撕记》

---

1 辻善之助：《日本佛教史·中世篇之二》，岩波书店，1949年。家永三郎：《中世佛教思想史研究》，法藏馆，1947年。

2 伊藤庆道：《道元禅师研究》第1卷，大东出版社，1939年。

3 岩波书店出版发行。1988年由名著普及会再版发行，书名为《修订、增补道元禅师传之研究》。本章参考的是岩波书店版本。

与由面山修改的所谓流行本《建撕记》相对照，编著了《诸本对照〈永平开山道元禅师行状建撕记〉》，由大修馆出版。鉴于这一情况，竹内道雄广泛吸收这些研究成果，于平成四年（1992）以全新版本的形式，出版了《道元》一书。

除大久保和竹内的研究外，还有中世古祥道的《道元禅师传研究》。该书于昭和五十四年（1979）由国书刊行会出版。此书虽在很多方面是针对大久保的《道元禅师传之研究》而撰写的，但在资料的翔实方面，与大久保相比，似乎略胜一筹。总之，可以说，此书是大久保《道元禅师传之研究》刊行以来，最有系统性的道元传记研究。

以上我们概述了有关道元生平的各种文献资料和研究情况。如上所述，关于道元生平的文献资料虽然为数众多，但是早期成书的并不多见，几乎都是江户时代形成的文献。而且我们可以看到，这些江户时代的各种文献资料有许多被更改的迹象，与以前的文献资料存在着许多出入。因此，关于道元的生平，尽管迄今已有许多研究，但作为历史人物的道元形象，仍然有许多不很明确的地方。

以下，我们拟结合前人的研究成果，对道元生平中不甚明确的事迹进行具体考察。

2. 关于出身

在道元的生平事迹中，不甚明确的地方，首先可以指出的是，道元的父母究竟是谁的问题。道元的各种传记都记载说，道元于日本正治二年（1200）出生于京都。但是，关于道元的父母，较为早期的传记资料与江户时代的传记资料记载得并不一致。在较早时期，即中世的传记中，比如《元亨释书》载：

> 释道元，姓源氏，京兆人，绅缨之胤也。[1]

说道元是"绅缨之胤"，即贵族家庭出身。

《永平三祖行业记》则说：

> 禅师，姓源氏，讳道元，洛阳人也，村上天皇九代之苗裔。[2]

载道元为"村上天皇九代之苗裔"。

道元自己在其法语集《永平广录》中有如下的记载：

> 为育父源亚相上堂。永平拄杖一枝梅，天历年中殖种来。五叶联芳今未旧，根茎果实诚悠哉![3]

> 源亚相忌上堂云："报父母恩，乃世尊之胜躅也。知恩报恩底句，作莫么生道？弃恩早入无为乡，霜露盖消慧日光。九族生天犹可庆，二亲报地岂荒唐。"[4]

---

[1] 南条文雄、高楠顺次郎、大村西崖编著：《大日本佛教全书》第180册，名著出版社，1911—1922年，第76页。

[2] 《曹洞宗全书·史传上》。

[3] 大久保道舟编：《道元禅师全集》下卷，筑摩书房，1970年，第87页。

[4] 同上，第139页。

为"育父源氏亚相"和为"源亚相"的两次上堂，使我们知道，道元出身于源氏。

然而，据江户时代的道元传记，比如由面山改编的流行本《建撕记》的补注明确记载"高祖是久我之内大臣通亲公之子"，村上源氏家系久我家的内大臣通亲是道元的实父。[1]

面山如此记载的依据是什么？我们不清楚。不过，大久保道舟对包括面山的记载在内的江户时代的各种道元传记中的种种说法，比如"源亚子相忠说法""大纳言具房说法""掘川大纳言通具说法""内大臣通亲说法"等一一进行分析，得出了与面山相同的"通亲说法"的结论。

大久保的立论，大致如下：《永平广录》的上堂语中有"育父源亚相"的文字，而且它是道元自己的文字，以此为线索，从道元诞生至示寂期间，逐一列举就任亚相，即大纳言、权大纳言职务的人物；作为道元的实父，最后确定其最有力的候选者为内大臣久我通亲的儿子掘川大纳言通具。在此基础上，大久保继续进行考察，认为通具最具说服力，但是，鉴于《永平广录》中有"育父"一语，大久保认为"通具"之说仍有一些缺陷，最后提出了道元的实父为"通亲"，而"通具"是兄长、养父的观点。[2]

针对大久保的观点，山端昭道在其论文《〈传光录〉中所表示的高祖的慈父》中，对所谓"村上天皇九代"的解释提出异议，认

---

1 河村孝道编著：《诸本对照〈建撕记〉》，大修馆书店，1975年，第139页。
2 详见大久保道舟《道元禅师传之研究》前篇第二章《俗系之研究》。

第一章 围绕道元生平的诸问题 · 033

为"通具说法"较妥。[1] 山端认为，在道元早期传记《三大尊行状记》和《传光录》中对于历代祖师的计算方法，皆是除去初祖，将二祖视为第一代。如果将这种计算方法用于村上源氏的世代计算，推算出所谓"村上天皇九代之苗裔"即道元的话，那么，道元的实父应该是"通具"。中世古祥道结合山端所提出的计算方法，对所谓"通亲""通具"两种说法的旁证资料再一次进行考察，指出如果依照山端的计算方法，那么所谓"村上天皇九代之苗裔"，包括"通具"在内可以举出三十九人，因此，不仅山端的计算方法有问题，而且所谓"村上天皇九代之苗裔"的计算方法本身也有问题。从结论而言，山端尽管认为"通具说法"最有说服力，但同时又指出尚不能做断定，持保留意见。[2]

道元的实父究竟是"通亲"还是"通具"，迄今尽管有过许多的研究，但目前仍未得出一致的看法。

关于道元的生母，同样也不很明确。具体记载道元生母的资料，最早见于江户时代成书的《日域洞上诸祖传》，该传记载道元的生母是摄政九条（藤原）基房之女。[3] 古写本《建撕记》记载，为道元出家提供帮助的良显是道元的舅父。这一记载，也是了解道元生母的有力线索。[4] 关于此良显，《日域洞上诸祖传》则载为良观。[5] 前述面山根据此记载，在《订补建撕记》中指出"显"是"观"之

---

1 论文载大本山永平寺发行《伞松》第367期。
2 中世古祥道：《道元禅师传研究》，国书刊行会，1979年，第58页。
3 河村孝道编著：《诸本对照〈建撕记〉》，大修馆书店，1975年，第183页。
4 同上，第6页。
5 《曹洞宗全书·史传上》，《曹洞宗全书》刊行会，1970—1983年，第36页。

误。面山的这一说法，是造成后来的研究引起争议的主要原因。

据大久保提出的《尊卑分脉》，在基房之子中，的确有所谓"法务大僧正良观"的人物。如果他是道元的舅父的话，那么，道元的生母应该是基房之女。大久保基于此记述，并参照《源平盛衰记》中基房之女嫁给驱逐平家后进入首都的木曾义仲的记载，推测《尊卑分脉》中所谓"从三位伊子"嫁给了义仲，义仲战死后，她成了通亲的侧室，并生下了道元。最后，大久保得出结论指出，道元的实父是久我通亲，生母是藤原基房的三女伊子。[1]

针对大久保的说法，中世古祥道在《道元禅师传研究》中，依据《明月记》和《玉叶》等旁证资料推算伊子的年龄，指出将此"伊子"看作是道元的生母似乎欠妥。但对于道元的生母究竟是谁，中世古祥道也没有下结论。[2]竹内道雄在其《道元》一书中，发表了他赞同大久保的观点的意见。

总之，通过以上的介绍，我们可以知道，关于道元的父母究竟是谁的问题，因各种传记中没有详细的记载，所以在后来的研究中意见出现分歧，大家各持己见。现在，我们仅仅可以判明的是，道元出身于村上源氏的家系，与藤原基房有血缘关系或接近血缘关系，其生母也许不是被称为正室的女性。似乎就这样的观点达成了一致。

1　见大久保道舟《道元禅师传之研究》前篇第二章《俗系之研究》。
2　中世古祥道：《道元禅师传研究》，国书刊行会，1979年，第64页。

第一章　围绕道元生平的诸问题 · 035

3. 关于与荣西相见的问题

据《建撕记》各种写本记载，道元14岁出家，在比睿山前后学习六年，后对比睿山的天台学说产生怀疑，遂离开了比睿山。关于离开比睿山的理由，迄今有许多学者进行了研究，这里拟就道元与荣西相见的问题略做考察。

据《建撕记》各种写本记载，道元离开比睿山后，赴荣西住持的建仁寺，"相见于千光禅师荣西"，"始闻临济之宗风"。[1] 而且，道元自己也在《宝庆记》中记载：

> 道元自幼发菩提心，在本国访道于诸师，聊识因果之所由。虽然如是，未明佛法僧之实归，徒滞名相之怀标。后入千光禅师之室，初闻临济之宗风。今随全法师入炎宋。[2]

细读道元的记述，道元似乎曾见过荣西。然而，较早时期成书的《三祖行业记》则是这样记载的：

> 投洛阳建仁寺，从明全和尚，犹究显密之奥源，习律藏之威仪，兼闻临济之宗风，即列黄龙十世。[3]

并未提及与荣西相见。

---

1 河村孝道编著：《诸本对照〈建撕记〉》，大修馆书店，1975年，第8页。
2 大久保道舟编：《道元禅师全集》下卷，筑摩书房，1970年，第371页。
3 《曹洞宗全书·史传上》。

道元与荣西果真相见了吗？较早时期的传记资料与道元自己的记述既然有出入，那么对该问题就必须有一个明确的解答。

镜岛元隆在论文《关于荣西、道元相见问题——因古写本〈建撕记〉的发现》的开头，对迄今有关该问题的研究情况做了总结。

> 在明治以后的道元研究中，唤起宗门内外学界的问题，即有道元禅师与荣西相见与否的问题。否定相见说法的有峰玄光氏（《道元禅师传》，明治三十七年）、村上专精博士（《佛教统一论》，昭和二年）、松本彦次郎氏（《新佛教在镰仓时代的发展》，岩波讲座日本历史，昭和十年）等，肯定相见说法的有卫藤即应博士（《关于道元禅师与荣西禅师之相见》，驹泽大学佛教学会年报，昭和十二年）、伊藤庆道氏（《道元禅师研究》，昭和十四年）等。学界的争论，赞否各半。然而，该问题通过支持肯定说的大久保道舟博士强力而又周到的考证（《道元禅师传之研究》，昭和二十八年），似乎打了一个中止符号（拙稿《道元禅师研究之回顾与展望》，《文学》，昭和三十六年）。尽管这样，从今天来看，问题已经解决了吗？我们知道情况并非如此。[1]

针对如此研究状况，镜岛最终提出了否定道元与荣西相见的观

---

[1] 镜岛元隆：《关于荣西、道元相见问题——因古写本〈建撕记〉的发现》，《金泽文库研究》第9卷第5期，1972年。

点,他主要从三个方法探讨此问题:第一是通过"追寻荣西晚年的足迹"的方法;第二是"考证道元参访三井寺公胤及其指示内容"的方法;第三是阐明道元"初次投建仁寺的年时及其后来的一段时期"的方法。镜岛基于这三种方法所进行的考证可谓绵密、详细。镜岛首先指出,由面山改写的流行本记载,所谓建保二年(1214)道元参访公胤,质问其"疑团",公胤指示道元相见荣西的说法,通过古写本《建撕记》的发现,得知它是面山以道元与荣西相见为前提的一种篡改。其次,镜岛指出,前述《宝庆记》的记载,不见于怀奘亲笔撰写的全久院所藏本,是后世的删除或增添;并说,从荣西晚年的活动情况和道元出家后的动向来看,二人相见的可能性很小。[1] 镜岛的观点在目前学术界得到了许多人的支持,长期以来,一直争议不休的问题通过镜岛的研究最终得到了解决。笔者也认为,镜岛的考证颇有说服力,因此,关于此一问题,拟不多费笔墨。

第二节 道元入宋后的活动

在道元一生的活动中,最为重要的环节当然是入宋求法。在道元的各种传记中,有关道元入宋求法的记载占了大篇幅。然而,道

---

[1] 镜岛元隆《关于荣西、道元相见问题——因古写本〈建撕记〉的发现》,《金泽文库研究》第 9 卷第 5 期,1972 年。

元对自己在宋期间的活动没有留下系统性的记载，为此，其具体活动有很多地方不甚明了。当然，我们可以通过道元参学于如净的笔记《宝庆记》了解一些情况。但此《宝庆记》毕竟是一部以道元与如净之间的问答为中心的笔记，不是具体的日记或旅行记。

道元在宋期间，究竟何时、在何地有过什么活动，以前的学者虽进行过不少的研究，但这些研究彼此存在着出入，可以说一人一种说法，莫衷一是。以下，拟对这些问题进行简要的考察。

1. 与明全的关系

关于道元入宋的各种问题，首先可以指出的是道元与明全（1184—1225）的关系。从前述《宝庆记》的文字中我们可以了解到，明全当年与道元一起入宋。据《明全和尚戒牒奥书》、《正法眼藏·洗面》卷，道元与明全相携入宋是南宋嘉定十六年（1223）四月。问题是，入宋后，二人是否一起活动？

《明全和尚戒牒奥书》载：

全公入宋时，乃大宋嘉定十六年癸未。初到明州景福寺。[1]

根据此记载，可知明全抵达南宋后，首先参访了明州（今浙江省宁波市）的景福寺。而且，《舍利相传记》载，明全于"五月十三日至庆元府太白山天童景德寺"[2]。关于明全对景福寺的参访和对天

---

[1] 大久保道舟编：《道元禅师全集》下卷，筑摩书房，1970年，第397页。
[2] 同上，第395页。

第一章　围绕道元生平的诸问题 · 039

童山的参访是否是明全一人的单独行动,学者之间存在意见分歧。主张明全一人单独行动的学者有大久保道舟和竹内道雄,主张明全与道元同行的学者有柴田道贤和中世古祥道。[1]他们的主张各有其根据,笔者也不否认道元与明全同行的可能性,但倾向于主张由道元一人单独行动。理由在于以下见于《典座教训》的一段记述。

> 又,嘉定十六年癸未五月中,在庆元舶里,倭使头说法次,有一僧来。年六十岁许,一直便到舶里,问和客讨买倭椹。山僧请他吃茶,问他所在,便是阿育王山典座也。他云:"吾是西蜀人也,离乡得四十年,今年是六十一岁,向来粗历诸方丛林,先年权住孤云里,讨得育王挂搭,胡乱过。然去年解夏,聊充本寺典座。明日五日,一供浑无好吃,要做面汁,未有椹在,乃特来讨椹买,供养十方云衲。"……同年七月,山僧挂锡天童,时彼典座来得相见。[2]

根据此记述,可知抵达南宋之后,道元五月四日尚在船中,与阿育王山的典座进行问答,而到达天童山则是同年七月,与明全的行动在时间上有出入。

---

[1] 关于大久保的观点,参见其著作《道元禅师传之研究》前篇第五章第四节《博多解缆与天童山挂锡》。关于竹内的观点,参见其著作《道元》(吉川弘文馆,1992年,第87—89页)。关于柴田道贤的观点,参见其所撰论文《道元禅师在宋修学的行程》(《驹泽大学宗教学论集》第5辑,1972年)。关于中世古的观点,参见其著作《道元禅师传研究》第三章第二节《明全传及其思想》。

[2] 大久保道舟编:《道元禅师全集》下卷,筑摩书房,1970年,第298页。

然而，这里有一疑问。为何相携入宋后，道元与明全二人未一起去天童山？主张道元一人单独行动的上述学者对此问题未做说明。不过，镜岛元隆发表了见解，认为应该从二人所持的不同的戒牒探讨其原因。镜岛的意见值得倾听。[1]

先来看一看明全的情况。据《明全和尚戒牒奥书》，明全虽在比睿山受菩萨戒，但因南宋禅宗使用的是具足戒，即比丘戒，所以明全是持具足戒牒入宋的。

> 全公本受天台山延历寺菩萨戒。然而，宋朝用比丘戒，故临入宋时书持此具足戒牒。[2]

相传，明全的具足戒是在东大寺受的。东大寺的戒律由鉴真和尚传授，也就是说，它继承了中国的戒牒传统。与此相对，据《三祖行业记》等载，道元只受了圆顿戒，对于具足戒的事，未见记载。因此，我们可以推测，道元当时很可能是带着圆顿戒牒而入宋的。所谓圆顿戒，是平安时代最澄为了对抗东大寺的戒律而创立的一种新的戒律。如果按照这种推测，那么，道元是因为持了日本的圆顿戒牒入宋，而这种戒牒没有得到作为官寺的天童山景德寺的承认，所以未能与明全一起抵达天童山景德寺。

道元入宋时，究竟是知道南宋禅宗使用比丘戒，还是完全不知道呢？细读刚才引用的《明全和尚戒牒奥书》的文字，推测很可能

---

[1] 镜岛元隆：《道元禅师及其周边》，大东出版社，1985年。
[2] 大久保道舟编：《道元禅师全集》下卷，筑摩书房，1970年，第397页。然而，从"书持"一语的含义看，明全的具足戒牒很可能是在入宋之前书写的。

是后者。那么，问题是，明全为何没有与同行的道元交换这方面的信息呢？此问题与下面将要探讨的所谓"新到列位"问题相关。笔者认为，明全很可能告知了道元这方面的情况。不过，正如镜岛元隆所指出的，道元在入宋以前对于日本佛教和南宋佛教之间存在的戒律之异缺乏足够的认识。[1]比如《明全和尚戒牒奥书》说：

宋朝之风，虽习学大乘教，僧皆先受大僧戒也；只受菩萨戒之僧，未尝闻也。先受比丘戒，后受菩萨戒也。受菩萨戒而为夏腊，未尝闻也。[2]

从此一段叙述我们知道，道元因当时日本佛教和中国佛教受戒情况之不同而惊讶。因此，我们可以认为，正是由于中日佛教僧侣所受戒律的不同，从而造成道元未能与明全一起上岸的问题。

明全入宋后，在天童山景德寺修行三年，宝庆元年（1225）五月二十七日因病客死于该寺了然寮，终年42岁。道元回国时，将明全的遗物带回日本，一生称明全为"先师"，并撰《舍利相传记》等，赞叹明全的遗德。

2. 所谓"新到列位上诉"正名问题

宋嘉定十六年（1223）七月，道元抵达天童山。关于其后道元的活动情况，《三大尊行状记》是这样记载的：

---

1 镜岛元隆：《道元禅师及其周边》，大东出版社，1985年，第299页。
2 大久保道舟编：《道元禅师全集》下卷，筑摩书房，1970年，第397页。

始挂锡天童，二十四岁也。不依戒次，欲列新戒位。师表书云："此娑婆世界，释尊遗法流布国，戒法已弘通，佛法位次，不论尊卑老少，先受戒者先在座，盖是七佛诸祖通戒也。何至日本大宋可别异有哉！天童一山住持，两般前资勤旧，以先例尚定新戒位。其故，先入唐诸僧，始传教弘法，至汝师翁用祥上人，尽著新戒著，盖是国例也。大国小国之别异也。"

师又重书："诸佛教法，依国而岂可异乎？一家之兄弟，一佛之戒脉，都不可差异有。先坐后坐，支干分明，年月争乱乎？一寺不能断，五山评议尚用旧规。"

三度表书云："佛法遍沙界，戒光照十方。况经曰：'今此三界，皆是我有，其中众生，悉是我子。'中此娑婆世界者，释迦牟尼佛土也。国已佛国也，人皆佛子也。兄弟不可混乱。次位法尔，具佛法世法，皆任正理。天神地祇，不昧理非。此理若不达，恐是乱世。贤者不居乱世，直人不杂诳者。佛家腊次已不正者，王法正理岂可明察。幸仰中和之圣德，泣宣倭僧之鄙怀；天裁若无私，伏乞正戒次。取意。嘉定圣主，被下敕宣云：'和僧所申有其谓，须依腊次依。'自尔师名不隐丛林，和僧腊，依之定了。遂挂锡天童。"[1]

这就是道元对所谓"新到列位上诉"问题的一段记述。《三祖行业记》《建撕记》各种版本除在个别字句上有出入外，整个内容与此完全相同。内容是说，道元得到在天童山景德寺挂单许可后，

---

[1] 《曹洞宗全书·史传上》。

因其在日本所受的戒腊未获承认，在僧堂排列席位时，被排在僧堂的最末位。道元对此事提出抗议，先向天童山景德寺上诉，但未成功。道元再次上诉，经过五山评议，结果仍然败诉。最后，道元直接向当时的宁宗皇帝上诉，遂得到宁宗皇帝的认可。由于宁宗皇帝的宣敕，僧堂席位排列规则最终改为依于戒次。

然而，《传光录》中不见此事的记述。此事果真是历史事实吗？以前的学者，如大久保道舟、中世古祥道、竹内道雄等在各自的著书中对此问题进行了探讨，基本上认为其属实，可以信赖。不过，大久保指出，将具足戒作为戒次的基准，是关系到南宋佛教全局生命的一个重要问题。从道理上讲，它不是皇帝的宣敕所能左右的事情，所以大久保认为向皇帝上奏并不是事实，因此对于其中道元上奏当时的宁宗皇帝事持否定态度。[1] 中世古则从前述《明全和尚戒牒奥书》中所见的"初到明州景德寺"一语推测道元的抗议并非针对天童山景德寺，而是针对与明全一起上诉的景福寺。因为景福寺被误传为景德寺，所以造成了这一传说。如果我们承认此传说是事实，那么中世古的推测有一定道理。[2] 因为景福寺在当时是一座律寺，道元上诉的问题也正是与戒律有关的问题。镜岛元隆结合中世古的推测指出，这一传说的产生很可能与道元当时曾经向天童山景德寺提出过某种要求有关。不过同时也有疑问，即僧堂的席位排列的问题往往是在安居或长期挂搭时才会出现，与临时性的短暂停留无

---

[1] 见大久保道舟《道元禅师传之研究》第五章第五节《新到列位的基准问题》。
[2] 中世古祥道：《道元禅师传研究》，国书刊行会，1979年，第186—190页。

多大关系。而且道元与明全的目的地并非律寺，而是禅寺。[1]

笔者认为，如果所谓"新到列位上诉"问题是事实的话，道元的抗议并不是针对景福寺，而是针对景德寺的。然而，鉴于对于这么一件大事道元在其著作中完全没有提到过，中国方面也不见有任何记载，因此笔者又不得不深感所谓"新到列位上诉"问题作为历史事实，颇欠说服力，很可能是一种虚构。

3. 关于历访诸寺的时期

道元在宋期间，曾经历访江南诸寺。道元在其著作中对此有记载，后世的各种传记资料中也详细地引述了道元的文字。但是，关于其访问的时间，因道元本人的记载较为含糊，所以在迄今的研究中有见解分歧。大致说来有两种看法，一种看法认为道元在参访如净之前历访江南诸寺；另一种看法则完全相反，认为其在参访如净之后历访江南诸寺。在介绍这两种看法之前，我们先确认一下道元自己的记载吧。

（1）嘉定十六年末秋顷，初到阿育王山广利寺。[2]

（2）后于宝庆间，道元云游台山、雁荡山等，遂到平田之万年寺。[3]

---

[1] 镜岛元隆：《道元禅师及其周边》，大东出版社，1985年，第300页。
[2] 水野弥穗子校注：《正法眼藏》（一），岩波书店，1991年，第103页。何燕生译注：《正法眼藏》（修订版），宗教文化出版社，2017年，第37页。
[3] 水野弥穗子校注：《正法眼藏》（二），岩波书店，1991年，第385页。何燕生译注：

（3）大宋宝庆元年乙酉五月一日，道元始于妙高台烧香礼拜先师天童古佛。先师古佛亦始见道元。[1]

（1）和（3）并没有问题，问题在于（2）。（2）中所记述的道元于"宝庆间"云游台山、雁荡山和平田的万年寺，是在（3）中所谓的"宝庆元年五月一日"，即道元参访如净之前发生的事呢，还是在此之后呢？《三祖行业记》《传光录》及《建撕记》等早期的传记记载是在参访如净之前。以前的研究一般都主张该事发生在道元参访如净之前，后来柴田道贤提出该事发生在道元参访如净之后的见解。为此，围绕柴田的见解，学术界再一次出现了争论。[2]在这些争论中，镜岛元隆的研究具有代表性。这里，我们不妨以镜岛的观点为中心进行介绍。

据镜岛论考，关于如净向道元讲述诸方长老未理解"诸法方实相"之理，柴田是向《正法眼藏·诸法实相》卷中"闻此言，便向诸方长老问着，然能真个听受者少"[3]一语寻求证据的。镜岛指出，柴田所举的证据缺乏说服力，所谓"问着于诸方"一语的含意，如果说是"闻此言之后"，问着于诸方的，那么正如柴田所解释的，很明显是在参访如净之后历游江南诸寺的。然而镜岛认为"问着"

《正法眼藏》（修订版），宗教文化出版社，2017年，第325页。
[1] 水野弥穗子校注：《正法眼藏》（三），岩波书店，1991年，第143页。何燕生译注：《正法眼藏》（修订版），宗教文化出版社，2017年，第408页。
[2] 见柴田道贤论文《道元禅师在宋修学的行程》。
[3] 水野弥穗子校注：《正法眼藏》（二），岩波书店，1991年，第445页。何燕生译注：《正法眼藏》（修订版），宗教文化出版社，2017年，第350页。

一词并非仅这一层含义。他指出，道元在该段叙述的后面紧接着介绍了应庵的语言，道元批判应庵对佛法的理解不够彻底。应庵于隆兴元年（1163）六月已示寂，对道元来说他是过世之人。[1]因此对于道元，所谓"问着"并非仅是参访"问着"的意思，不能将"问着于诸方长老"一语的"问着"与"闻此言，问着于诸方"的"问着"混为一团。镜岛还列举《正法眼藏·三界唯心》卷中所见的"虽且如是，然须问着于宗一大师（玄沙师备）"[2]一语中"问着"的使用例子对其进行反驳。关于"问着"一语，在道元的著作中还被用于另一层含义，即指通过迄今的知识，检验诸方长老对佛法理解的正确与否。所以，镜岛认为在这里也应该从这一层意思理解较为妥当，柴田的主张过于草率。[3]

竹内道雄也主张道元对诸寺的历游是在参访如净之前。但是，参访如净之后的宝庆二年（1226），道元还曾参访过补陀洛迦山和江西地区[4]。对此，镜岛也同样提出了异议。镜岛指出，所谓宝庆二年道元参访江西地区的说法不见于《三祖行业记》《传光录》和古写本《建撕记》中，至面山改写的《建撕记》中才开始见有记载。竹内道雄是以此面山的改写本《建撕记》作为依据而提出该说法的。然而，如前所述，此改写本《建撕记》是面山基于某种意图改写的，因此该书中的记载可以说不具有可靠性。镜岛认为，竹内的

---

1 据《联灯会要》卷八，应庵昙华于隆兴元年示寂。
2 水野弥穗子校注：《正法眼藏》（二），岩波书店，1991年，第415页。何燕生译注：《正法眼藏》（修订版），宗教文化出版社，2017年，第338页。
3 镜岛元隆：《道元禅师及其门流》，大东出版社，第315页。
4 竹内道雄：《道元》，吉川弘文馆，1992年，第148—151页。

主张也缺乏说服力。[1]

  笔者基本上倾向于道元是在参访如净之前历游江南诸寺的说法，尽管不能提出确切的证据和理由，仅是推测而已。不过，据《宝庆记》和其他著述我们知道，自宝庆元年五月道元参访如净后的三年时间，他热心地向如净请教佛法，殷勤修行。在如此修行生活中，对道元本人来说，应该没有再去参访其他诸寺的理由和必要。

4. 与如净相逢的年代问题

  关于道元在南宋期间的活动情况，在如今学者间议论较多的问题中，还有道元与如净究竟是何时相逢的问题。据前述道元在《正法眼藏·面授》卷中叙述，道元是在宝庆元年五月一日与如净见面的。以往的研究也依据此记述，一直认为道元与如净见面是在宝庆元年五月一日。

  然而，伊藤秀宪针对此一说法提出异议，他认为道元与如净相逢很可能是在前一年的嘉定十七年（1224）。[2] 伊藤是在已经明确了如净是在嘉定十七年七月或八月升座为天童山住持的基础上，通过对《三祖行业记》、《传光录》、古写本《建撕记》等早期传记资料的重新考察而得出这一结论的。我们承认伊藤的研究的确细致，但是，笔者对伊藤的所有立论未必全赞同。比如伊藤对《面授》卷所见的"大宋宝庆元年五月一日道元始于妙高太烧香礼拜先师天童

1　镜岛元隆：《道元禅师及其周边》，大东出版社，1985年，第309—312页。
2　伊藤秀宪：《道元禅师在宋中的动静》，《驹泽大学佛教学部研究纪要》第42期，1984年。

古佛"中的"始"字的理解，伊藤将此"始"字的用法与《御遗言记录》中义介所用的"始"字相比较，认为《御遗言记录》中的"始"字既非初次相见的意思，也非参问的意思，而是"笔记性质"的词语，与《面授》卷中的"始"字的语义极其相似。《御遗言记录》中所见的"始"字是在"建长六年正月永平寺第二世和尚曰"的情况下出现的。也就是说，它是以怀奘向义介做开示为前提的，我们可以把它看作是一个"笔记性质"的词语。然而，道元这里没有这样的前提。伊藤的见解，不免牵强附会。该文接下来是：

> 先师古佛亦始见道元。尔时，指授面授道元曰："佛佛祖祖，面授之法门现成。"[1]

读一读此文，我们不难理解宝庆元年五月一日即道元与如净相见的日子。这句话简明扼要地表达了道元与如净之间师资相契的法缘情谊。因此，关于道元与如净相见的时间，笔者认为还是应该按照通常的说法，即宝庆元年五月一日。

5. 关于带回《碧岩录》的问题

据《建撕记》各种写本记载，道元在返回日本时，得大权现修理菩萨的助笔，一夜之间书写《碧岩录》，将其带回日本[2]。一般习惯

---

[1] 水野弥穗子校注：《正法眼藏》（三），岩波书店，1991年，第143页。何燕生译注：《正法眼藏》（修订版），宗教文化出版社，2017年，第408页。
[2] 河村孝道编著：《诸本对照〈建撕记〉》，大修馆书店，1975年，第26页。

称此《碧岩录》为"一夜写本《碧岩录》",现藏于石川县大乘寺,上面书有"道元和尚之笔"的字样。针对此"一夜写本《碧岩录》"由道元带回的说法,曹洞宗学者持赞成和否定的见解的都有,对于该书所具有的意义的评价也"仁者见仁,智者见智"。大乘寺所藏"一夜写本《碧岩录》"究竟是由道元带回日本的,还是由后人假托道元之名所做的伪书呢?以往许多学者对该问题进行了考证。

比如竹内道雄在其论文《永平道元与〈碧岩录〉——关于道元带回的一夜〈碧岩录〉》中,通过将道元著述中所引用的《碧岩录》与一夜本和流行本相比较、对照的手法,指出在《正法眼藏》中的确可以看到与一夜本相一致的地方,因此对由道元带回的所谓"一夜写本《碧岩录》"的说法,竹内持肯定的意见。[1]与此相对,镜岛元隆从《正法眼藏》所依典籍的角度指出《正法眼藏》没有完全依据所谓的"一夜写本《碧岩录》",有一些地方是依据流行本的,他针对竹内的观点提出了异议。[2]从结论上讲,笔者与镜岛元隆持相同观点,对于所谓由道元带回的"一夜写本《碧岩录》"的说法持否定看法。因为,第一,据对大乘寺所藏的《碧岩录》的笔迹进行校勘,根据铃木大拙在《佛果碧岩破关击节》中的研究,该书不是由道元书写的,而是由宋人书写的。[3]第二,此《碧岩录》由道元带回的

---

1 论文载驹泽大学曹洞宗学研究所《宗学研究》第 1 期,1965 年。
2 镜岛元隆:《道元禅师与碧岩集》,《道元禅师与引用经典·语录之研究》,木耳社,1956 年。
3 见铃木大拙编《佛果碧岩破关击节》中的"写在佛果碧岩破关节刊行之际",即所谓的一夜碧岩(岩波书店,1942 年,第 19 页)。

说法始见于《建撕记》，而《建撕记》所依据的《三祖行业记》中不见有相关记载，《传光录》中也不见有记述。当然，笔者并不是因为这些较早时期成书的传记资料中没有记载就认为竹内的主张毫无根据，而是说把这记载视为《碧岩录》由道元带回的说法证据并不充足。

第三节　归国年日及其之后的活动

1. 关于回国的年代

关于道元归国的年代，道元本人在其著作中提到过两次，第一次见《〈普劝坐禅仪〉撰述由来》记载："予嘉禄中，从宋土归本国。"[1]这里的嘉禄是日本北条泰时执权时的年号，嘉禄三年（1227）改年号为安贞。依照此记述，道元的归国应该是在嘉禄三年之前。第二次见《办道话》记载："大宋绍定初，返回本乡。"[2]绍定是南宋的年号，共有六年。这里的"初"，是指绍定元年（1228），还是指绍定二年（1229），对此我们很难做出明确的判断。

以前的一些传记书类，如明州本《建撕记》载"安贞元年秋归

1　大久保道舟编：《道元禅师全集》下卷，筑摩书房，1970年，第6页。
2　水野弥穗子校注：《正法眼藏》（一），岩波书店，1991年，第12—13页。何燕生译注：《正法眼藏》（修订版），宗教文化出版社，2017年，第2页。

朝"[1]，瑞长本《建撕记》则载"安贞元年八月已归朝"[2]，这些记载皆与道元自身的记述有出入。目前此问题尚未见有结论，这主要是因为没有旁证资料。

2. 在建仁寺的活动情况

《典座教训》载："山僧归国以降驻锡建仁。"[3] 道元归国后，首先住在建仁寺。然而，在建仁寺道元从事了哪些活动？过着什么样的信仰生活？不甚明了。仅仅在《正法眼藏随闻记》第六卷中我们可以看到"寓于建仁寺时，人人多问佛法"[4]的文字，除此之外再也看不到有其他记载。以古写本《建撕记》为代表的诸多传记都未做记述。即使是后人撰著的道元年谱，如在前述竹内道雄《道元》末尾的略年表中，关于这期间的活动也是空白。既然道元在建仁寺住了三年，为何这期间的活动情况却是空白呢？这是一个很有意思的问题，值得今后去深入研究。

3. 与武士波多野义重的关系

道元离开建仁寺后，闲居于京都南部深草的安养院；紧接着在现在的极乐寺的旧迹地创建兴圣寺；后来受请从兴圣寺迁至越前，在越前创立了大佛寺，后将其更名为永平寺。据各种传记记载，道

---

[1] 河村孝道编著：《诸本对照〈建撕记〉》，大修馆书店，1975年，第32页。
[2] 同上，第32页。
[3] 大久保道舟编：《道元禅师全集》下卷，筑摩书房，1970年，第300页。
[4] 山崎正一校注，现代语译：《正法眼藏随闻记》，讲谈社，1972年，第327页。

元的这一系列活动得到了当时的武士波多野义重的大力支持。据镰仓幕府的官方记录《吾妻镜》记载，波多野义重是一位作为"评定众"曾经奉职于六波罗探题的武将，其祖先从源赖朝时代开始，在东国地方拥有土地和庄园。但是，是什么原因让他与道元建立交情的呢？道元本人的著述中没有记述，其他的传记中也不见有记载。据载，《正法眼藏》中《全机》卷和《古佛心》卷是道元在波多野义重的"幕下"示众的作品，我们可以推测，道元对于波多野义重来说是一位宗教导师式的精神支柱。不知为何，以往的研究对此问题未做深入的探讨。在这里，笔者将其指出来，供有兴趣者探讨。

4. 北越入居的真相

各种传记载，道元于宽元元年移居北越（今福井县）。但是，关于其原因，有各种说法，未见一致。比如，《三祖行业记》叙述："波多野云州大吏义重，依固请，移下越州。"此观点认为是波多野义重的强烈邀请。[1]《三大尊行状记》也做了相同的记述。然而，与此相对，古写本《建撕记》记载在波多野义重的邀请之外，还涉及道元内心方面的原因，比如："我师如净古佛，大唐越州人，听越州名，令我怀念，是我所望也。"[2]也就是说，如净出身于中国越州，道元敬仰其名，所以迁到了越前。江户时代成书的《道元和尚行录》和《日域曹洞列祖行业记》中也见有与古写本《建撕记》相同的记载，很可能是呼应古写本《建撕记》的记述。总之，道元本人

---

1 《曹洞宗全书·史传上》，《曹洞宗全书》刊行会，1970—1983年，第3页。
2 河村孝道编著：《诸本对照〈建撕记〉》，大修馆书店，1975年，第44页。

对此事未做任何说明，因此关于这些记载是不是一种臆测，也不甚明了。

大久保道舟认为这些记述完全是一种捏造，并依据以下的文献提出了新的说法。文献之一是京都东山御文库所藏的《兵范记》中的一段残缺信函的内容：

佛法房事，山僧之帐□□□重极之位成候、□□□样未承定候，上奏破弃住所，追洛中等。

意思是说，有一位被称为佛法房的人受到比睿山僧侣的憎恨，比睿山僧侣上奏要求破坏其住所，并将其赶出洛中（即京都）。所谓佛法房，即指道元。道元因受到比睿山僧侣的迫害，其住所遭到破弃，他本人也被赶出了京都。大久保将此视为第一次迫害。

另外一个文献见于《溪岚拾叶集》中《禅家教家同异事》的记载：

后嵯峨法皇御时，极乐寺佛法坊立法门，毁教家。觉住坊读止观者有之。造护国正法义，宗门及奏闻时，佐法印御房可判是非由，被仰下。护国正法义心，二乘中缘觉所解也，下之。不依佛教，尤相似于自开解分。然诸多不可及沙汰云云。被却极乐寺，佛法房追却毕。今可有其义，其上以佛法心地修行，可有是非。所云一一不及其沙汰条，不可然事也。

《溪岚拾叶集》是由鹫尾的道光上人光宗编集的著作。据其跋语，该书是光宗于正和二年（1313）七月二十五日在比睿山西塔黑谷闻师兴宗说法而作。此一段文字的内容令人费解，其大意是：第一，说道元立自己的法门，反驳教家（指天台宗）的观点；第二，说道元撰《护国正法义》上奏天皇；第三，说道元居住的极乐寺遭破坏，道元本人也被流放。大久保将此称为第二次迫害。大久保认为两次迫害让道元有了下定决心离开京都去越前的打算。[1]

前者既未记载寄信人是谁，也未写收信人是谁，更不知写于何时。大久保指出，收信人的藤原定家死于仁治二年（1241），因此他推测该事大约发生在道元闲居于京都深草安养院的宽喜二年（1230）或宽喜三年（1231）。而且大久保还对"洛中"一语的含义产生兴趣，他说因为京都东山和北山在当时是京外，所以深草也应该是洛外，而前面的信函所传的受比睿山僧侣的迫害，应该是在道元归朝后客居建仁寺时期的事。

道元迁居于北越的动机的确是一个充满魅力的重要话题，但是因为现存的相关资料较少，故不易得到充分的考察。大久保提出的受比睿山僧侣迫害的所谓外在原因的说法，的确有其说服力。但是，为其立论所提出的《兵范记》中的信函和《溪岚拾叶集》中的一段记载，与道元居住于建仁寺的时间究竟是否相关？而且，《溪岚拾叶集》中的记载与道元居住于兴圣寺的时间究竟是否相一致？我们很难判断。再次，镰仓末期的《溪岚拾叶集》是一部由比睿山佛教徒口传的记录，是站在天台宗的立场撰写的文献，对其中的记载，我们将其信为历史事实，也是危险的。尽管这样，在确凿的资

---

[1] 详见大久保道舟《道元禅师传之研究》第八章第一、二节。

料尚未被发现之前，大久保的所谓外在原因的说法，作为一个假定的说法，还是可以成立的。

5. 前往镰仓教化的经过

据《永平广录》第三记载，永平寺创建后不久，宝治元年（1247）八月，道元离开永平寺赴镰仓，"为檀那俗弟子说法"。[1]我们知道，道元否定那些与权门势力接近的做法，强调居住于深山幽谷中，"接得一个半个"。既然如此，道元为何到镰仓向居于权力地位的"俗弟子"说法呢？《三祖行业记》和古写本《建撕记》等传记资料都记载道元受北条时赖之邀而赴镰仓。尽管以往的学者，如大久保、竹内、中世古和纳富常天等利用各种资料对这一记载的可信度进行了考证，但是迄今尚未得到可称之为结论性的见解，且其立论之间互有出入，不相一致。总之，道元赴镰仓，"为俗弟子说法"是事实，即便它是由于北条时赖的邀请，但如果没有道元本人的同意，是不可能实现的。从这一记载看，道元对镰仓的教化体现了道元在思想上发生了变化。然而，该问题是一个关涉道元思想内容的问题，而本章的主要目的在于探讨道元传记中的各种问题，所以对于此问题我们在这里不进行探讨。

结语

以上，我们通过记载道元生平的各种传记资料，以及迄今以这些传记资料为基础进行的道元传记研究，对于道元各个时期的活动

---

1 大久保道舟编：《道元禅师全集》下卷，筑摩书房，1970年，第63页。

情况中被认为不甚明确的地方，结合笔者自己的考察，简要地做了介绍。如上所述，从出生至入宋求法，乃至晚年创建永平寺，在道元的一生中，不甚明确的地方很多，迄今对于这些问题的研究也存在意见分歧，可以说一人一种说法。在道元的信仰活动中，最为重要的部分无疑是入宋求法，但同时也是问题最多的部分。关于这些问题，笔者结合前人的研究提出了私见，但是还有一些尚不能弄清楚的问题，比如道元通过什么样的路线抵达天童寺和返回日本的问题。总之，包括这些问题在内，以上所介绍的所有问题，归根结底其实就是因资料不够充分而造成的。在新的资料尚未被发现的情况下，目前要想弄清这些问题，是极其困难的。

第二章

迷途·觉路·梦中

——道元禅思想的形成

第一节 引言

道元入宋求法的最大收获无疑是与如净的相遇。道元在《办道话》中说，因"参太白峰之净禅师，一生参学之大事于兹了毕"。道元一生敬如净为古佛，将从如净"面授"的禅思想称为"正传之佛法"。因此，我们可以认为，在道元禅思想的形成过程中，给予其决定性影响的无疑是如净。

然而，据关于道元求法经历的现存各种资料[1]，我们知道，道元在宋四年，师从如净是最后两年，此前曾师从过其他的禅师。而

---

[1] 关于记载道元求法历程的文献资料，由道元本人撰写的有《典座教训》；作为传记类，信赖度较高的是《传光录》2卷（莹山）、《建撕记》2卷（建撕）。关于《建撕记》的版本，本章使用了由河村孝道编著的《诸本对照〈建撕记〉》。

且，这些禅师的名字大都不见于中国的有关文献资料，可以说是一些无名之辈。尽管这样，道元在自己的著述中常常提及这些禅师，或者特设一卷赞叹他们的禅风和人格。如对最初相遇的阿育王寺的老典座，道元后来撰写了《典座教训》；对在天童山修行期间从临济宗的僧侣借阅临济宗的嗣书，后来撰写《嗣书》1卷，收入其《正法眼藏》中。基于这些事实，可知道元虽然通过与如净的相遇确立了自己的宗教观，但同时他对其他的禅师也寄予了极大的关心。通过与这些禅师们的切磋交流，道元为形成自己的思想吸取了积极的养分，获得了有益的启发。因此，考察道元禅思想的形成问题，我们同时有必要关注如净以外的人物。

本章的目的在于基于这样的研究视域，试图考察道元禅思想的形成问题。在进入考察之前，有必要说明一下本章题目中"迷途""觉路""梦中"三个词的含义和使用它们的理由。这三个词出自道元从南宋归国后不久闲居京都南部深草时，以《闲居之时》为题撰写的六首汉文诗偈中的一首。诗文如下：

生死可怜休又起，迷途觉路梦中行。
虽然尚有难忘事，深草闲居夜雨声。[1]

此诗偈是道元闲居深草时的内心独白，是道元对自己发心修行以来步入佛教人生道路的述怀。也就是说，这首诗表达了道元从人生无常的"迷途"走向佛教修行的"觉路"，最后到达被视为"身

---

[1] 大久保道舟编：《道元禅师全集》卷下，筑摩书房，1970年，第195页。

心脱落"的终极境地的"梦中"[1]的求法历程和内心世界。因此,将"迷途""觉路""梦中"三个词作为本章的题目,是想试图通过细品这三个词的含义,考察道元的求法历程及其对道元思想的形成的作用和所带来的影响。为了到达预期的目的,本章拟通过以下的顺序进行考察。首先,结合道元的人生经历和思想形成,考察"迷途""觉路"的含义;在此基础上,将焦点对准道元人生经历中最为重要的入宋求法,探讨其入宋和思想形成的情况;最后,考察道元是如何将中国禅进行自我消化的。

第二节 由"迷途"到"觉路"
——与禅的相遇

与历代众多的佛教徒一样,道元在其五十三年生涯中,也曾有过徘徊于人生"迷途"的经历。说到道元的"迷途",我们也许会立刻想起他自幼失去双亲的事情。因为,现存道元传记都记载着道元3岁丧父,8岁丧母。也许正是如此,以往多数学者将道元父母的死视为道元出家的动机。[2]然而,道元在自己的著述中,对于双亲

---

[1] 何燕生译注:《正法眼藏》(修订版),宗教文化出版社,2017年,第228页。道元在《正法眼藏·梦中说梦》卷中,针对"梦中"解释说"证中见证故,梦中说梦也",或说"证上而证,梦中说梦也"等,可知将"梦中"作为"悟"的境界来理解。

[2] 然而,关于这一问题,大久保道舟发表了不同的见解。大久保认为,道元出家的

的死根本就未曾提及。道元说他出家的动机并非由于双亲的死，而是基于"无常"。这我们可以从其门徒弟子怀奘笔录的《正法眼藏随闻记》中所见的"我初正由无常而聊发道心"[1]一语得知。因此，笔者所说的道元的"迷途"，也不是直接指道元双亲的死，而是指通过双亲的死使道元感受到人生存在的意义究竟是什么的所谓有关人存在意义的问题。换言之，由于父母过早死去，道元在心灵上遭受到人生难以排遣的孤独和无限的悲哀，感悟到佛教所讲的人生无常的痛苦，陷于人生的迷惘之中。笔者认为，这就是道元所说的"迷途"的真正含义。它是以任何人都无法回避的"死"这一可怕的事实作为媒介的"迷途"，是与人的存在紧密相关的终极问题。在如此深刻的"迷途"中，道元感悟到人生无常，此无常观构成了道元憧憬宗教世界，即走向"觉路"的出发点。因此，我们可以认为，后来道元发心修行和对诸山的探访，是道元人生道路中的必然去向，换句话说，是解救处于"迷途"之中的道元的有效方法。

据各种传记记载，道元14岁时出家。[2]这是道元从"迷途"走向"觉路"的决定性一步。选择出家之路的道元，与当时其他的佛教徒一样，来到当时日本佛教的中心地比睿山，开始真正的修行和学习佛法的生活。然而，不到两年，道元对比睿山产生了"疑

动机是"基于复杂的家庭情况"。（大久保道舟：《道元禅师传之研究》，岩波书店，1953年，第81—82页）

1 见《正法眼藏随闻记》第五《学人初心之时》。（山崎正一校注，现代语译：《正法眼藏随闻记》，讲谈社，1972年，第236页）

2 这里所说的道元的各种传记，主要指前文提到的各类著述。

团",决心离开比睿山。关于道元此时的"疑团"内容或离开比睿山的理由,后世编纂的各种道元传记将其视为针对比睿山天台宗的本觉思想。[1]但是,道元本人则对其未做任何说明。鉴于道元本人对于这么一件大事未做任何记述,应该另有原因。以下一段文字对于我们了解道元在比睿山修行期间的思想葛藤、心理变化具有参考价值。

> 遍访诸方,终辞山门。为修学道,寓于建仁寺,中间,因不逢正师、无善友,迷而起邪念。教道之师亦教训曰:"先须齐与学问之先达,为国家所知,以名誉天下为事。"因之学教法等,先思齐与此国上古之贤者,亦思与大师等同,故披览《高僧传》《续高僧传》等,见大国之高僧、佛法者之样子,非如今之师教。[2]

此一段叙述,不仅提到在比睿山的修行生活,而且还谈及建仁寺的修行生活。道元在这两处依从师教,学习经论、传记等,目的是为了闻名于国家,享誉天下。后来,他读《高僧传》《续高僧传》,深有领会,发现认为本国的大师等犹如瓦土这种教导是一种错误,便一改从前的思想。从这段叙述我们可以间接地了解到,道元的"疑团"并不是针对比睿山的本觉思想,而是针对以比睿山为

---

[1] 比如,面山瑞方订补本《建撕记》卷上载:"师十五岁,熟涉猎经论,自有疑,谓:'显密二教,共谈本来本法性,天然自然身。若如此,则三世诸佛,依甚更发心求菩提耶?'"(河村孝道编著:《诸本对照〈建撕记〉》,大修馆书店,1975年,第7页)
[2] 山崎正一校注,现代语译:《正法眼藏随闻记》,讲谈社,1972年,第236页。

代表的日本佛教谋求名誉于天下的当时佛教界的世俗化倾向。如果说道元对以《法华经》为立教开宗之依据的当时天台宗的教义抱有"疑团"的话，那么一般说来，道元后来会对《法华经》或天台宗采取批判的态度或者采取漠视的态度。然而，道元并未这样做。相反，在道元的著述中，引用最多的经论却是《法华经》和天台三大部。[1]

总之，以双亲的死为契机，道元了解到世间之无常，陷于人生的"迷途"，于是步入佛教的"觉路"。之后，目睹专以闻名于国家、享誉天下为目的的当时的佛教界的状况，对其深抱"疑团"。对道元来说，试图解决如此"疑团"的愿望，最后变成他寻求真正的"正师"的热情。

据道元的各种传记，道元为了寻求"正师"离开比睿山，探访诸寺高僧后，最后造访的是京都建仁寺。然而，如前所述，叩开临济宗建仁寺之门的道元，在建仁寺又目睹了与比睿山相同的情况。不过，在建仁寺，道元遇见了两位决定其宗教命运的人物。一位是当时任建仁寺住持的荣西，另一位是荣西的高足弟子明全。所谓道元与荣西的相遇，如前章所述，其实是由后世编纂的传记之误传，他们二人并未见面。至于与明全的相遇，我们可以确认是历史事实。[2]

据《正法眼藏随闻记》，道元对荣西的人格和佛教胸怀予以高

---

1 见镜岛元隆《道元禅师与引用经典·语录之研究》第五章《引用出典一览表》。
2 请参照镜岛元隆的论文《关于荣西、道元相见问题——因古写本〈建撕记〉的发现》。

度赞扬。荣西的高尚人格和大乘佛教徒的仁慈胸怀,是道元听说的,还是他目睹的?我们暂且不论。总之,这无疑给正在求法之中的年轻的道元以强烈的影响。可以推测,这些构成了后来道元决心与明全一起入宋求法的一大动机。关于明全,道元在《办道话》中是这样评价的:

> 全公(为)祖师西和尚(荣西)之上足,独正传无上之佛法,余辈不敢并比。[1]

道元对明全的人格之敬仰和赞叹,由此可见一斑。据各种传记记载,道元在明全门下修行约五年之久,"究显密之奥源,习律藏之威仪,兼闻临济之宗风,列黄龙之十世。"[2]道元本人在《宝庆记》和《办道话》中仅仅说:"初闻临济之宗风。"[3]总之,与在天台宗的比睿山只住两年相比,道元在临济宗的建仁寺停留了五年,可以想象建仁寺拥有吸引道元的魅力。道元的各种传记将道元对建仁寺的参访归因为一位叫作公胤的人物的推荐。不过,据管见所及,道元本人对此事未做任何说明。据笔者推测,很可能是由于两种原因,一是由于对荣西、明全二人的崇敬,另一个是由于建仁寺是由曾经

---

[1] 何燕生译注:《正法眼藏》(修订版),宗教文化出版社,2017年,第1—2页。
[2] 见面山瑞方补订本《建撕记》卷上。
[3] 如在《宝庆记》开头,道元说:"后入千光(荣西)禅师之室,初闻临济之宗风。"(大久保道舟编:《道元禅师全集》下卷,筑摩书房,1970年,第371页)又,在《办道话》中,道元说:"聊闻临济之家风。"[何燕生译注:《正法眼藏》(修订版),宗教文化出版社,2017年,第2页]

两次入宋的荣西开创的寺院。从《正法眼藏随闻记》的叙述中我们不难看出，因为道元自比睿山修行以来，阅读中国的《高僧传》《续高僧传》，从宋朝的高僧和经论、传记中寻找真实学道的风范，遂萌芽出憧憬宋朝佛法的念头，所以来到了建仁寺。对"正师"的渴求及对宋朝佛法的憧憬是道元参访建仁寺的主要原因。道元通过在建仁寺的参学，一改原来以天台宗佛教为中心的教义的研究和经论、传记的阅读，变成以公案禅为特征的崭新的宋朝临济禅的学习，迈出了通向"觉路"的重要一步。而且建仁寺是以中国禅寺为样式建立的临济宗寺院，道元通过在这样一座寺院的修行，以及对具有高尚人格和独特禅风的荣西的了解，与荣西的弟子明全相遇，从而产生对宋朝佛教的憧憬，最后萌发了入宋求法的远大志向。

总之，通过以上的考察可知道元从人生的"迷途"走向了佛教的"觉路"。而且通过对经论、传记的阅读，他对当时以比睿山为代表的日本佛教界主流的世俗化倾向彻底绝望，转向对宋朝佛教的憧憬，到与宋朝佛教有密切关系的建仁寺参学，接触禅宗，遂萌发入宋求法之念，其人生经历和思想形成过程似乎经历了一个由绝望到希望，由希望到绝望，再由绝望到希望的过程。在如此曲折多变的思想历程中，始终支撑他精神的可以说是佛教的"无常"观。此"无常"观作为道元的终极关怀，不仅成为从"迷途"走向"觉路"的出发点，而且还成为他克服在"觉路"中遭遇重重困难的原动力。

第三节　由"梦中"到"觉路"
——认识中国禅

《正法眼藏·梦中说梦》卷记载:"以证中见证故,梦中说梦也。"[1] 道元所说的"梦中"一词的含义不同于一般的意思,它具有业已突破"疑团"束缚的"悟证"境地的含义,是一种修辞。为了到达此"悟证"境地,如前所述,道元除了通过经论的阅读外,还以与"师"的相遇作为转机。对道元来说,"师"是自己由"觉路"到达"梦中"境地的媒介,是不可或缺的存在。也就是说,由于与"师"相遇,自己始能得到磨炼。道元即便是入宋以后,情况依然相同。可以说,在达到"梦中"境地的过程中,道元始终试图通过现实的作为活生生的"师"所讲述的佛法,来解决由于双亲的死所感悟到的佛教"无常"的真谛。

从各种传记所载可知,在宋期间,道元邂逅了众多禅师,其中除如净之外,阿育王寺的老典座和无际了派(1149—1224)二人对道元的禅思想产生了积极影响。通过与阿育王寺老典座的相遇,道元第一次认识到了中国禅;通过与无际了派的邂逅,道元真正开始接触中国禅林的修行。结合道元禅思想的发展历程来说,与此二人的相遇给道元带来了从"觉路"到达"梦中"的决定性契机。

---

[1] 何燕生译注:《正法眼藏》(修订版),宗教文化出版社,2017年,第28页。

据《典座教训》，日本贞应二年（1223，南宋嘉定十六年）抵达南宋宁波的道元，在等待办理入境手续时，在船中与阿育王寺的典座进行过以下的对话。

道元："座尊年，何不坐禅办道看古人话头？烦充典座，只管作务，有甚好事？"

典座："外国好人，未了得办道，未知得文字在。"

道元："如何是文字？如何是办道？"

典座："若错过问处，岂非其人？"

山僧当时不会。

典座："若未了得，他日后日到育王山，商量一番文字道理去在。"[1]

从这一段问答可知，对当时的道元来说，所谓佛道修行，只是烧香、礼拜、看经、坐禅等宗教行为，与炊事这类日常的作务完全没有关系。贵族出身的道元追求的只是知识的佛法，对于作为修行基本的炊事等日常作务缺乏足够的认识。在这一点上，我们看到了年轻道元尚未成熟的一面。与此相对，阿育王寺的典座向道元开示

---

[1] 引用时略有改动。原文是："山僧又问典座：'座尊年，何不坐禅办道看古人话头？烦充典座，只管作务，有甚好事？'座大笑云：'外国好人，未了得办道，未知得文字在。'山僧闻他恁么地话，忽然发惭惊心，便问他：'如何是文字？如何是办道？'座云：'若错过问处，岂非其人？'山僧当时不会。座云：'若未了得，他日后日到育王山，商量一番文字道理去在。'"（大久保道舟编：《道元禅师全集》下卷，筑摩书房，1970年，第299页）

日常生活的意义，开显佛道修行的原本风景。典座认为即便在看似琐碎的炊事作务之中，依然包含着佛道的本质；禅宗的修行蕴藏在一切日常行为之中。道元当时虽然未能理解典座言语的意思，但是通过与典座的相遇，始"知文字，了办道"。他将与典座之间所进行的问答记录成书，命名为《典座教训》。

据《典座教训》，抵达天童山之后的道元又与此典座相遇。"山僧（道元）喜跃感激接他。"字里行间充满着喜悦。道元再一次与其探讨学问和修行的问题，二人进行了如下的问答。

典座："学文字者，为知文字之故也。务办道者，要肯办道之故也。"

道元："如何是文字？"

典座："一二三四五。"

道元："如何是办道？"

典座："遍界不曾藏。"[1]

从禅的终极立场来说，人生活的此时此地，每一个时刻，每一个场所，都是真理的表现，无不是佛道，所谓"无处不道场"。要想理解这一点，单单借助文字和语言是不够的，需要我们置身当处，切身去把握。不能做到这一点，再怎么玩弄语言，那也只不过

---

[1] 原文是："典座云：'学文字者，为知文字之故也。务办道者，要肯办道故也。'山僧问他：'如何是文字？'座云：'一二三四五。'又问：'如何办道？'座云：'遍界不曾藏。'"（大久保道舟编：《道元禅师全集》下卷，筑摩书房，1970年，第299页）

是一种观念而已。典座将此用"一二三四五"这样的数字来表述。但把握"一"为"一"时，如果不能超越"一"的概念，绝不能算作是真正的把握，不如实地去把握。道元通过与典座的再会，认为第一次掌握到了学问和修行的含义。道元在《典座教训》中对此典座的教诲表达了感谢："山僧知文字，了办道，即彼典座之大恩也。"而且他对典座这一职务所具有的佛道意义进行了详细的记叙。

而今我日本国，佛法名字，闻来已久，然而僧食、如法如作之言，先人不记，先德不教。况乎僧食九拜之礼，未梦见在。国人谓："僧食之事，僧家作食法之事，宛如禽兽。食法实可生怜，实可生悲。如何？"[1]

意思是说，佛法传入日本以来，至道元生活的时代，经历了很长的岁月。佛法的教义得以确立，寺院得到建设，然而僧人对基于佛法的食事作法、吃饭时的威仪等却全然不知。实在令人哀叹！为此，道元撰写了《典座教训》，以阐说关于食事作法等的重要性。

据道元的各种传记载，得到上岸许可之后，道元最初参访的是天童山景德寺。在该寺，他最先师从的中国禅师是无际了派。当时的天童山尚在临济宗的势力之下，由临济宗大慧派的无际了派任住持。由此可知，道元最初师从的中国禅师并非曹洞宗人物，而是临济宗人物。在无际了派的指导下，道元在中国的禅林大约度过了一年的修行生活。据《枯崖和尚漫录》（略称《枯崖漫录》）卷

---

[1] 大久保道舟编：《道元禅师全集》下卷，筑摩书房，1970年，第298页。

上，无际了派晚年住天童山景德寺，与道元相遇很可能是在晚年后期的事。据道元后来记述，他参访无际了派，最令他难忘的是阅览"嗣书"。

所谓"嗣书"，是作为开悟、嗣法的证据，由师直接传授给弟子的系谱，也可以说是禅宗"命脉"的一种象征物。道元首先关注修行的作法，接下来转向对"嗣书"的关注，这从某种意义上来说表现了道元试图把握正法正传的愿望，同时也表达了道元对于因为无师资相承而被斥为"无师独悟"的当时日本达摩宗的一种看法。[1] 因为阅览"嗣书"并不是无际了派的要求，而是道元主动提出来的。道元自称"入宋传法沙门"，可以看出，道元具有将正传的佛法传入日本，试图在日本建立新的佛法传统的愿望。

道元所看到的"嗣书"属于临济宗的杨岐派与云门派。另外，道元还看到了大慧派的三种"嗣书"，但他尤其对从无际了派提供阅览的"嗣书"感悟最深。[2] 后来，道元记述此一段因缘，名之《嗣书》卷，收入《正法眼藏》。《嗣书》卷的开头叙述了"嗣书"的意义：

佛佛必嗣法于佛佛，祖祖必嗣法于祖祖。此是证契也，是

---

[1] 请参考《本朝高僧传》卷一九《能忍》章。（南条文雄、高楠顺次郎、大村西崖编著：《大日本佛教全书》第180卷，1911—1922年，第273页）

[2] 道元在《正法眼藏·嗣书》卷叙述道："始见之，不胜欢喜。乃佛祖之冥感也！遂烧香、礼拜、披览。"〔何燕生译注：《正法眼藏》（修订版），宗教文化出版社，2017年，第325页〕

单传也。故是无上菩提也。[1]

接下来，记述了当时他看到的"嗣书"的样式和内容。

> 了派藏主，威武之人也，今吾子也。德光参侍径山杲和尚，径山嗣夹山勤，勤嗣杨岐演，演嗣海会瑞，瑞嗣杨岐会，会嗣慈明圆，圆嗣汾阳昭，昭嗣首山念，念嗣风穴沼，沼嗣南院颙，颙嗣兴化奘，奘是临济高祖之长嫡也。[2]

道元说："始见之，不胜欢喜。乃佛祖之冥感也！"这表达了道元当时的心情。《嗣书》卷还记述，当时无际对道元说："此一段事，少见知得，如今老兄知得，便是学道之实归。"这表达了对道元的期许。

在此之前，道元通过佛典、祖师语录及高僧传等对禅宗祖师的业绩和思想有了比较系统的了解；又因与阿育王寺老典座的相遇，聆听其关于佛法的开示，从中学习到在日常生活中探求佛法真谛的彻头彻尾的现实主义禅风，体悟到以日常行为规范和威仪为重的严格的修行办道的禅生活。紧接着，在此，他又得以阅览"嗣书"，深刻理解"嗣书"意义之重要。道元的宗教思想由此得到了显著拓展。他后来说："从来之旧巢亦脱落也。"

道元入宋求法期间，其思想获得显著发展，在令他迈入"梦

---

1 何燕生译注：《正法眼藏》（修订版），宗教文化出版社，2017年，第319页。
2 同上，第324—325页。

中"境界的众多禅师中，除上述阿育王寺的老典座和无际了派外，还有几位无名气的普通僧侣。我们考察道元在宋期间的思想发展历程时，不能忽视他们的存在。他们都是一些既无地位又无名声的禅师，但道元通过与这些充满真实学道态度的修行僧的相遇，渐渐地把握了何为修行的道理。可以说，如果没有与这些修行僧的相遇，道元后来也不可能真正与如净相遇，得到如净的印可。如他说：

> 我在宋时，于禅院见古人语录时，或有西川之僧道者问我云："何用？"云："归乡里化人。"僧云："何用？"云："为利生也。"僧云："毕竟何用？"[1]

从这段问答中，我们可以了解到，西川（即四川）一僧的回答深深地打动了道元。以前，道元试图通过经典、语录、嗣书等了解古人的言行，探求佛法的本质。然而，在这里道元又遭到了四川籍普通修行僧所谓"毕竟有何用"这样十分尖锐的反问。道元通过这位修行僧的诘问，再一次深深地认识到佛法不单单是知识，更重要在于身体力行。对此修行僧的诘问，道元后来说："想是真理之道理，其后，止看语录之事，一向打坐，明得大事。"可知道元在思想上得到了飞跃。不依赖于文字和知识，只管打坐，这是道元宗教思想的中心思想。在道元宗教思想的形成中，这位四川籍修行僧的诘问起到了积极重要的作用。

道元还遇到了一位打动其心灵的修行僧。

1　山崎正一校注，现代语译：《正法眼藏随闻记》，讲谈社，1972年，第138页。

往昔天童山之书记，云道如上坐者，官人宰相之子也。然不结亲族，亦不贪世利；衣服破烂、破坏，目亦不得当，然道德为人所知，为大寺之书记。予向彼人问云："和尚是官人之公子，富贵之孙也。为何身着者皆为下品贫道？"答之云："若为僧也。"[1]

我们知道，道元继承了贵族家庭松殿家族和九我家族的血统，与天皇家族是近亲。这里的道如同样出身于贵族家庭，可以说享有优越的社会地位。道元与道如的问答，无疑使道元认识到了作为僧侣的真正形象，同时道元对"若为僧也"的回答产生了深刻的同感。既然已经出家了，就不应该考虑俗家的地位、名誉等。道如如此淡泊世间名誉、利益的求法态度，正是道元试图追求的。换言之，道如的"若为僧也"之言，令道元为之震撼，使道元深深地感到自己所选择的道路是正确的，增强了道元的自信。

总之，厌弃名利、珍惜寸阴、不厌贫苦、勤勉于佛法修行的中国禅僧的形象，对坚定道元的宗教信念和其宗教思想的形成产生了不可忽视的积极影响。道元重视与人的相遇，积极主动地思考在参访之中所得到的启发和感受，并试图将其变为自己思想的一部分，我们感受到了他的求法精神。在后来接受如净的指教和实践中，道元的这种精神一直没有动摇，可以说构成了他通向"梦中"境界的主要动力。后来道元在其著述中明确地描绘了这些严格修行的中国禅僧的形象，并记录了与他们之间所进行的诘问及从中获得的

---

[1] 山崎正一校注，现代语译：《正法眼藏随闻记》，讲谈社，1972年，第267—268页。

重要体验，以鞭策自己、勉励后学。因此，在道元的人格形成和思想建构过程中，道元与这些普通禅僧的问答，可以说具有与如净相匹敌的重要意义。支撑着道元一生的宗教理念和修行实践的，不单单是如净一人，还有道元在求法时期相遇的那些无名禅师，他们的高尚人格和亲切教诲都促进了其思想的发展。对此，我们不应回避和忽视。

第四节　由"空手还乡"到"普劝坐禅"
——弘扬"正传佛法"

道元得到如净印可后回到日本，一种说法认为是日本安贞元年。道元在中国留学前后四年，回到日本时年28岁。他将从中国禅师那里所学到的禅法，用"认得眼横鼻直，不被人瞒，即空手还乡，故无一毫之佛法"[1]一句来总结。所谓眼横鼻直，意思是对佛法如实体悟，不被其他佛法所欺瞒，不像以前的僧侣带回许多经典、佛像，而是空手归国。道元的语言，充满着强烈的自信。

道元将自己在中国所求得的佛法视为自释迦牟尼佛以来正传的真实的佛法——"正传之佛法"。为了阐说坐禅就是救度一切众生的唯一之方法，道元首先撰述了《普劝坐禅仪》。此书是道元的处女作。在该书中，道元首先阐释作为释迦牟尼佛之正法的禅的本

---

[1] 见面山瑞方校订本《永平广录》卷一，《曹洞宗全书·宗源》下所收。

义,其次详细地阐述禅的流传情况、坐禅的心得以及坐禅的方法。道元将坐禅,即佛法的真髓的深刻体悟,化为格调极高的汉文进行表达:

> 释迦老子之为生知,已在六年端坐之迹。达磨大师之传心印,更贻九岁面壁之踪。古圣既然,今人盍办。所以翻寻言逐语之解行,须回光返照之退步。自然身心脱落,本来面目现前。欲得怎么,急务坐禅。[1]

道元认为,释迦牟尼佛和达摩实践的坐禅才是佛法的真髓。基于文字和学问理解佛法乃至为了探究真理,同时必须坐禅。在道元看来,坐禅并不是一种特别的修行,而是对任何人都行之有效的佛法体悟,是一种"易行"。他还说:"不论上智下愚,勿宣利人钝者。"[2] 坐禅无贤人愚者的区别,是通于一切人的佛法,强调坐禅的绝对性和普遍性。正因如此,他在"坐禅仪"之前,特加上"普劝"二字,说明了坐禅不仅限于出家人,而且还通于在家人。

这一思想同时还表现在道元归国后第三年撰写的《办道话》中。道元在《办道话》中提出宗教上的十八个问题,对其一一解答,以阐说"只管打坐"的普遍性。

> 诸佛如来,皆单传妙法,证阿耨多罗三藐三菩提,有最上

---

[1] 大久保道舟编:《道元禅师全集》下卷,筑摩书房,1970年,第3页。
[2] 同上,第4页。

无为之妙术，是唯佛授之于佛而无旁邪，即自受用三昧，是其标准也。[1]

诸佛如来正传的佛法是坐禅。坐禅才是步入正确佛法的正门，是最上的法门。而且此法本来谁都具备，因此只要真正地致力于坐禅，就必得证悟。但是如果不坐禅，本来具有的佛性则不会现前。从主张坐禅为易行法门，开始倾向于力说坐禅修行的必要性，这与他提出的坐禅修行与证悟是一致的之独特观点有密切关系。

夫谓修证非一者，即外道之见也。佛法之中，修证是一等也。即今亦是证上之修故，初心之办道即是本证之全体。是故教授修行之用心，谓于修之外不得更待有证，以是直指之本证故也。既修是证，证无际限；已是证而修，修无起始。[2]

将"修行"与"悟"看作是彼此相异的观点，是错误的。在佛法当中，"修行"和"悟"是完全同一的。即便是"悟"后之"修行"与初心之"修行"，在本质上也是一致的，是"悟"的本来形式。因此我们"修行"的时候，不应该想到"修行"之外另有"悟"，因为坐禅本身如实地显示了"悟"的真理。"悟"与"修行"本来是同一的，所以如同"修行"没有界限一样，"悟"也没有界限。换言之，如同"悟"无初始一样，"修行"也无初始。道元继

---

1 何燕生译注：《正法眼藏》（修订版），宗教文化出版社，2017年，第1页。
2 同上，第9页。

续指出：

> 既有不离证之修，吾等幸单传一份之妙修，初心办道，即得一分之本证于无为之地。当知令不离证之修不得污染，祖师常诲不得怠慢修行。放下妙修，则本证溢满手中；出离本证，则妙修行于通身。[1]

这是有关"本证妙修"的一段论述。意思是说，我们有幸传受与"悟"不二不异的"修行"，所以初心的修行当体即可得到本来的"悟"，而且，为了不使烦恼污染与"修行"不可分割的"悟"保持其纯洁性，佛祖教导我们不得怠慢修行。在此修行之中，若将"修行"的观念抛舍掉，那么本来的"悟"就溢满于掌中。又，若能从观念上将本来的"悟"抛舍掉，那么"修行"就可以使整个身心活动得以展开。不管何人，谁都生来具有视"修行"与"悟"为同一、同时的本来性的佛性。所以，即便是通过初心的坐禅修行，也可得"悟"。但是，若停留在此，佛性将被烦恼所污染。为了不让"修行"与"悟"被污染，我们不能怠慢修行。[2]

综上所述，我们知道，回到日本以后的道元，将从以如净为首

---

[1] 何燕生译注：《正法眼藏》（修订版），宗教文化出版社，2017年，第9页。
[2] 道元的立场是，一切人不论贵贱男女，只要坐禅，皆可得悟。然而道元的这一思想我们只能在他居住在京都时期撰写的《普劝坐禅仪》《办道话》等作品中看到。晚年的道元站在彻底的出家主义的立场上，否定在家佛教。造成这一思想变化有其外在原因。如居住在京都时的皈依者大部分是俗家人；与此相对，移居越前后，居住在永平寺期间，其皈依者皆是出家人等。但是，《建撕记》各种版本皆视其为道元的内心变化。

的中国禅师处所学到的禅佛法视为释迦牟尼佛之正传,并力图将其传授给当时的日本信众。禅可以令所有的人得"悟",不管其身份如何,人们只要真挚地实践坐禅,无疑可以得"悟"。道元对于禅的绝对性和普遍性的强调,以及他的形象和宗教信念,使我们想起如净对道元所说的,彻底强调坐禅主义精神的"只管打坐,身心脱落"的教诲。京都时代的道元就是这样阐说"只管打坐"的绝对性和普遍性的,并试图在日本确立作为"正传佛法"的禅思想的。道元的这些言行和思想逐渐被一般社会所接受,受到众多人的关注。比如,与道元几乎同时的临济宗僧侣无住道晓在其《杂谈集》[1]第八《持律坐禅之事》第257页记述:

> 一向之禅院之仪式,时至佛法房上人,于深草始行广床之坐禅。其时,坐禅为稀有事,有信之俗等皆尊拜之,其时之僧所共语也。

记载虽不甚详,但基本上反映了当时道元实施的坐禅情况之一面和当时日本人对禅的理解情况。道元试图将真正的佛法传入日本,让人们享受法乐的夙愿,终于得以实现。后来,由于各种内因和外因,道元不得不将其宗教活动地迁往越前。移居越前后,道元将在中国学到的真正的禅法传入日本,使其在日本得以确立的愿望一直没有改变。他的这一愿望,不久便以永平寺一大僧团的创建和《正法眼藏》这一鸿篇巨制的形式得以实现。

---

1 山田昭全、三木纪人校注:《中世的文学》,三弥井书店,1973年。

第五节　结语

　　由于双亲早逝，自幼徘徊于人生"迷途"（生死无常）的道元，通过与佛教的接触而出家，迈入了通向人生"觉路"的第一步。进而为了寻求真正的佛法，他决定入宋，在宋学习四年。他在向众多的中国禅师参学时，接触到崭新的宋代禅法，于是获得了解决多年来的"疑团"的真谛，到达了他所说的"梦中"的境界。在其惨淡的求法生涯中，始终支撑其精神的是佛教的"无常"思想。通过此"无常"思想，他克服了由于双亲的死所带来的人生悲痛。既体验到了因不能逢遇"正师""正法"而伴随的绝望，同时也体验到了因逢遇"正师""正法"而带来的喜悦。悲痛与喜悦、绝望与期待，可以说是道元充满曲折与冒险的求法生活中的变奏曲。学者们常说，道元的坐禅修行过程非常严峻，其思想也颇为深奥难解。这也许就源自于道元充满坎坷而又多彩的人生历程吧！这一点似乎与近代哲学家西田几多郎（1870—1945）的人生经历和思想有着某种相似之处。

　　对道元宗教思想的形成产生决定性影响的，当然是中国的如净。但是，正如未忘记从如净那里得到的法恩一样，道元一直没有轻视在建仁寺和南宋中国禅林曾参访过的众多禅师。无论是明全这样的高僧，还是阿育王寺典座那样的修行僧，对道元来说，都是引导他通向"梦中"世界的绝对重要的媒介者。因与这些禅师相逢，道元的思想逐渐趋向成熟。参访诸师，切磋学问，积累经验，进而使其升华，成就自己独特的禅思想——道元禅思想的形成为我们考察道元禅思想的特征提供了有益的启示和线索。

第三章

关于道元的著作

道元的著作分为两种类型：一种是由道元亲自撰写的作品，另一种是由门下弟子笔录或编辑的作品。前者包括《正法眼藏》《宝庆记》《普劝坐禅仪》和《学道用心集》，后者包括《永平广录》《正法眼藏随闻记》《御遗言记录》《永平清规》和《伞松道咏集》等[1]。其中既有用汉文写成的作品，也有用和文撰述的作品，还有汉文与和文混合的作品，文体并不统一。

道元的著作，特别是它们各自的成书情况，和道元传记一样，存在着许多问题。例如，《正法眼藏》被认为是道元的主要著作，但道元为何撰写该书，其原因完全不知。即便在《普劝坐禅仪》中

---

[1] 其中《永平清规》（正确称为《日域曹洞初祖道元禅师清规》）是在江户时代首次编辑的，道元在世时并不存在该著作。而《御遗言记录》和《伞松道咏集》这两部著作也包含了后代创作的许多部分。详细内容可参考小坂机融编的《永平清规》(《讲座道元Ⅲ：道元的著作》，春秋社，1980 年）以及大场南北的《道元禅师伞松道颂集的研究》（中山书房，1970 年）。另外，据说道元的著作还有《护国正法义》，但目前已不存在。

也有关于其撰述缘由的记载,但在主要著作《正法眼藏》中却没有。其他著作的成书情况也存在着类似的问题。

关于各著作中的问题,以往许多研究者从各种角度尝试进行考察,取得了卓越的成果,但仍然有许多问题尚未得到解决。[1]对于这些问题的再探讨需要未来进一步的跟进。这里,我们将概述几部对我们研究道元思想最为重要的著作的内容,并指出其中存在的一些问题。

第一节 《正法眼藏》

道元的《正法眼藏》分为用和文写成的版本和用汉文写成的版本,一般将用和文写成的版本称为假字《正法眼藏》,将用汉文写成的版本称为真字《正法眼藏》。

假字《正法眼藏》共有95卷。95卷形式的版本形成于江户时代,由永平寺按照各卷的编纂顺序进行编辑并出版。[2]

随着后来的发现和研究表明,假字《正法眼藏》还有其他形式的版本存在,如75卷本、12卷本、60卷本、84卷本等,并且这些

---

[1] 关于这一点,可以参考《讲座道元Ⅲ:道元的著作》中的各篇论文进行研究,还可以参考大久保道舟《道元禅师传之研究》(岩波书店,1953年)第十二章。
[2] 河村孝道《〈正法眼藏〉成立史研究》(春秋社,1987年)后篇第一章《〈正法眼藏〉著述·编辑史概说》提供了详细的资料,可参考。

版本被认为是更接近道元时代的本子。[1]特别是75卷本，与12卷本之间无重叠之处，收录的均为12卷本之前写作的内容，这是我们了解道元中年时期思想有重要价值的资料。因此，假字《正法眼藏》的卷数因不同版本而有不同。如果只计算早期成书的版本，那么包括75卷本和12卷本在内的全87卷，可视为全部假字《正法眼藏》。

假字《正法眼藏》的第1卷是《办道话》，早期的编纂本中并不包括《办道话》。据卷末奥书（即后记）记载，它是道元于日本宽喜三年八月撰述的，属于道元最早的作品，95卷本将其视为假字《正法眼藏》的绪论。据载，最后1卷《八大人觉》是道元于建长五年（1253）一月示寂前所述。

根据各卷卷末奥书记载，假字《正法眼藏》各卷撰述地点分别是山城深草的安养院、兴圣寺、京都六波罗蜜寺附近的波多野出云守义重、六波罗蜜寺、越前的吉峰寺、禅师峰和大佛寺，涉及道元曾经活动过的所有地方。可以说，道元毕生之作是假字《正法眼藏》。据《八大人觉》卷奥书，道元晚年曾计划修订他之前所写的各卷，使总卷数为100卷，然而在写到最后1卷《八大人觉》时，因病倒下，未能完成。

"正法眼藏"是禅宗特有的词语，最初出现在"拈花微笑"的公案中。据该公案，释迦牟尼在灵鹫山讲经时，拿起一枝花向众人示意，在场无人理解其意，只有摩诃迦叶微笑，表示理解其意，于

---

[1] 河村孝道《〈正法眼藏〉成立史研究》（春秋社，1987年）后篇第一章《〈正法眼藏〉著述・编辑史概说》提供了详细的资料，可参考。

是释迦牟尼决定将"以心传心"的教义传授给摩诃迦叶。[1]因此,"正法眼藏"其实是禅宗标榜其教义的一种独特术语,意指与其他宗派不同,禅宗的教义才是由释迦牟尼"以心传心"之所传授,是最正宗的佛法,佛法的精髓含藏在禅宗之中。因此也可以说,它具有与"教外别传""不立文字""以心传心""见性成佛"等术语相类似的含义特征。

道元选择将这个词作为书名,可能也有类似的思考。也就是说,本书所述即为释迦牟尼佛教义的眼目,人们通过本书才能理解正确的禅宗教义。《佛道》卷、《优昙华》卷、《面授》卷实际上都引用了"拈花微笑"的故事。例如在《面授》卷中,道元引用"拈花微笑"的故事后,讲述"正法"从释迦牟尼佛传给摩诃迦叶,然后传至菩提达摩,达摩将其传入中国并面授给二祖慧可,经过五代传承至六祖惠能,再经十七代传承至天童如净,并且详细描述如净向道元进行面授时的情景和意义。

> 大宋国宝庆元年乙酉五月一日,道元始于妙高台烧香礼拜先师天童古佛,先师古佛亦始见道元。尔时,指授面授道元曰:"佛佛祖祖,面授之法门现成;是即灵山之拈花也,嵩山之得髓也,黄梅之传衣也,洞山之面授也,是佛祖之眼藏面授也。唯吾屋里有,余人梦也未见闻也。"[2]

---

[1] 这个故事最初出现在《大梵天王问佛决疑经》(被认为是伪经)中,在宋代后的禅宗中被广泛使用。本书《余论》部分有专文讨论该问题。
[2] 水野弥穗子校注:《正法眼藏》(三),岩波书店,1991年,第143页。何燕生译注:《正法眼藏》(修订版),宗教文化出版社,2017年,第408—409页。

道元于大宋宝庆元年乙酉五月一日，始礼先师天童古佛，（得其）面授，略听许其（佛法）堂奥，才脱落身心，保任面授，返回日本国。[1]

道元确信他所传授的禅宗直接连接释迦牟尼佛的教义，基于这样的认识，道元经常批评禅宗其他派别的思想为"邪见"或"邪说"。例如，《办道话》和《即心是佛》卷中对心常相灭论的批判、对三教一致说的批判，《四禅比丘》卷中对"见性"说的批判等，基本上都是基于这样的立场。尽管我们在假字《正法眼藏》中确实可以看到道元否定禅宗或曹洞宗这些称谓的言论，但另一方面在《佛祖》卷中道元却认为曹洞宗的师资才配得上"佛祖"之称。

此外，道元在《办道话》中强调"宗门之正传"的坐禅，并在《坐禅箴》卷中指出只有中国曹洞宗宏智正觉所撰写的《坐禅箴》和《坐禅仪》才配得上真正的"坐禅箴"之称。根据这些情况，我们可以认为本书是道元基于对自己所传授的禅思想的正统性（"单传正直之佛法"）的确信而写成的，而贯彻在假字《正法眼藏》中的整个思想特点也正体现在这里。

在假字《正法眼藏》的各个版本中，被认为最符合道元意图的是75卷本《正法眼藏》。它被认为是根据本章后面将提到的真字《正法眼藏》这本公案集所编写的，可以说是一部公案解释书。

道元在此书中，用他独特的解读方式，试图解释各种传统公

---

[1] 水野弥穗子校注：《正法眼藏》（三），岩波书店，1991年，第152—153页。何燕生译注：《正法眼藏》（修订版），宗教文化出版社，2017年，第412页。

案，其中最常用的词语就是"现成公案"，甚至有专门探讨"现成公案"含义的篇卷。75卷本《正法眼藏》最早的注解《正法眼藏御闻书钞》写道："现今之七十五篇之连贯，可以称之为十一种草稿之名，也可称之为现成公案。"[1]"现成公案"是中国禅宗文献中经常出现的词语，[2]但对于道元来说，它似乎具有特别重要的意义。不仅更早成书的《现成公案》卷以其为标题，其他卷如《古佛心》《全机》《溪声山色》《山水经》《柏树子》《三界唯心》《说心说性》《诸法实相》《无情说法》《梅花》《十方》等基本上都贯穿着这样的主旨。

"现成"即现实之成就。禅宗将眼前呈现的一切事物和现象都视之为公案。佛教把事物和现象称为诸法或万法；而禅宗，特别是唐末、五代以后的禅宗，将一切诸法和万法都视为公案，视为具有作为绝对意义的一种存在。道元也继承了这种思想，例如《现成公案》卷中所谓修证万法[3]、以万法为证[4]、辨肯万法[5]等表达，意味着应从眼前所呈现的所有诸法之中去寻找具有绝对意义的公案。《古佛心》卷中有所谓"花开之万木百草，此是古佛之道得，是古佛之

---

1 《曹洞宗全书·注解一》，《曹洞宗全书》刊行会，1970—1983年，第2页。准确地说，所谓《〈正法眼藏〉御听书》是道元的弟子诠慧所记录。

2 例如《景德传灯录》卷一二《陈尊宿》章中写道："师见僧来，云：见成公案，放汝三十棒。"

3 水野弥穗子校注：《正法眼藏》（一），岩波书店，1991年，第54页。何燕生译注：《正法眼藏》（修订版），宗教文化出版社，2017年，第18页。

4 同上。

5 水野弥穗子校注：《正法眼藏》（一），岩波书店，1991年，第55页。何燕生译注：《正法眼藏》（修订版），宗教文化出版社，2017年，第19页。

问处"[1]等表达。这里所指的"古佛之道得"和"问处"即指"无情说法",是一种现成之公案。由于自我被包含在这样的公案中,因此它作为一种引导,能够帮助我们体悟到佛法的深意。

事实上,在中国禅宗中,有灵云志勤(生卒年不详,唐代人)因看到桃花而悟道[2]、香严智闲(?—898)因听到竹子被小石子击打的声音而开悟[3]的故事。此外,苏东坡以"无情说法"为主题的"溪声便是广长舌,山色岂非清净身"等名句,也广为知晓。道元在《溪声山色》卷中引用这些句子,强调不仅要研究传统禅僧所言的话语,还要将眼前所呈现的客观世界视为一种公案去参究。主张公案存在于客观世界的各个角落是传统禅宗,特别是唐末、五代之后的禅宗中常见的一种观点,同时也是道元75卷本《正法眼藏》中经常强调的基本思想。当然,对于每个公案的解释,道元也有自己独特的见解。例如,我们将在本书下篇讨论的"佛性"和"即心是佛"的解释就是很好的例子。它们都基于道元独有的解释,在传统禅僧的见解中应该无法找到。

其次,关于真字《正法眼藏》,因其用汉文写成,为了与假字(和文)相区别,称为"真字"。内容由三百个公案组成,因此也称《〈正法眼藏〉三百则》。虽然真字《正法眼藏》和假字《正法眼藏》一样,其撰述意图尚不清楚,但序言中说"相承正传正统,开明祖

---

[1] 水野弥穗子校注:《正法眼藏》(一),岩波书店,1991年,第55页。何燕生译注:《正法眼藏》(修订版),宗教文化出版社,2017年,第80页。
[2] 《景德传灯录》卷一一《福州灵云志勤禅师》章。
[3] 《景德传灯录》卷一一《郑州香严智闲禅师》章。

祖之法门，这是三百个古则，代代相传，是古人之美"[1]。因此可知它是从过去禅者广泛使用的公案中选取出三百个古则编写而成的著作。事实上，其中收集的公案，主要以唐代为中心。

其实，在江户时代曹洞宗学者指月慧印（1689—1764）的《拈评三百则不能语》[2]一书出版后，人们才知道真字《正法眼藏》的存在。然而，由于道元对公案禅持否定态度，人们对真字《正法眼藏》是否由道元本人所撰写产生怀疑。[3]1934年，一份手写于弘安十年（1287）的《正法眼藏》[4]在镰仓称名寺的金泽文库中被发现并介绍。基于此发现，大久保道舟通过考证，认为真字《正法眼藏》是由道元本人所撰，并且通过其注释和解读等指出它与假字《正法眼藏》之间有着密切的关系。[5]与此同时，河村孝道发现了真字《正法眼藏》的古写本，为真字《正法眼藏》为道元本人所撰提供了新的论据。[6]

今天，学界对于真字《正法眼藏》由道元本人所撰的观点似乎没有异议，但关于道元为何写下这本汉文《正法眼藏》的问题，仍

---

[1] 河村孝道：《〈正法眼藏〉成立史研究》，春秋社，1987年，第76页。
[2] 该书被收录于《续曹洞宗全书·注解一》中。
[3] 例如，江户时代同样是曹洞宗学者的心应空印在其著作《正法眼藏拼驴乳》中采用了这个观点。(《永平〈正法眼藏〉蒐书大成》刊行会编：《〈正法眼藏〉蒐书大成》第20卷，春秋社，1983年，第298页）
[4] 原文被收入《金泽文库资料全书：佛典》(金泽文库，1974年) 第1卷《禅籍》。
[5] 大久保道舟：《金泽文库〈正法眼藏〉(三百则) の书志学的立场》，《日本佛教史学》，1944年。
[6] 参见河村孝道《〈正法眼藏〉成立史研究》前篇第二章《真字〈正法眼藏〉の书志学的考察》。

然存在着不同的观点。例如，被认为是道元研究专家的镜岛元隆认为，真字《正法眼藏》是道元"为了自己的参究而收集的公案"手稿，是"假名《正法眼藏》和《永平广录》为引用时所备用的公案手稿"。[1] 而同样作为道元研究专家，特别是对《正法眼藏》的成书研究做出过不少贡献的河村孝道则认为真字《正法眼藏》不是道元本人的手稿，而是为门人参究而编纂的公案集，与镜岛的观点完全相反。[2]

两个观点都有其相应的理由，同时也存在着一些疑问。以镜岛的观点为例，虽然可以推测真字《正法眼藏》可能是假字《正法眼藏》的手稿，但从发现于称名寺金泽文库的《正法眼藏》中的样式来看，该书本来就由上卷、中卷和下卷组成，对道元来说显然具有明确的著作性质，不仅仅只是作为假名《正法眼藏》的一种手稿，也不仅仅只是道元"为了自己的参究而收集的公案"手稿。此外，我们还可以推测，真字《正法眼藏》的存在其实在道元在世期间就已为其门下所知。例如，道元的著述中有关于真字《正法眼藏》存在的证据，前面提到的假字《正法眼藏》和《八大人觉》卷怀奘的奥书中写道："先师最后御病中之御草也。仰以前所撰假名正法眼藏等皆书改。"[3] 既然明确标明"假名"，说明之外还存在着真字《正

---

[1] 参考《道元的生涯与思想》（春秋社，1979 年）所收录的镜岛元隆论文《道元の思想》。

[2] 关于这一点，可参考河村孝道《〈正法眼藏〉成立史研究》前篇第一章《真字〈正法眼藏〉の成立》。

[3] 水野弥穗子校注：《正法眼藏》（四），岩波书店，1991 年，第 45 页。何燕生译注：《正法眼藏》（修订版），宗教文化出版社，2017 年，第 643 页。

法眼藏》，同样也是道元的著述。怀奘在后来编纂道元遗著时，没有将真字《正法眼藏》收录到道元的汉文法语集《永平广录》中，可能正因为该书在内容和结构上是独立成书的，所以被视为另外的独立著作。

接下来是关于河村孝道的观点。本书确实收集的是古则公案，然而，根据《正法眼藏随闻记》第六卷，道元说："看公案话头，即便有微小之知觉，那亦与佛祖之道相去甚远之因缘。"[1]可见道元拒绝弟子们看公案话头。果真如此，道元编纂公案集到底意味着什么呢？我们如果支持河村的观点，那么这样的疑问仍然存在，不得消解。

除上述这些问题外，还有与中国禅语录之间的定位问题。镜岛元隆和石井修道等人试图从出典研究的角度来阐明这些问题。[2]然而，其与大慧的《正法眼藏》的关系仍然不甚明朗。众所周知，禅宗史上被称为《正法眼藏》的著作，不仅有道元的作品，还有中国宋代大慧所撰写的作品。大慧的《正法眼藏》同样由3卷组成，且在道元出生五十三年前就已完成。石井修道经过考订指出，真字《正法眼藏》中，十三则公案明显引用自大慧的《正法眼藏》[3]。如果是这样

---

[1] 山崎正一校注，现代语译：《正法眼藏随闻记》，讲谈社，1972年，第330页。

[2] 参见镜岛元隆著《道元禅师の引用灯史・语录について——真字〈正法眼藏〉を视角として——》(《驹泽大学佛教学部研究纪要》第45期，1987年)，石井修道著《〈宗门统要集〉与真字〈正法眼藏〉——真字〈正法眼藏〉出典的全面补正》(驹泽大学曹洞宗学研究所《宗学研究》第27期，1985年)。

[3] 间接地，假《正法眼藏》各卷中，特别是《自证三昧》《王索仙佛陀婆》《深信因果》卷提到了对大慧及其门派的批评。而直接地，在真字《正法眼藏》收录的古则中，多数是根据大慧宗杲《正法眼藏》中选录的内容，其中十三则可以明显看得出

的话，那么道元是否从大慧的《正法眼藏》中获得过什么启示，从而出于某种想法而想到撰写自己的著作？这种可能性，应该不难想象。道元确实对大慧的"说心说性"的理解和"自证自悟"的观点进行过批评，但与此同时又将大慧的《正法眼藏》作为公案研究的材料之一，这到底是基于什么理由呢？换句话说，我们应该如何评价道元对大慧的这种态度呢？迄今为止，关于这些问题的研究，未见展开，这将是今后的课题[1]。

引自大慧《正法眼藏》。(石井修道论文：《真字〈正法眼藏〉の历史的性格》，《宗学研究》第12期)

[1] 众所周知，大慧宗杲是南宋时期活跃的临济宗人物。就内容而言，道元对待大慧宗杲的观点可以说是交织着赞赏和批评；但从时间上来看，他的态度是从赞赏转向批评的。大慧属于临济宗，而道元属于曹洞宗，门风不同，因此道元批评大慧的思想也是必然的结果。然而，当仔细比较道元早期的思想与大慧的思想时，会惊讶地发现它们非常相似。《办道话》中有名的否定文字和经教的观点，便是其例：

> 宗门正传云："此单传正直之佛法，最上中之最上也。自参见知识始，勿须更烧香、礼拜、念佛、修忏、看经，只管打坐，得身心脱落。"[何燕生译注：《正法眼藏》(修订版)，宗教文化出版社，2017年，第3页]

大慧的言说如下：

> 要办此事，须是辄去看经礼佛诵咒之类，且息心参究，莫使工夫间断。若一向执着看经、礼佛，希求功德，便是障道。(《大慧普觉禅师语录》卷一四，《大正藏》第47册，第869页)

虽然表达方式不同，但内容和意义几乎相同，它们都否定了坐禅办道中对文字和经教的执着。此外，在否定宗派和对待"待悟"等方面，我们也可以发现其相同的言论，不一一介绍。

迄今为止，关于道元和大慧的关系的研究，主要集中在道元晚年对大慧的评价，即道元对大慧的批评及其背景的阐明上。然而，对于初期道元对大慧的评价，即对大慧的赞叹这一事实及其背景的论考，几乎未见展开。因此，我们有必要重新审视道元对大慧评价的"赞叹"和"批判"这两个事实，不可偏废，只有这样，我们才能

第二节 《宝庆记》

《宝庆记》记录了道元在南宋理宗宝庆年间（1225—1227）向天童山如净提问的内容，以问答形式记录，也被认为是道元在宋留学期间的日记或备忘录[1]。正如前面引用的《正法眼藏·面授》卷所示，道元与如净会面的情景如下：

> 道元始于妙高台烧香礼拜先师天童古佛，先师古佛亦始见道元。尔时，指授面授道元，云云。[2]

《宝庆记》的记录始于这一年的七月二日，最初的问答涉及"教外别传"的问题，似乎是道元事先准备好的问题。大部分是由道元提问，如净作答，但也有如净召唤道元并示答的形式，或者道元以书信方式提问。该书可以帮助我们了解当时道元所关心的问题，以及如净当时的思想，有着极高的史料价值。记录截止时间不明，但据铃木格禅在《道元禅师全集》第7卷《解题》中推测，

更清晰地了解道元对大慧的理解。

[1] 然而，水野弥穗子在文前引用《讲座道元Ⅲ：道元的著作》中的观点指出："《宝庆记》并非古老的日记或残片，而是由道元禅师整理而成。"

[2] 水野弥穗子校注：《正法眼藏》（三），岩波书店，1991年，第143页。何燕生译注：《正法眼藏》（修订版），宗教文化出版社，2017年，第408页。

截止时间很可能是在随后的宝庆二年[1]。此书书名取自道元记录期间的南宋年号。

由于此书是道元参访如净期间的备忘录,所以其内容非常广泛,并不见有系统性思想的阐述。不过,《宝庆记》作为体现如净的教诲的文献,与道元回到日本后的主张有着直接的关联性,因此值得重视。

比如,第一点,如净强调"佛祖坐禅",认为"佛祖坐禅"不同于罗汉或外道的坐禅,它意味着从初发心起,集聚一切佛法,不忘众生,不舍众生,甚至对昆虫都怀有慈念,誓愿度化,将一切功德回向于众生。[2] 道元将与如净的相遇视为"一生参学之大事"[3]。回国后,他立即写了《普劝坐禅仪》,宣告他自己的宗教观就是坐禅。四年后,他在《办道话》中强调,坐禅是一种任何人都可以践行的佛法。

第二点,关于"身心脱落"的坐禅的阐述。该书第15条明确指出:"堂头和尚示曰:'参禅者身心脱落也。不用烧香、礼拜、念佛、修忏、看经,只管打坐而已。'"[4] 在《办道话》卷中,道元说:"宗门正传云:此单传正直之佛法,最上中之最上也。自参见知识始,勿须更烧香、礼拜、念佛、修忏、看经,只管打坐,得身心脱

---

1 铃木格禅等校订、注释:《道元禅师全集》第7卷,春秋社,1990年,第313页。
2 大久保道舟编:《道元禅师全集》下卷,筑摩书房,1970年,第384页。
3 水野弥穗子校注:《正法眼藏》(一),岩波书店,1991年,第12页。何燕生译注:《正法眼藏》(修订版),宗教文化出版社,2017年,第2页。
4 大久保道舟编:《道元禅师全集》下卷,筑摩书房,1970年,第377页。

落。"[1]道元将如净教诲的"身心脱落"的坐禅定位为"宗门之正传"。如净的这一教诲在道元之后撰写的《行持下》卷、《佛经》卷、《三昧王三昧》卷中也常被提及。因此,"身心脱落"的坐禅,可以说已成为道元宗教的重要依托。

第三点,将"身心脱落"的坐禅与释迦牟尼佛直接联系起来,并提出不应使用"禅宗"之称谓。具体来说,在第14条中,我们可以看到道元对"禅宗"称谓的否定。如净曾否定将"佛道"限制于一宗一派,如说:

> (道元)拜问:"佛佛祖祖之大道,不可拘一隅,何强称禅宗耶?"
>
> 头堂和尚(如净)示曰:"不可以佛祖大道猥称禅宗也。今称禅宗(者),颇是浇运之妄称也。"秃发之小畜生所称来也,古德皆所知也,往古之所知也。[2]

如净的这一思想被道元所继承。道元在《正法眼藏·佛道》卷中阐述:

> 然则,特将佛佛正传之大道称为禅宗之辈,于佛道,梦也未见,梦也未闻,梦也未传。莫听许自号禅宗之辈亦有佛法。

---

[1] 水野弥穂子校注:《正法眼藏》(一),岩波书店,1991年,第15页。何燕生译注:《正法眼藏》(修订版),宗教文化出版社,2017年,第3页。

[2] 大久保道舟编:《道元禅师全集》下卷,筑摩书房,1970年,第376—377页。

禅宗之称，谁称来？未有诸佛祖师之称禅宗者。须知禅宗之称者，魔波旬[1]之称也！称魔旬之称者，应是魔傥，非佛祖之儿孙！[2]

如净将"身心脱落"的坐禅称为"佛佛祖祖之大道"，并拒绝用"禅宗"来表达。正如引文中所述，"今称禅宗（者），颇是浇运之妄称也"，可以看出这很可能是针对当时中国禅宗内部的思想动向而提出来的。道元对"禅宗"的批判，同样与当时日本禅宗界的思想动向有关系。[3]

第四点，对《楞严经》和《圆觉经》的批评。我们可以在《宝庆记》第6项中找到其言说。据《宝庆记》，如净排斥《楞严经》和《圆觉经》，认为"近代痴暗之辈读之爱之"。如净对这两部经典的看法被道元所继承，道元在《永平广录》中也批评了这两部经典。[4] 不过，如净对《楞严经》和《圆觉经》的批评是基于它们疑似为后人所伪撰。然而，道元则认为这两部经典具有佛经中所说的"六师等见解"（即所谓"六师外道"），并从六祖惠能的经典观点展开批评。道元认为，惠能的经典观点依据的是《金刚经》和《法华经》，而非《楞严经》和《圆觉经》。就像拒绝使用"禅宗"称谓一样，如净和道元对《楞严经》和《圆觉经》的批评，其实也以各自

---

1 魔波旬，梵语 Mara-Papiyas，指断绝善根的恶魔。
2 水野弥穗子校注：《正法眼藏》（三），岩波书店，1991年，第15页。何燕生译注：《正法眼藏》（修订版），宗教文化出版社，2017年，第356页。
3 关于此问题，将在下篇第九章和第十章中详细进行讨论。
4 大久保道舟编：《道元禅师全集》下卷，筑摩书房，1970年，第94页。

所处时代的禅宗内部的思想动向为背景，并非无的放矢。[1]

还有其他方面，在此不一一列举[2]。总之，《宝庆记》是道元与如净会面时，对如净所面授的教义的一种直接记录，同时也构成了道元回国后思想发展的基础，这是不可置疑的。

《宝庆记》在道元的思想发展中尽管占有重要地位，然而道元本人在他有生之年并没有向门下弟子公开该书的存在。道元示寂三个月后的建长五年十二月十日，怀奘在遗书中发现了手稿，将其整理成册，这才第一次被人们所知晓。

现存的《宝庆记》有几种版本。据说，由怀奘誊写的本子现藏于今天的丰桥市全久院。福井县的宝庆寺也存有其手抄本。宽延三年（1750），曹洞宗僧侣面山瑞方以吉祥林藏版出版该书，但与怀奘的手抄本相比，二者在文字上存在着许多差异。大久保道舟以怀奘的手抄本为底本，并勘校其他版本，将其收入《道元禅师全集》中。宇井伯寿的现代日语翻译版和注释本（岩波书店出版）所依据的则是由面山瑞方出版的本子。

---

1 关于此问题，将在下篇第九章和第十章中进行讨论，可参阅。
2 例如，如净向道元展示了他自己创作的《风铃颂》，《宝庆记》记载了道元对其美妙的感动。这首《风铃颂》被引用于《正法眼藏·摩诃般若波罗蜜》卷和《虚空》卷，道元对其深层意义进行了解释。

第三节 《永平广录》

《永平广录》也称《道元和尚语录》，由道元的门徒诠慧、怀奘和义演编辑。内容包括上堂、法语、古颂和赞语等，共 10 卷。虽然确切的成书年代尚不清楚，但一般推测它是在道元示寂后不久编纂而成的。[1]

本书第 1 卷收录了道元在京都深草兴圣寺期间的语录。据推测，其讲述年代应该为嘉祯二年（1236）十月十五日至宽元元年初夏之间。

第 2 卷收录了道元在越前大佛寺（永平寺）期间的语录。据推测，其讲述年代为宽元二年（1244）七月十八日至宽元四年七月十七日之间。

第 3 卷至第 7 卷收录了道元在越前永平寺期间的语录。其讲述年代分别为宽元四年八月至宝治二年（1248）四月（第 3 卷），宝治二年四月二十日至建长元年（1249）八月二十日（第 4 卷），建长元年八月二十五日至建长三年（1251）一月十五日（第 5 卷），建长三年正月至同年十一月（第 6 卷），建长三年十一月至建长四

---

1 然而，在《宝庆记》的尾记中，我们可以看到以下描述："建长五年癸丑十二月十日，于越宇吉祥山永平方丈中始书写之。先师古佛的遗书中有之。尚有遗留否？懊悔不终功，悲泪千万端。"（酒井得元等监修：《道元禅师全集》第 7 卷，春秋社，1990 年，第 48 页）

年冬季(第7卷)。

第8卷收录了道元在永平寺期间的小参,深草安养院时代的法语;第9卷收录了道元在兴圣寺时期的古颂;第10卷收录了道元自留宋归国之后至建长三年左右创作的偈颂等。

如果这些记载属实,那么《永平广录》与假字《正法眼藏》一样,可说是道元从宋朝归国后直至晚年的全部上堂说法记录。不同之处在于,《正法眼藏》以和文书写,而《永平广录》是用汉文记录的。两者对于我们了解道元的思想具有同等的文献资料价值。

之所以说《永平广录》具有与假字《正法眼藏》同等的价值,是因为《永平广录》中的上堂说法在年代上与假字《正法眼藏》构成了一种互补关系。如果将道元的著述按年表整理,我们可以发现在宽元二年四月大佛寺开堂供养之前,假字《正法眼藏》的版本在一个月内多次被撰写;而大佛寺开堂供养之后,其撰写则突然减少了。[1]这意味着道元的上堂说法次数减少了。然而从《永平广录》的内容来看,大佛寺建成以后,上堂形式的说法频繁起来。换句话说,在大佛寺建成之前,道元的说法大多以假字《正法眼藏》的形式进行;而大佛寺建成以后,以"上堂"形式的说法则成为主流。[2]因此,在探讨道元禅思想时,对于资料的运用,两个方面都不应偏废。

在内容上,《永平广录》集中收录了道元的上堂说法。然而,与传统禅僧的上堂风格相比,"因事上堂"占大部分,与此同时,引自《宏智广录》的内容非常之多。根据作者的考察,《永平广录》

---

1 参考酒井得元《永平广录》(收录于《讲座道元Ⅲ:道元的著作》)。
2 伊藤秀宪:《〈正法眼藏〉撰述示众年代考》,《驹泽大学佛教学部研究纪要》第39期,1980年。

中引自《宏智广录》的语句我们可以找到四十三处，字数几乎是《永平广录》1卷的篇幅。道元在上堂方面汲取的中国禅的典型例子，当推《宏智广录》。对该问题，本书下篇第七章将进行讨论。

目前，《永平广录》存在着两种不同的版本。第一种是所谓的流传本，于宽文十二年（1672）由曹洞宗僧侣卍山道白出版。另一种是所谓门鹤本，收藏于永平寺，是永平寺第二十世门鹤于庆长三年（1598）抄写的手抄本。两种《永平广录》之间在正文上有许多差异。哪个版本更接近于道元的说法内容，目前还没有明确的说法。[1]

此外，还流传着被称为《永平道元禅师语录》的本子。据跋文所述，道元的门人寒严义伊（1217—1300）在道元示寂后的文永元年（1264）将《永平广录》带到南宋，请天童如净的弟子无外义远校订成汉文版本。义远根据自己的意图选取其中一部分，编为1卷。义伊将此书连同义远的序言和跋文，以及退耕源宁（生卒年不详）和虚堂智愚（1185—1269）的跋文带回日本。然而，不知何故，《永平广录》在中世纪并没有流传下来，只有《永平道元禅师语录》一书流传于世。关于这个问题，目前也没有明确的解释。[2]此外，在内容和上堂的排序上，两者之间也存在着差异，并不完全一致。[3]

---

[1] 伊藤秀宪：《〈永平广录〉说示年代考》，《驹泽大学佛教学部论集》第11期，1981年。
[2] 镜岛元隆：《〈永平广录〉考》，《宗教学论集》第8辑，驹泽大学，1977年。
[3] 同上。

《永平广录》尽管是记录道元思想的重要著作，但其成书过程存在着许多疑问，这些将是今后需要探讨的课题。

第四节 《正法眼藏随闻记》

《正法眼藏随闻记》是道元平常向门人弟子讲解佛法教义时，由随从弟子怀奘记录、编辑而成的作品，共6卷[1]。相较于使用晦涩难解的和文写成的《正法眼藏》，《正法眼藏随闻记》则采用了通俗易懂的和文语言，因此在道元研究中被广泛使用。

怀奘原本是日本禅宗达摩宗的弟子。他听说道元从中国返回日本的消息，投到道元的门下，并获得道元的全部信任，担任道元住持兴圣寺、大佛寺和永平寺期间的首座。

《正法眼藏随闻记》是怀奘在嘉祯年间（1235—1238）向道元求法期间的记录。这段时间道元正致力于兴圣寺的建立。[2]

---

1 《正法眼藏随闻记》存在六种文本，不同的文本在卷数上有所差异。这里所使用的是以所谓长圆寺本为底本，由山崎正一进行校注和用现代语言翻译的版本。关于六种文本的内容差异等问题，可以参考东隆真的《五写本影印正法眼藏随闻记》（主文社，1979年），古田绍钦的《日本禅宗史の诸问题》（大东出版社，1988年）第十三章第二节，以及池田鲁参编的《〈正法眼藏随闻记〉の研究》（北辰社，1989年）所收石川力山的论文《〈正法眼藏随闻记〉と达磨宗一怀奘の〈正法眼藏随闻记〉笔录の动机と搁笔の因由をめぐって一》。

2 详细内容参考石川力山的论文《〈正法眼藏随闻记〉と达磨宗一怀奘の〈正法眼藏随闻记〉笔录の动机と搁笔の因由をめぐって一》。

以各卷的卷名为例，如《学道之人，勿贪衣食》(卷一)、《学道之人，不劳心力于衣食》(卷一)、《学道之人，勿以后日才行道思虑》(卷一)等，可知6卷的内容主要是阐述修行者应具备的一种态度和行为。这里我们引用其中的一些论述，以窥其大概。

学道之人，不应为自己而学佛法。只为佛法本身而学佛法。是故，应将自己之身心完全放下，投身于佛法大海中。其后，莫管一切是非，不存我心，即便是难行之事，亦应由佛法之引导而行之；即便是从自己之心意出发，亦应由佛法之道理判断；不符佛法之道理者，皆当放下。[1]

学道之人，即便被世人看作是智者或博学者，那也是无用的。[2]

学道之人，应该以贫为最高。贫而思道者，先贤圣人所仰、佛祖冥道之所喜也。[3]

学道之人，即便获得觉悟，亦不应停止修行。道无穷，即便有了觉悟，仍应继续修行。[4]

---

[1] 山崎正一校注，现代语译：《正法眼藏随闻记》，讲谈社，1972年，第266—267页。
[2] 同上，第142页。
[3] 同上，第191页。
[4] 同上，第30页。

> 学人第一之用心，先离我见。离我见者，（意）不可执此身。纵穷古人语话，虽常坐如铁石，（若执）著此身不离者，（纵使）万劫千生，（亦）不可得佛道。[1]

当我们翻阅道元的作品时，经常可以看到他谈到学道者的"须知"。《学道用心集》和《办道话》中就有这方面的言说。然而，如上所引，《正法眼藏随闻记》中所记录的内容最为具体、最易理解。当然，从教团的角度来看，道元的著作最重要的是前面提到的《正法眼藏》和《永平广录》。但一般的研究者接触道元的思想时首先使用《正法眼藏随闻记》也是事实。前文提到的和辻哲郎对道元的研究就是一个例子。

《正法眼藏随闻记》虽是记录道元各种场合的上堂法语、夜话、请益和杂谈等的著作，然而其成书背景一直以来都不明确。比如，序文记载：

> 先师永平奘和尚，在学地之日，将学道之要旨，随闻记录，故称随闻。如同云门室中之玄记、永平之《宝庆记》。今将六册汇编成卷，录入《假字〈正法眼藏〉》拾遗分。[2]

据此处所载，所谓《正法眼藏随闻记》6 册，其实是怀奘过世后，经过后人整理编纂的。也就是说，怀奘在世时并未将《正法

---

[1] 崎正一校注，现代语译：《正法眼藏随闻记》，讲谈社，1972 年，第 222—223 页。
[2] 同上，第 332 页。

眼藏随闻记》公开出版。尽管怀奘抄写了《正法眼藏》中的许多篇卷，并向门人展示，但却未抄写和公开《正法眼藏随闻记》，其理由何在？此外，《正法眼藏随闻记》的内容与道元其他著作的内容之间也存在着不一致的地方，我们应该如何解释这一点也是一个问题。其中，最明显的例子是关于公案应用的记载。在《正法眼藏》中，道元始终对将公案作为研究对象持否定态度。然而，在《正法眼藏随闻记》中，道元却对此持肯定态度。[1]这是因为道元的思想缺乏一致性，还是应将原因归结于应机说法的问题？总之，《正法眼藏随闻记》的记载所涉及的一些问题，需要今后进行深入的研究。

以往提到《正法眼藏随闻记》时，一般都会想到面山瑞方于明和七年（1770）刊行的版本。该版本从明治时代一直流传至近代，几乎成为唯一广泛传播的文本。然而，最早的版本可追溯到庆安四年（1651）。而更近期的研究则认为，该版本是在相隔十八年之后的宽文九年（1669）或宽文十年，由同一文本经过修订、重新印刷并在社会上流传的。目前研究者认为更接近怀奘手稿的文本是所谓长圆寺本。[2]

---

[1] 例如"学道之人，观话头时，眼要亲近，用力专注，善能如此看"，这只是其中一例而已。
[2] 本章所使用的山崎正一的校注本，也立足于同样的观点。

下篇

道元对中国禅思想的理解

第四章

道元与如净（上）

——如净的生平和《如净语录》

第一节　引言

　　讨论道元的思想，其师如净的存在不可忽视。道元曾说"参见太白峰净禅师，一生参学大事于兹了毕"[1]，并且称如净为古佛。对道元而言，如净是极其重要的存在。迄今为止，相较于道元，关于如净的研究进展并不十分顺利。原因之一，记载如净的直接史料不足；其次，被认为能够反映如净思想的现存语录的内容晦涩难懂。

　　本章旨在依据现存的各种文献，并结合以前的研究，尝试对如净的生平及其语录中所存在的问题进行进一步考察。关于如净的生平，因限于史料，这里只概括指出哪一部分内容尚不明确，并不做

---

[1] 水野弥穗子校注《正法眼藏》（一），岩波书店，1991年，第12页。何燕生译注：《正法眼藏》（修订版），宗教文化出版社，2017年，第2页。

深入的考察。关于如净的语录，目前流传下来的版本有两种，其一为《天童如净禅师语录》（以下简称《如净语录》），其二为《天童如净禅师续语录》（以下简称《如净续语录》）。两者都由如净的门人编集而成。尽管内容晦涩难懂，不过如果对照比读两者的上堂语可以发现，无论是在内容还是在表达风格上，两者都存在着差异。从其编纂、成书情况来看，也存在着许多值得讨论的问题。本章首先从《如净语录》着手，集中讨论其中的问题；关于《如净续语录》，将在下一章进行讨论。虽然迄今的研究认为，道元所描述的如净形象与从《如净语录》所看到如净形象存在着不一致的地方，但在上述这些问题并未得到解决的情况下，仅依据现存的《如净语录》进行考察，未免有点草率，并不能得到客观的理解。

第二节 关于如净的生平

六十六年，罪犯弥天。打个㘞跳，活陷黄泉。咦，从来生死不相干。[1]

这是如净的遗偈。活了六十六年，犯下了滔天罪行。翻个跟斗，欣喜地奔赴黄泉。原来生就是生，死就是死，两者毫不相干。这个遗偈阐述了如净的生死观。我们通过这个遗偈了解到如净享年66岁。他虽自言在66岁生涯之中犯下了滔天罪行，但这显然

---

[1] 《大正藏》第48册，第133页。

是如净基于佛教"空"的立场所进行的自我否定的一种表达，是一种自谦，一种修辞。事实上，在如净的生涯之中，相传他"凡经四大宝刹"[1]"六坐道场"[2]，可以说是南宋末期禅林的杰出禅僧。

但是，令人疑惑的是，在他死后相继形成的灯史、僧传、语录类中，提及他生平的文字几乎没有。目前，关于如净的最早的记载是：

> 庆元府天童如净禅师，颀然豪爽，丛林号曰净长。礼真歇塔偈云："歇尽真空透活机，儿孙相继命如丝；而今倒指空肠断，杜宇血啼花上枝。"示众云："心念纷飞，如何措手。赵州狗子佛性无。只々无字铁扫帚，扫处纷飞多，纷飞多处扫，转扫转多，扫不得处，拼命扫。昼夜竖起脊梁，勇猛切莫放倒。忽然扫破太虚空，千差尽豁通。"宗趣可知。有问瑞世嗣谁？曰："如净。"问道号谓何？曰："净长。"后于太白山感疾退席，下涅槃堂，始大哭，为鉴足庵烧香。入寂时，侍者告以法堂宝盖镜堕于座上，曰："镜枯禅至矣。"如其言。[3]

概而言之，如净性格"豪爽"，当时的禅林称其为"净长"，未

---

1 《大正藏》第48册，第121页。此处所说的"四大宝刹"即指清凉寺、瑞严寺、净慈寺和天童寺，皆为官刹。
2 同上，第133页。此处所说的"六坐道场"指的是前注所说的四大寺院及再住瑞严寺和净慈寺。
3 枯崖圆悟：《枯崖和尚漫录》卷上，《卍续藏》第148册，第155页。

曾使用道号，以"无"字公案示众，临终时烧嗣法香。文中并未提及与如净生平相关的内容。

首次出现如净之名的灯史、僧传类，是元代及其以后形成的下述诸文献：

① 《续传灯录》卷三三（1368—1398）
② 《增集续传灯录》卷末《五灯会元补遗》(1417)
③ 《继灯录》(1651)
④ 《五灯严统》卷一四（1653）
⑤ 《南宋元明僧宝传》卷七（1664）
⑥ 《续灯存稿》卷一（1665）
⑦ 《祖灯大统》卷七（1672）
⑧ 《续指月录》卷一（1680）
⑨ 《宗统编年》卷二四（1690）
⑩ 《续灯正统》卷三五（1691）
⑪ 《五灯全书》卷三〇（1697）
⑫ 《寿昌正统录》卷三（1759）
⑬ 《揞黑豆集》卷一（1794）

对于这些灯史、僧传中有关如净的记载，佐藤秀孝、镜岛元隆详细地进行了考察。镜岛指出，其中①仅列出了如净的名字，并未记载任何事迹；②以下所有文献我们都可从《如净语录》中找到出处，但仅仅阐述了如净的禅风，并未记载类似传记的内容。[1]

中国的灯史类等文献并未详细记载如净的生平，其原因何在，不得而知。不过，比如：

> 五家宗派中，曹洞则机关不露，临济则棒喝分明。苟得其由，门户易入。虽取舍少异，作用弗同，要之殊涂殊一致耳。惟天童如净禅师，不流不倚，兼而有之，自成一家，八面受敌。[2]

吕潇称如净为"道谊之友"。据上述吕潇的记载，在宗派意识较强的南宋禅林中，如净似乎并没有意图去确立某一特定的宗派，但正因为如此，如净的风格造成"八面受敌"。这也许是灯史中不见记载的原因吧。然而，这一推测并没有其他史料作为旁证来支持。

接受如净"面授"的道元，在其《正法眼藏》等著作中偶尔提及有关如净生平的情况。此外，在道元的门徒、室町时代的建撕所著《建撕记》等文献中，我们也能发现几处相关的记载。[3] 然而，它们几乎都停留在碎片化层面，不仅不够翔实，甚至还能发现相互矛盾之处。江户时代曹洞宗学者面山瑞方著有《天童如净禅师行

---

[1] 见佐藤秀孝《灯史における〈如净语录〉の引用について》(《宗学研究》第21期，曹洞宗学研究所，1975年)，可参考镜岛元隆《天童如净禅师的研究》(春秋社，1980年)。关于该问题，镜岛的说法其实是根据佐藤的研究而提出的。

[2] 《大正藏》第48册，第121页。

[3] 河村孝道编著：《诸本对照〈建撕记〉》，大修馆书店，1975年，第20页。

录》[1]。从书名来看，此著似是记录如净生平的文献，但实际上它仅仅只是汇总了《如净语录》中几个上堂示众语罢了，难以称得上是如净的传记。实际情况是，关于如净生平的详细记载，无论是在中国还是在日本，并不存在。

关于如净生平的研究，首先值得介绍的是伊藤庆道的《道元禅师研究》(第1卷)(大东出版社，1939年)。从书名看，虽然是关于道元的研究，但实际上论及了如净的情况。伊藤以《如净语录》作为主要资料，并参考灯史等文献，尝试探明如净的语录及其生平事迹。此外，宇井伯寿的《第三禅宗史研究》(岩波书店，1943年)，虽然设有《投子义青及其以后的法孙：七、天童如净》这样的章节，但只是依赖于伊藤的研究而已，并无新的内容。近些年来，佐藤秀孝、镜岛元隆的相关系列研究值得我们留意。佐藤依据灯史等基本资料，旁加其他资料，对如净的生平进行了新的考察。镜岛将现存的《如净语录》附加注释、译语的形式，将如净的生平分为参学时代、出生时代、嗣法及门人等方面进行考察，出版了《天童如净禅师的研究》一书。下面，我们将结合这些研究对如净的生平试做考察。

1. 出身

直接提及与如净的出身有关的材料是道元的《正法眼藏·行持》卷，其中称"先师天童和尚，越上人事"。因此，可知如净是"越上"人。莹山绍瑾《传光录》中的如净章，以及建撕的《建撕

---

[1] 《曹洞宗全书·史传下》所收。

记》同样也记载如净是"越上"人。但这应该受到了《行持》卷的影响。另一则材料则是《天童如净禅师续语录跋》（以下简称为《如净续语录跋》）。《如净续语录跋》虽然同样由道元所撰，但此处记载"师讳如净，明州苇江人"[1]。如果如净是"明州苇江"之人，则与先前的《行持》卷的记载存在着出入。但据考察，当时的地方志并无苇江地名。因此这一说法的可信度也存疑。据下一章的考察可知，《如净续语录跋》其实是假托道元之名的一篇伪作。因此，我们应当采用前者"越上人"的说法。而作为其旁证史料，佐藤秀孝找到了瑞长本《建撕记》以下记载：

御母孕和尚时，天衣之山神，授梦称此乃男儿也。[2]

这则记载告诉我们，如净的母亲怀如净时，梦见天衣的山神将婴儿授给她。《建撕记》到底是依据什么而有这一说法，尚且不明。然而，佐藤注意到此处出现的"天衣"一词，通过这一线索发现如净的出生地是"越上"。据佐藤的考察，不仅《嘉泰会稽志》卷九《山》（山阴县）中可以发现"天衣禅院"的记载，卷七《寺院》（山阴县）中也记载了关于"天衣寺"的内容，因此佐藤认为"天衣寺其实是如净的故乡越州的寺名"[3]。佐藤的观点证据充分，因此可以将

---

1 《大正藏》第48册，第136页。
2 河村孝道编著：《诸本对照〈建撕记〉》，大修馆书店，1975年，第99页。此外，门子本、元文本中也能看到同样的记载。
3 佐藤秀孝：《如净禅师再考》，《宗学研究》第27期，1988年3月。此外，为了供参考，这里引用关于天衣寺的两段记载。

如净的出生地确定为"越上"。"越上"指的是越州（绍兴府）。此外，关于生年，根据上述如净的遗偈中"六十六岁"反推计算，应该是南宋隆兴元年。然而，佐藤基于古写本《建撕记》等，提出了如净的卒年应该改为宝庆三年的新说法。因此，也有将如净的生年改为绍兴三十二年（1162）的研究。[1]本书关于如净的生卒年，采用佐藤的说法。

关于俗姓，尚且不明。虽然《如净续语录跋》中记载为"俞氏"，但缺乏旁证史料。上述佐藤根据《如净语录》卷末《源山主

- 法华山，在县西南二十五里。旧经云，义熙十三年，僧昙翼诵法华经，感普贤应现。因置寺，今为天衣禅院。山有十峰，咸平中，裴使君庄，各命以名。一法华、二衣盂、三积翠、四朝阳、五云门、六依秦、七天女、八猿啸、九起云、十月岭。山下二溪，东北流，冬夏不竭。唐李碑云："其峰五连，其溪双带。"盖谓此也。万齐融碑云，双鸟所示兆。今尚翔鸣。旧经云："山有双鸟，雏长则送出之。"旧经："法华山在会稽县南四十里，后正之。"（《嘉泰会稽志》卷九《山》，山阴县）

- 天衣寺，在县南三十里。晋义熙十三年，高僧昙翼，结庵诵《法华经》多灵异。内史孟顗，请置法华寺。至梁、惠举禅师，亦隐此山，武帝征之不止。有翼公所顶戴紫檀十二面观音。及梁昭明太子统，遣摹公金缕木兰袈裟、银澡瓶、红琉璃钵，至今具在。又有金铜维卫佛像，本西域阿育王所铸，浮海而至。梁武以施山中，义相甚伟，今奉于西序。宣和初，诏改僧为德士，寺院为官观。铜铙铜像，期以十日尽。输官，俄复命，惟输铙而铜像悉获存。故维卫像，至今严奉焉。寺有十峰，堂以山之十峰为堂名。山下又有双涧，故曾文清公诗云："布袜青鞋踏欲无，看山看水未成疏，十峰双洞尤奇处，万壑千岩总不如。"淳熙七年，诏以皇子魏惠宪王薨，攒于山中，设置卫守。且岁时加恩泽有差云。（《嘉泰会稽志》卷七《寺院》，山阴县）

1 佐藤秀孝：《如净禅师示寂の周辺》，《印度学佛教学研究》第34卷第1期，1985年12月。针对佐藤的说法，石井修道在《道元禅の成立史の研究》（大藏出版社，1991年）中表明支持，改写了在此之前的通常说法。可参考本书中与如净有关的论文。

求赞顶相》中所谓"个是净慈毛和尚"的记载,指出所谓"毛和尚"应该是如净的自称,以此可以判断"毛氏"应该是如净的俗姓。[1]如果依照此偈文的文脉理解,"毛和尚"是如净作为俗姓的自称,也并非说不通。作为其旁证,佐藤进一步举出六祖惠能所谓"庐行者"、南泉普愿所谓"王老师",以及睦州道踪所谓"陈尊宿"等例子进行说明。虽然这些确实是他们各自的俗姓,但并非是一种自称语,而是当时或者后来的人因亲密感而给予的一种称呼。对于这一点,笔者尚有疑问。笔者也认为"毛氏"是如净俗姓的可能性很大。然而,正如佐藤自己所承认的,目前没有切实的证据支持这一说法,因此我们无法进行断言。

2. 出家修行

关于如净于何时何地出家,也不见有记载。道元在上述《正法眼藏·行持》下卷对于如净出家后的动向提到过三次。

> 先师天童和尚越上人事也。十九岁弃教学而参学,及七旬尚不退也。[2]

> 先师自十九岁离乡寻师,办道功夫,至六十五载尚不退不转也。[3]

---

1 可参考佐藤秀孝论文《如净禅师再考》。
2 何燕生译注:《正法眼藏》(修订版),宗教文化出版社,2017年,第156页。
3 同上。

先师常普说:"我自十九载以来,遍游诸方丛林,无为人师。十九岁以来,无一日一夜不碍蒲团之日夜"。[1]

三次都强调了如净对于坐禅所表达的一种强烈的态度。所记载的内容虽有微小的区别,但将其综合解读,可知如净于19岁时离开家乡,抛弃以前所学的"教学"(天台宗),去各地参学。离开家乡之前,如净已经学习过"教学",说明如净应当是在家乡出家的。结合上述关于如净出生地所谓"天衣山神"的传说来理解,我们可以推测如净很可能是在天衣寺出家的,但证明天衣寺是"教学"寺院的证据并不存在。据佐藤介绍的《嘉泰会稽志》所载,天衣寺的山名是法华山,有"宣和初,诏改僧为德士,寺院为官观"的记载,北宋徽宗宣和初年被改为道观,有一段时期曾作为道观而存在。此外,《如净语录》的跋文作者文蔚自称"天衣住山比丘",而文蔚当时是杨岐派的人物。因此我们又可了解到,天衣寺当时也曾作为禅寺而存在过一段时间[2]。虽然并不能确定如净在其故乡哪一座寺院出家,学习"教学",但判定其在故乡出家应该合乎事实。

19岁离开故乡后,如净抛弃了之前学习的"教学",前往各地丛林参学。关于之后的活动,由于没有直接的史料可供参考,详细情况实际上是未知的。《如净语录》中可以看到以下两句话,它们可能为解答这个问题提供了一些线索。

---

1 何燕生译注:《正法眼藏》(修订版),宗教文化出版社,2017年,第157页。
2 可参考本书第114页中所引用的两段关于天衣寺的文献。关于文蔚,《增集续传灯录》第二卷中载有略传。

始以竹篦子久知痛痒，后因一滴水渐至澎冲。[1]

如净行脚四十余年，首到乳峰，失脚堕于陷阱。此香今不免拈出钝置我前住雪窦足庵大和尚。[2]

前者是《如净语录》吕潚序中的一段话。"竹篦子"是临济禅宗提倡的公案；"一滴水"指的是曹源的一滴水，意味着曹洞宗的师承绵密。虽然这是一个抽象的表达，但据此我们可以了解到，如净在开始参学时曾向临济宗的宗师学习过"竹篦子"的公案，后来又拜曹源的一滴水为师，继承了曹洞宗绵密的法脉。

后者是如净在"临终拈香"时的说法语。其中提到的"乳峰"指的是雪窦山。而"失脚堕于陷阱"，本来意味着失足掉入陷阱，但考虑到这是如净临终时的说法，这里应该理解为他在那一刻遇见了真正的佛法。从本章开头部分介绍的如净的遗偈中，我们可以看到如净将自己六十六年的生涯表达为"罪犯弥天"，道元也曾将自己与如净的相遇称为"被山僧（道元）瞒"[3]。因此，这并不是一般意义上的表达，而应将其作为一种禅语来理解，是一种修辞。事实上，根据《宝庆记》的记载，如净称雪窦智鉴（1105—1192）为先师，在雪窦处参学，问"释尊于何时授摩诃迦叶以金襕袈裟"时，

---

1 《大正藏》第48册，第121页。

2 同上，第133页。

3 大久保道舟编：《道元禅师全集》下卷，筑摩书房，1970年，第18页。

"先师大悦"[1]。总之，如果说后者表达的是如净行脚四十余年，去乳峰首次与真实的佛法相遇，现拈出此香，姑且献给前住雪窦足庵智鉴和尚这一意思，那么我们可以了解到如净与雪窦山资圣寺前住足庵智鉴相遇，并理解到了真实的佛法。足庵智鉴是曹洞宗的人物，据石井修道的考察，他担任雪窦山资圣寺住持是南宋淳熙十一年（1184）至绍熙二年（1191）之间；如净参学于足庵，是足庵晚年时期的事情。[2] 前者所说的"一滴水"，或许指的就是足庵。

除足庵外，如净还曾参访过其他数人，但其前后关系尚不明确。不过，据道元的《正法眼藏·行持》下卷可知，如净曾参访过的人物中有曾经住持径山的佛照德光。

> 教训衲子曰："参禅学道，第一有道心，是学道之始也。今二百年来，祖师道废，可悲矣！况道得一句之皮袋者，少也！某甲往昔挂锡径山时，德光佛照[3]即当时之粥饭头也。上堂云：'佛法禅道，不可觅他人之言句，唯各自理会。'如是说之，则僧堂里都不管也，云来兄弟也都不管也，唯只管与官客相见、追寻也。佛照殊不知佛法之机关，唯偏贪名爱利也。佛法若是各自理会，奈何有寻师访道之老古锥哉？真个是光佛照，不曾参禅也！今诸方长老之无道心者，唯光佛照个儿子也，佛法哪得他手里有？可惜！可惜！"于如是言说，佛照之

---

1 大久保道舟编:《道元禅师全集》下卷，筑摩书房，1970年，第381页。
2 石井修道:《雪窦智鉴传》，《曹洞宗研究员研究生纪要》第4号，1972年。
3 即佛照德光，大慧宗杲的法嗣。

儿孙虽多有闻者，然皆不怨。[1]

一读便知，如净曾"挂锡径山"，批评住持佛照德光没有道心，贪名恋利，主张"各自理会"。这一记载如果属实，那么如净"挂锡径山"应该是短期的。据载，佛照德光在绍熙四年（1193）四月成为径山的住持，后来在庆元元年（1195）退居。因此，我们可以推测如净是在31岁到33岁之间拜访佛照德光的。

此外，据《松源崇岳禅师语录》和《如净语录》可知，如净还参拜过松源崇岳（1132—1202）。《松源崇岳禅师语录》卷下有首名为《示如净禅人》的偈，《如净语录》中也有一首名为《柱杖寄松源和尚》的偈。镜岛元隆认为，如净在参拜他们之后，又参拜了足庵，之前还参拜过无用净全（1137—1207）和庵宗演（生卒年不详）。然而，佐藤对此提出了相反的观点。目前尚无结论。[2]

总之，现存的史料有限，因此关于如净出家、修行不甚明了之处尚多。目前能够确定的内容仅仅是：如净于其故乡出家，19岁离开故土，同时抛弃一直以来学习的"教学"，后来参学于诸山，在雪窦山与足庵智鉴相遇，首次学习到代表真实佛法的曹洞禅，之后又参学于佛照德光和松源崇源岳等人。

---

[1] 水野弥穂子校注：《正法眼藏》（一），岩波书店，1991年，第392页。何燕生译注：《正法眼藏》（修订版），宗教文化出版社，2017年，第157页。
[2] 关于镜岛的说法，详见《天童如净禅师的研究》。针对镜岛的说法，佐藤秀孝提出了相反的意见，见《如净禅师再考》。

3. 晋住寺院

关于如净晋住寺院的情况，由于他在寺院所说的上堂语被结集出版，因此我们可以在一定程度上了解其相关情况。然而，如前所述，现存的《如净语录》，尤其是被称为《如净续语录》在形成上存在着许多问题，而且上堂语是否按照晋住寺院的时间顺序编辑也不确定。这个问题我们将在下一章详细讨论。现存《如净语录》开头收录的是《清凉寺语录》，可知如净最初晋住的寺院应该是位于建康府（今南京）的清凉寺。关于晋住的具体年代，开头提到了一些信息。

师于嘉定三年十月初五日，于华藏褒忠禅寺受请入寺。[1]

嘉定三年（1210），当时如净逗留于华藏褒禅寺，受请晋住清凉寺。在晋住清凉寺之前，因为曾经逗留于华藏褒禅寺，所以华藏褒禅寺也应当包含在如净修行过的寺院之中。尽管关于六次晋住期间的详细情况尚且不明，但根据既往的研究且结合这一记载，我们可以对如净一生所谓"六坐道场"，包括清凉寺在内，做如下推论：

①建康府清凉寺：嘉定三年（1210）—嘉定八年（1215）
②台州瑞严寺：嘉定八年（1215）—嘉定九年（1216）

---

1 《大正藏》第48册，第122页。

③临安府净慈寺：嘉定九年（1216）—嘉定十三年（1220）

④明州瑞严寺：嘉定十五年（1222）—嘉定十六年（1223）

⑤再住净慈寺：嘉定十六年（1223）—嘉定十七年（1224）

⑥明州天童寺：嘉定十七年（1224）—宝庆三年（1227）

其中也包含再住寺院。[1]《如净语录》吕潇的序中所谓"凡历四大宝刹"，"四大宝刹"应当指的是清凉、瑞严（明州）、净慈、天童这四座寺院。另外，是发生在其中之瑞严寺还是再住净慈寺的事情，不得其详，但据前述道元《正法眼藏·行持》卷，曾流传过如下的逸闻：

赵提举[2]者，嘉定圣主之胤孙也，知明州军州事、管内劝农使也。请先师到州府陛座，布施银子一万锭。

先师陛座了，向提举谢曰："某甲依例出山陛座，开演正法眼藏、涅槃妙心，谨以荐福先公冥府，但是银子不敢领，僧家不要这般物子。千万赐恩，依旧拜还。"

提举曰："和尚，下官忝以皇帝陛下亲族，到处且贵，宝贝见多。今以先父冥福之日，欲资冥府，和尚为何不纳？今日多幸，大慈大悲，幸留少衬。"

先师曰："提举台命且严，不敢逊谢。只有道理，某甲陛

---

1 关于如净晋住寺院的情况，伊藤庆道所著《道元禅师研究》第1卷有详细的考察。镜岛元隆结合伊藤的研究，在《天童如净禅师的研究》中进行过新的探讨。这里据镜岛的研究。

2 "提举"即官名。

座说法，提举聪听得否？"

提举曰："下官只听欢喜。"

先师曰："提举聪明，照鉴山语，不胜惶恐。更望台临，钧候万福。山僧陛座时，说得什么法，试道看。若道得，拜领银子一万锭。若道不得，便府使收银子。"提举起向先师云："即辰伏惟和尚法候，动止万福。"

先师曰："这个是举来底，那个是听得底。"提举拟议。

先师曰："先公冥福圆成，衬施且待先公台判。"

如是言之，即请暇，提举曰："未恨不领，且喜见先师。"如是言之，便送先师。浙东、浙西之道俗多赞叹。此事载于平侍者之日录。

平侍者曰："这老和尚，不可得人，哪里容易得见？"

诸方有谁人不受一万锭银子？古人曰："金银玉珠，见之如见粪土。"设若如见金银，不受者，则衲子之风也。先师有此事，然余人则无此事也。[1]

大意是说：赵提举某日邀请如净到州府讲经，并准备布施一万锭的银子，但如净拒绝接受。赵提举解释说，他要在先帝的忌日上进行追善供养，希望如净务必接受。然而，如净要求赵提举表达对讲经的感想，赵提举的回答并未理解如净的真意。如净表示追善供养也就此作罢，最终也没有接受一万锭的银子。如净对待布施的坚定态度在浙东、浙西被传颂开来，受到人们的赞叹。

---

1 何燕生译注：《正法眼藏》（修订版），宗教文化出版社，2017年，第158页。

这个故事的主要目的是赞扬如净的操行，但值得注意的是其中提到的赵提举。据道元所言，赵提举是嘉定圣主之后代，知明州军州事和管内劝农使，具体记载了他的出身和官职，因此我们可以认为他是一个真实存在的人物。特别是这个故事载于道元的平侍者日录中，并且保留了汉文的形式，我们可以认为它是实际发生过的事件。

根据石井修道的考证，此处所提到的赵提举，实际上指的是《宝庆四明志》卷一中提到的赵师岩。石井修道认为赵是帮助如净晋升五山的外援之一。石井同时将这个故事视为如净晋住明州瑞岩寺时发生的事情。[1] 如净在包括清凉寺在内的六座道场进行过法堂开示，其中清凉寺是甲寺，台州瑞岩寺是准甲寺，而净慈寺和天童寺则列在官寺的五山之中。如净被任为这些名寺官寺的住持，必然与当时的官僚有密切关系，并得到他们强有力的支持。迄今为止的研究对这些情况的说明一直不够清晰。因此，石井将赵师岩明确地定位为如净的一位外援者，无疑是一次具有突破性的进展，值得重视。

同样，在《行持》下卷中，我们还可以发现嘉定宁宗皇帝赐如净紫衣师号，但如净谢辞，可见如净行持的一个侧面。不过，佐藤通过《北涧文集》卷一中所收《道场山海禅师塔铭》发现了另外的事实，也颇有趣味。

乃束包下三硖，寻访本色宗工。见松源岳于报慈，扣无用

---

[1] 可参考石井修道《道元禅的成立史之研究》第五章第二节《如净の五山入院の背景》一文。

全于天童，遂识无用之用，而悟岳之不已欺。分座于双径石桥宣之席，端开法于四明天王寺。迩海衲子不称心而称北海，声猎猎丛林中。瑞严大同全，以金山荐诸庙堂。希夷、如净，在南北山掎角沮。胜己者止秀之本觉。老坡昔三过此，所谓三过门间老病死，一弹指顷去来今。为乡老人文公发。旧有堂曰：三过，余为之记。居无何？夷、净之沮不行，移湖之道场。凡若干年，振坠起废，一新土木。[1]

这究竟是指初次住持净慈寺时期的事情，还是指再住净慈寺时的事情，很难判断。大意是说，法海悟心在寻找师承的过程中，先后拜访报慈寺的松源崇岳和天童寺的无用净全，因其理解了两人的禅风，所以被分坐在径山石桥可宣之席上，进而在四明天王寺举行开堂讲法。他的声望很高，瑞岩寺的大同道全曾推荐法海悟心去金山龙游寺，但北山（灵隐寺）的希夷和南山（净慈寺）的如净阻止了这个提议。然而，希夷和如净的阻止无效，不久后，法海悟心转移到湖州的道场山（护圣万寿寺），最终在那里晋住。据说他花了几年时间整修荒废的道场，使寺院焕然一新。也就是说，据这一记载，如净对于北海悟心被推荐为金山龙游寺住持曾提出过异议。

关于这件事的详细情况，塔铭作者居简（1164—1246）并未记录任何信息，所以不明确。虽然"胜己者止秀之本觉"这段文字可能间接传递一些信息，但其意义比较模糊，具体内容不清楚。然

---

[1] 可参考佐藤秀孝《如净禅师再考》。此外，关于《道场山北海禅师塔铭》的引用也依据该文。

而，从整个塔铭来看，我们可以推测居简对北海悟心持有同情态度。佐藤认为，该段文字对"了解如净传记的一个侧面，内容非常不合适"。他视其为"负面记载"，同时认为如净的"冲动性行为"是受其与北海悟心的人际关系和浙僧（希夷·如净）与川僧（悟心·居简）之间的对立所影响。[1]这是一个有趣的说法。不过换个角度来看，如净拒绝北海悟心晋住金山龙游寺是因为如净判断北海悟心不适合担任金山龙游寺的住持，这也反映了如净在当时禅林备受信任的人格和声望。总之，由于缺乏证据，这只是一种推测，不过如净在进入天童山景德寺之前，已在浙江的禅林中拥有相当大的影响力，这是不争的事实。

据说，如净晋住天童山景德寺是在嘉定十七年（1224）秋季。确切的晋住原因不明，但根据《如净语录》中"派和尚遗书至上堂"的记载推测可能是前任住持无际了派去世的原因。[2]

据《天童寺志》记载，天童山景德寺又称太白名山，是南宋禅林五山中的第三座禅寺。如净受到敕令而晋住该寺。与晋山相关的法语收录在《明州天童景德寺语录》的开头部分。当时如净的心境，我们可据此窥见一斑。

如净晚年在天童山度过，宝庆元年接受了道元的皈依，后因病退院，离开天童山，在道元回国后的绍定元年七月十七日示寂，享年66岁。

---

1 可参考佐藤秀孝《如净禅师再考》。
2 《大正藏》第48册，第126页。此外，伊藤庆道认为，了派"先于如净禅师入住天童，而如净禅师晋住天童寺，或许也缘于了派的推荐"(伊藤庆道：《道元禅师研究》第1卷，大东出版社，1939年，第113页）。

据载，如净葬于南谷庵。《无文印》的《小佛事》中收有一篇悼念如净示寂的文章《南庵主起棺》。这里引用如下，并把它当作本节的结尾：

见了天童便踩跟，佛来有口不能吞。莓苔绿遍门前路，坐看春风四十年。无禅道可论，无佛法可传。拾薪樵子无可寻之迹，衔花飞鸟无可见之缘。折脚铛中，烂煮乾坤清气。长柄勺内，舀干沧海根源。了生死来去之如幻空，观涅槃寂灭之现前。回首鉴湖，青山未老。笑携藜杖，白首言蔌。这个又是某人可见之踪迹？设若放阔步于藕丝孔中，入正定于微尘影里，诸人又向甚处与此老相见？阎浮树在海南边。[1]

第三节 《如净语录》

如前所述，现存的如净语录有两种，分别是《如净语录》和《如净续语录》。后者被认为是前者中遗漏的内容，因此被称为续语录。它们两者是否存在着正续关系，我们将在下一章进行讨论，本节着重讨论《如净语录》，概述其编纂和开版的经过、各种文本和

---

[1] 《无文印》卷一。这里依据了日本东北大学附属图书馆所藏本。卷末载有"贞享二龙次乙丑仲壳且洛下京极通松原下町寺西甚次郎藏板"，可知该所藏本刊行于江户贞享二年（1685）。

内容结构，并重新审视现有研究中存在的问题。

据高原祖泉的跋文和天衣文蔚的序，我们可以了解到《如净语录》的编纂工作已在绍定元年七月十七日如净示寂后不久，由他的弟子们着手进行。据祖泉的校勘记所述，在第一年六月，如净的门下弟子广宗发起开版工作。从语录开头所见吕潚序文中提到的"宗上人以师之法语俾予序其篇首"一语，我们可知这是吕潚应"宗上人"之请而撰写的序文。吕潚在序中称如净为"道谊之友""同乡国人"，可窥见其与如净的关系。然而，吕潚本人是何许人也，完全不得而知。而"宗上人"很可能是指如净的门人，但具体是前文提到的广宗，还是指《如净语录》中所收《台州瑞岩寺语录》的编者妙宗，这也很难判断。镜岛认为是指妙宗，但未提供依据。[1]

参与《如净语录》编辑的具体人数有十人，他们分别是文素、妙宗、唯敬、如玉、智湖、祖日、义远、德霶、清茂、德祥。他们自称"参学""侍者"或"门人"，表明与如净存在着法缘关系。然而，他们的行动大都不见史载。总之，值得注意的是，十人参与编辑一位禅人的语录，这在禅宗其他禅师的语录编辑中非常罕见，这表明了如净在当时禅林中的地位。

《如净语录》是在如净门人的合作下完成的。然而，在灯史和语录类中，我们只能凭借元代的记载才可发现其存在，这与前节提到的如净传的情况相同。换句话说，几乎所有元代及以后形成的各种灯史对如净的记载，我们都可以直接在今天的《如净语录》中找到，因此它们很可能是基于《如净语录》的一种转载。

---

1 镜岛元隆：《天童如净禅师的研究》，春秋社，1980年，第25页。

与此相比,《如净语录》早已传入日本,道元《永平广录》中有"如净和尚语录到上堂"一语,这是其首次出现的记载。[1]目前,存于《日本续藏经》和《大正藏》中的《如净语录》是延宝八年(1680)由卍山道白校订的,与道元实际看到的版本自然有所不同。后文将提到,在卍山进行《如净语录》校订时还有几个异本流传,卍山并未具体阐明相关情况。不过,近年来已确认在卍山校订的本子之外还有四个不同的版本被保存下来,即《天童如净禅师语录》1卷,面山瑞方刊;《如净禅师语录夹钞》5卷,永峰渊龙撰;《如净和尚录》14纸,永平寺藏;《天童如净和尚录》4册,总持寺藏。

关于各个版本之间的内容差异和相互关系,镜岛进行过详细的研究。根据他的研究,《如净语录》最古老的版本是永平寺本和总持寺本,其次是玄峰本,再次是面山本,而卍山本则是经过多次修改后的版本。永平寺本是最古老的版本之一,但只有14张纸,是一份不完整的文本。而镜岛认为,总持寺本不仅保留了最古老的风格,而且还是一份完整的文本。他在前述的著作中以总持寺本为底本,撰写了关于《如净语录》的现代日文翻译和注释,并通过总持寺本考察如净的思想。[2]

对于镜岛重视总持寺本的意图,笔者并不是完全不能理解,但是通过将总持寺本的一些表达与其他文本进行对照,以及参考以往的研究成果来考察该文本的性质,笔者仍然对所谓总持寺本比玄峰本、卍山本和面山本更能"传承最古老形式"的观点持有疑问。接

---

[1] 大久保道舟编:《道元禅师全集》下卷,筑摩书房,1970年,第26页。
[2] 镜岛元隆:《天童如净禅师的研究》,春秋社,1980年,第29—34页。

下来,我们拟对此略做讨论。

首先需要注意的是,镜岛本人也确认过《禅宗颂古联珠通集》中所收的如净的偈颂并不见于今天的玄峰本、卍山本、面山本的《如净语录》。

> 一楔劈口虚空破,三点驴头覆船却。父子至今具不了,江湖波浪错流传。

《禅宗颂古联珠通集》全篇各卷共收录了十首如净的偈诗,其中九首可以在今日的玄峰本、面山本和卍山本的《如净语录》中找到,只有上面这首偈诗找不到。[1] 如果这首偈诗在总持寺本中也找不到,那么总持寺本和其他版本一样,也不能算完整的版本。换句话说,总持寺本同样存在着遗漏。

《禅宗颂古联珠通集》是宋代的法应(生卒年不详)耗时三十余年于淳熙六年(1179)刊行的作品。其中所收的如净偈诗,十首偈诗中的九首可以在今日的《如净语录》中所收的《法语》《净慈寺语录》《清凉寺语录》《明州瑞严寺语录》《赞佛祖》《小参》中找到。因此我们可以推测,收录者普会所依据的是业已整理成完整形态的《如净语录》。换句话说,真正意义上的完整版本《如净语录》至少在普会的时代就已存在。另外,九首偈诗在今天的《如净语录》中可以直接找到,这也说明普会的收录工作是严谨的,忠于

---

1 十个偈颂被全部记录在镜岛元隆的作品《天童如净禅师的研究》(春秋社,1980年,第43页)中。

原本。从这一点来看,我们可以推测,普会所依据的《如净语录》与传入日本的版本可能不同。然而,由于总持寺本中找不到上述偈诗,所以它与总持寺本系列应该无关。

接下来需要注意的是,在日本方面的文献中,我们可以看到如净法语的存在这一事实。这是高桥秀荣考察的结果,这里仅引用其中的一部分。

> 佛诞生。要洗瞿昙这祸殃,只消个里一盆汤。翻天翻地波澜起,莫怪梅山杓柄长。(《一华五叶》)

> 开炉岁岁是今朝,煖气潜通称我曹。可惜丹霞烧木佛,翻令院主堕眉毛。(《大光禅师语录》卷上)

> 人还乡。万松深处涧泉鸣,多是阳关堕泪声。可怪道人心似铁,临流话到不会听。[1](《贞和集》)

这些偈诗,无论是在总持寺本《如净语录》中,还是在玄峰本、卍山本以及面山本《如净语录》中,都找不到。如果确实引自《如净语录》,那么这些偈诗应该属于与现存的总持寺本等《如净语录》不同的另一系列的《如净语录》。虽然不清楚这是否为前面提到的普会所依据的《如净语录》,但至少与总持寺本无关。

---

1 高桥秀荣:《〈如净禅师语录〉管见》,《驹泽大学大学院佛教学研究会年报》第9号,1975年。

高桥的研究还发现了另外四首偈诗可以在今天的《如净语录》诸本中找到，但与《重刊贞和集》中所引用的文字、表达方式却有所不同。[1]为了避免复杂化，这里只引用一个例子，而关于《如净语录》的引用，将以总持寺本为准。

总持寺本：

瞿昙老贼口亲局，驴屎相兼马屎多。打作一团都拨转，泼天臭恶恼婆婆。[2]

《重刊贞和集》：

瞿昙四十九年局，驴屎相兼马屎多。搅作一堆轻拨转，从教臭气通婆婆。

将这些偈诗与玄峰本、卍山本和面山本的《如净语录》相对照，可以发现在相同的字句和表达方式上也存在着差异。虽然我们无法确定哪个版本传达了真实情况，但可以认为总持寺本与玄峰本、面山本和卍山本属于同一类型的本子，因为它们之间在相同的字句和表达方式上存在着相同的差异。

与此相关的问题是，总持寺本中出现的"提举大尉张求颂"[3]的

---

[1] 高桥秀荣：《〈如净禅师语录〉管见》，《驹泽大学大学院佛教学研究会年报》第9号，1975年。
[2] 《永平〈正法眼藏〉蒐书大成》刊行会编：《道元禅师真迹关系资料集》，大修馆书店，1980年，第408页。
[3] 同上，第413页。

描述。其他三个本子也有类似的描述，但问题是"张提举"是谁？在前面提到的道元的记述中，与如净有关的是"赵提举"，而"赵提举"指的是赵师岩，是一位在《宝庆四明志》中可以得到证实的历史人物。然而，"张提举"的存在我们无法证实。从这个意义上说，道元的记述是有确凿证据的，而总持寺本和其他《如净语录》的描述则是由于误写而造成的。"赵"和"张"日语发音都是"Chou"，也许是因此造成的误写。不过，值得注意的是，总持寺本同样也依从了这种误写。

最后是关于总持寺本册数方面的疑问。总持寺本由4册组成。然而，据《江户时代书林出版书籍目录集成》（3卷）记载，出版于宽文十年（1670）的《天童如净录》标注为1册随后出版的一系列名为《天童如净录抄》和《天童如净录》的书籍也都是1册。延宝八年（1680）首次刊行了两册《首书如净禅师语录》和《重刊如净禅师语录》，这些其实是由卍山校定的本子。与总持寺本同为4册的《如净语录》的刊行要晚于卍山的校定本，直到元禄九年（1696）才出版。[1]现存的总持寺本没有刊行年份的记载。由册数来看，它很可能与元禄九年刊行的《如净语录》属于同一系统。虽然不清楚《如净语录》最初由多少册构成，但根据《江户时代书林出版书籍目录集成》记载，最初似乎1册，但在卍山的校勘中变成了2册，直到元禄九年才作为4册刊行。换句话说，具有4册形式的《如净语录》是在一册本和两册本之后才出现的。因此，结合上述这些问

1　详细内容可参考庆应义塾大学附属研究所斯道文库编《江户时代书林出版书籍目录集成》（井上书房，1962年）卷一《汉和书籍目录》。

题，我们必须说：总持寺本被视为"记载最古形式的抄本"的说法并不合理，总持寺本同样也是一种经过改变的《如净语录》本子。

那么，哪种版本才是"记载最古形式的抄本"呢？卍山在校定时记录了当时的校勘情况。

> 余向较正永平语录并其正法眼藏。二书之中，斑斑有称先师天童云者，盖如净禅师之语也。温然如天球，朴然似生铁。只应室爱，不堪咬嚼。因欲见全录也尚矣。今兹之夏，禅山上座，携其录两本来，先出一本云："是某师父云龙义林老人久所蓄也。"又出一本云："是某同参所持。"而渠自云："其师遍历之日，亲以唐本写之，今偶得两本，实校雠时到，愿师合正梓流之。"余欣然接取，拜而诵之；铿铿法曲，殷殷雅音，洋洋乎悦心闻。……再展两本，沉思点对，写手不同，互有得失，不可不正。……加倭点著旁训，间考事略，细书其上，意在为初两也。次涉月始得脱手。禅山欢喜不止，自办纸笔，辛苦缮写，直付印生，以令刊行。[1]

也就是说，卍山在校正《永平广录》和《正法眼藏》这两本书时，接触到了所谓"先师天童"的"斑斑"话语，表示自己长久以来就有希望看到《如净语录》的愿望。在当年夏天（延宝八年夏天），一位名叫禅山的人将两本《如净语录》带到卍山那里，其中一本是龙义林老人长期保管的版本；另一本是禅山本人的版本，据

---

[1]《大正藏》第48册，第133页。

说是从唐本抄写而来。随后，禅山请求卍山将它们刻板流传出去。卍山阅读这两个本子，认为它们的抄写风格不同，各有得失；经过研究和加以和文标点，附上旁训，并进行相关考证，最后将这些作为冠注写入其中。禅山对这份手稿的完成感到高兴，亲自购买纸笔，辛苦地抄写，然后将其付梓印刷。

如果卍山的校勘记录确凿可信，那么，在卍山进行《如净语录》的校定时，被认为是"记载最古形式的抄本"的，应该是宋版（即卍山所说的"唐本"）《如净语录》，以及基于它在日本抄写的手写本《如净语录》。而且因为被称为"抄写形态不同"，所以很可能它们分别是不同形态的《如净语录》。然而，卍山在阅读这些版本时发现各自有所得失，并根据自己的观点进行了修订。我们如果按卍山的说法，被认为是"记载最古形式的抄本"的《如净语录》实际上变成了由卍山校定的《如净语录》。然而，卍山的弟子面山瑞方在明和四年（1767）出版前述《天童如净禅师语录》（1卷）时，撰写了《天童净和尚语录事略》一文，并对卍山的校定本发表如下评论：

> 冠注本，虽有如净禅师语录，"如"字乃后人加之。原本无"如"字……
>
> 冠注之本目录亦后人作，此录本一卷，后人将其分为上下列于目录，下卷虽有天童语录，此中亦有净慈小参，瑞严之小参亦同目录违却，为私添之证。故今除目录而顺原本。
>
> 从来冠注之本为于前入跋而成序。文中以附于帙尾。故今

顺原本而移其于帙尾。[1]

所谓冠注本，其实就是指卍山的校定本《如净语录》，而后人指的就是卍山本人。也就是说，根据这段文字可知，卍山的校定本经过了相当程度的改动，并未保留所谓"记载最古形式写本"的形态。面山的说明尽管十分详细，但并未在文中明确指出相关"原本"的细节，仅仅在他重刊的《天童净禅师语录》序言中略有提及："今兹应请寓武都万年山，偶得敕赐万照高国禅师岭岩峻和尚一百年前所书之册，乃较（校）正重刊。"[2] 这表明他依据的是岭岩峻和尚在一百年前所写的版本。然而，这里的表述非常模糊，具体情况不够清晰。而且因为载有"所书之册"，所以以其作为"原本"来批评所谓卍山的"冠注本"也缺乏足够的依据。基于这些问题，鉴于面山的说明是在卍山的校定本《如净语录》出版77年之后提出，对面山的说明，我们也不得不持将信将疑的态度。总之，我们可以得出结论：总持寺本、卍山的校定本和面山的重刊本都经过了改动，向这些版本寻找所谓《如净语录》的最古形态并不现实。而且，如果这些问题也见于玄峰本，那么更不能说玄峰本比卍山本或面山本更具古形。

综上所述，笔者并无否定总持寺本《如净语录》作为资料价值的意图。然而，就像如净的传记一样，《如净语录》同样存在着

---

[1] 《续曹洞宗全书·注解三》。
[2] 高桥秀荣：《面山瑞方と如净语录》，《驹泽大学大学院佛教学研究会年报》第11期，1977年。

许多未解之谜，尤其是关于其传承状况。根据前面的考察，我们可以推断，自从开版以来，在抄写和印刷过程中，至少出现了两个系统的文本分别在中国和日本传播，而将包括总持寺本在内的现存其他本子来推定《如净语录》的原本，是危险的做法。既然总持寺本与其他本子一样，都经过了修订，并不是完整本子，那么用总持寺本来考察如净的思想也欠妥当。将总持寺本与其他本子结合起来考察，应该是较为客观的做法。

结语

毋庸讳言，如净的思想记载在他的语录中。然而，如前所述，现存的《如净语录》各本内容上都存在着遗漏，卷数结构也不一致，且在字句和表达上经过了校改。也就是说，现存的《如净语录》各本都未记录原本面貌。因此，通过现存的《如净语录》来寻求确切的如净形象可以说是一件困难的事情。从这个意义上讲，即便在道元的文章中可以见到，但在《如净语录》中却找不到相应的文字，也不能说明道元的思想不存在如净的影响，或者说道元超越了如净的思想等，这样的说法是欠稳妥的。

第五章

道元与如净（中）

——《如净续语录》真伪考

第一节　问题之所在

在围绕《如净续语录》问题的讨论中，对于流传至今的《如净续语录》究竟是否由如净的弟子义远根据其师当时的叙述内容编集而成的问题的考察由来已久。据被称为《如净续语录》"见闻录"的卍山道白的《天童遗落录序》载，所谓《如净续语录》是《如净语录》所收《天童景德寺语录》中被"遗漏"的二十则如净上堂语，经弟子义远搜集并编集成书，后来送到道元手中。延宝八年，卍山在丹州德云寺得知此上堂语的存在，为了补全《如净语录》，于日本正德五年（1715）将其刊行。[1]

---

[1]　卍山道白：《天童遗落录序》，《大正藏》第48册，第133—134页。

然而，不知何故，就在卍山刊行此上堂语二十九年后，其弟子面山瑞方在整理《天童如净禅师语录》时将其断为"赝撰"，并拒绝采用其中所述的一切事迹。[1] 然而，因为面山并没有指出他将此语录视为伪撰的理由，所以后来的学者中既有认为应当承认《如净续语录》为义远真撰的，也有认为应该判其为伪撰的。学者间见解分歧，未得统一。[2]

随着对宋代禅宗史研究的深入及对如净研究的深化，多位学者对主张《如净续语录》为伪撰的见解进行了考证，这一见解也逐步得到了加强。比如，佐藤秀孝从灯史上对《如净续语录》的引用的角度考察该问题，指出"灯史上的如净章，几乎皆依《如净语录》"，然而其中"并未看到所谓《天童如净禅师续语录》云云的引用"；他还认为，《如净续语录》并非中国撰述，而是假托义远的日本撰述。[3] 与此同时，镜岛元隆也注意到《如净续语录》的末尾被当作道元所撰的《如净续语录跋》，并从四个方面论证《如净续语录》是伪撰之书。[4] 镜岛总结自己的研究："最主要的，不过是针对面山

---

1 "近年所新刊之如净续语录，日本洞下好事赝撰，是故不采。"（面山瑞方：《天童如净禅师行录》，《曹洞宗全书·史传下》，《曹洞宗全书刊行会》，1970—1983年，第11页）

2 例如，忽滑谷快天在《禅学思想史》中说"面山义遗录被定为日本人伪作，却未述其理由，可从卍山序中所辩"（《禅学思想史》，名著出版社，1969年，第420页），认为《如净续语录》为义远亲撰。伊藤庆道亦在前述《道元禅师研究》第1卷中表明了类似的见解（《禅学思想史》，名著出版社，1969年，第2、12页）。不过，大久保道舟在编辑《道元禅师全集》时，虽然回避了明确的意见，但认为《如净续语录跋》是"真伪未判"，将其列入附录中的附载部分。

3 见佐藤秀孝著《灯史における〈如净语录〉の引用について》。

4 见镜岛元隆著《〈如净续语录〉について》第一章第四节。

认为赝撰一事作一论证而已""这意味着为伪撰说更前进了一步"。[1]今天学界普遍认为,《如净续语录》是假托于义远的伪撰,而作为其论据,如佐藤和镜岛的研究一般都从灯史类或是从被视为道元所撰的《如净续语录跋》中进行考证。[2]

从结论而言,笔者也认为《如净续语录跋》并非出于义远的编集,而是假托义远出自他人之手的伪文。而问题在于,当认定《如净续语录跋》为伪文时,我们是否从灯史类的引用或者《如净续语录跋》中就能得到充分的论据。佐藤依据灯史类中完全找不到来自《如净续语录》的引用这一事实,从而判断《如净续语录》为伪撰。然而,据卍山的说法,《如净续语录》本来就是《如净语录》中被"遗漏"的部分。如果此说属实,我们可以认为,此语录并未正式刊行,因此说它不见于中国的灯史类的引用是理所当然的事。另一方面,虽然通过考察《如净续语录跋》的记载,镜岛怀疑这部跋文可能并非道元所撰,但这并不足以直接否定《如净续语录》为义远所编的事实。事实上,如果《如净续语录》确实由义远所编,那么我们在讨论和引用时,应该明确将其与存在争议的《如净续语录跋》的作者归属相区别。即便二者都被认为是伪撰,也应该不是出自同一人物之手,因为两者是完全不同的汉语表达方式。[3]因此,即

---

[1] 见镜岛元隆《〈如净续语录〉について》第一章第四节。

[2] 例如,伊藤秀宪在为收录于新版《道元禅师全集》中的《如净续语录跋》做解说时指出,基于镜岛元隆和佐藤秀孝二人的见解,将《如净续语录》判为伪书。(伊藤秀宪:《道元思想大系》第7卷,春秋社,1990年,第381—382页)

[3] 例如,表达第一人称的用词,《如净续语录跋》中使用过"予"字;与之相对,《如净续语录》的正文则是"我""吾"字。

便我们认为《如净续语录跋》并非道元之真撰，而是由他人伪撰，那也不能把它当作否认义远所编的《如净续语录》正文之可信度的证据。

基于如上的观点，这里笔者想提出从以《如净续语录》的正本为中心进行考察的新视角。因为，要想断定《如净续语录》为伪撰，最为关键的是需要我们对《如净续语录》的正文进行考察，而且需要从其正本中寻找出相应的证据。笔者认为，一直以来，学界关于《如净续语录》所谓伪撰说，缺乏从正文角度进行考察的视角。

本章将基于这样的视角，首先指出《如净续语录》正文中所存在的问题；其次探讨《如净续语录》正文的成书年代，以及《如净续语录》的成书背景。通过这样的考察，旨在为《如净续语录》所谓伪撰说提供确切的证据，同时试图以此窥知道元和如净在思想上存在的关联性问题。

第二节 《如净续语录》的正文及其问题

如上所述，今天所谓《如净续语录》之名，被认为是《如净语录》中被"遗落"的如净上堂语，为了补全《如净语录》才有其称，并非原来的名称。从《天童遗落录序》中如下的记载中可以看出，《如净续语录》最初被称为《天童如净禅师续语录》1卷。

予在东武王子峰……而偶得见丹州德云室中所秘梵清和尚真笔瑞严远公所编<u>《天童如净禅师语录》一卷，但是天童上堂法语二十则而已矣</u>。<u>于其卷末，高祖元和尚记净公法嗣六人机缘，净公略传了</u>。[1]（下划线、括号内为引用者加。以下同）

也就是说，卍山发现的是被称为《天童如净禅师语录》1卷的本子，该书的末尾有一篇所谓道元跋文的附录，其中记载了如净法嗣六人的机缘及如净的略传。这两者在内容和形式上都是独立的，这一点非常明显。因此，当提到《如净续语录》时，本来指的应该是《天童如净禅师语录》1卷。我们在这里所说的《如净续语录》的正文，无疑也指的就是这个《天童如净禅师语录》1卷。笔者强调应该从《如净续语录》的正文中寻找其为伪撰的理由即在这里。

如果从《如净续语录》的正文中去寻找其被视为伪撰的根据，我们应该关注哪些方面呢？对于这个问题，我认为卍山在他所提到的《天童遗落录序》中的描述，给出了重要的线索。据卍山的序言，我们可以知道《如净续语录》的正文是《如净语录》所录《天童景德寺语录》中"遗落"的二十条上堂语。如果是这样的话，《如净续语录》的正文与《天童景德寺语录》之间应该存在着某种共同点，而通过以《天童景德寺语录》为基准来研究《如净续语录》的正文，该问题应该一目了然。此外，如果《如净续语录》的正文也表达了如净的思想，那么将其与整个《如净语录》进行对比考察也

---

1 见卍山道白《天童遗落录序》。

是必要的。[1] 接下来，我们来考察这些问题。

当我们翻阅《天童景德寺语录》，并聚焦于其中的上堂法语，首先引起我们注意的是大多数天童景德寺的上堂都与某种事物有关。[2] 换句话说，"因事上堂"构成了大部分上堂的内容。例如，"道旧至上堂"指的是旧友到访时举行的上堂，"开炉上堂"指的是与冬天开炉有关的上堂。同样，"谢新旧两班上堂""寿庆节上堂""结夏上堂"等都是基于各自的事项而进行的上堂。这种"因事上堂"不仅在如净整个上堂中占据很大的比例，而且实际上在其他语录中，如《住建康清凉寺语录》《临安府净慈禅寺语录》等，我们也可以看到许多相似的例子，可以说这是如净上堂的基本风格。那么，《如净续语录》的正文又是如何的呢？

翻阅《如净续语录》的正文，虽然可以看到有很多以上堂开始的文章，但却没有明确描述上堂的目的。换句话说，没有任何一个例子是"因事上堂"，所有的上堂法语并不是基于"因事"的形式。

---

1 如上所述，现存《如净语录》虽有卍山本、面山本、玄峰本、永平寺本和总持寺本五个版本，然而结合镜岛的研究并经笔者本人的调查发现，卍山本与面山本虽为同一系统的本子，玄峰本与卍山本虽是另一系统的异本，但内容几乎相同。而且，永平寺本仅仅残留《清凉寺语录》，并非完本。至于总持寺本，按镜岛的说法，是一部完本且保留了最古的形态，只是与卍山本在上堂语的顺序排列和字句上稍有不同而已，内容基本相同。基于这个事实，本章以下将使用收录于《大正藏》第 48 册的卍山本《如净语录》进行考察，而对于其他诸本，根据需要随时参考。

2 "因事上堂"是一年中特定月日举行的一种上堂，其中也包括定期性上堂。在《如净语录》中，此类型的上堂非常多。关于"因事上堂"在南宋禅林兴盛的历史和文化背景，可参考永井政之论文《南宋禅林と中国の社会风俗－如净录・虚堂录の因事上堂をめぐっての试论－》(《曹洞宗研究员研究生研究纪要》第 13—16 期，1981—1984 年)。

虽然在如净的其他语录中也可以看到非"因事"的上堂例子，我们不应该视其为问题，但是在数十个上堂法语中完全没有"因事上堂"的例子，无论是与《如净语录》相比较还是与同时代其他禅僧的语录相比较，都找不到这种例了，这足以让人怀疑它是否是如净的上堂法语。换句话说，《如净续语录》的正文虽然被认为是《天童景德寺语录》中"遗落"的部分，但实际上呈现出不同于《天童景德寺语录》的上堂风格，这就成为问题了。

接下来要指出的是，在《天童景德寺语录》中，如净上堂大多数情况下他被称为"净上座"，尤其是称为"天童"。例如，"今日忽有人问净上座，如何是奇特事""天童直截超宗处""天童铁臭老拳头""天童拈来作气球""天童立地有分"等句子中出现了"净上座"和"天童"。如净称自己为"天童"，无须多言，因为他当时是天童山的住持；而他称自己为"净上座"则因为他的名字是如净。后来的编者将如净当时所说的法结集命名为《天童景德寺语录》，也是因为如净的上堂地点是在天童山景德寺法堂。总之，这个"天童"既是如净在天童山景德寺居住期间的自称，同时也表示他的上堂是在天童山景德寺进行的。因此，要判断如净的上堂是否在天童山景德寺进行，首先应该看如净在他的上堂法语中是否自称为"天童"。"天童"一词可以说是一个重要的线索。[1]那么，《如净续语录》的正文又如何呢？

1　顺便一提的是，据《如净语录》，如净住持清凉寺时自称"清凉"，住持净慈寺时自称"净慈"，住持瑞严寺时自称"瑞严"。道元也仿照这种做法，住持兴圣寺时自称"兴圣"，住持永平寺时自称"永平"（参照《永平广录》）。因寺名而称呼自己，在这一点上，如净与道元是相同的。

《如净续语录》的正文中可以看到几处出现"我"或"山僧"的表达，然而却完全找不到"净上座"或"天童"这样的用语。换句话说，表达如净上堂并且地点是天童山景德寺的用语，一个也不存在。只有一个上堂中写道："太白峰高，影沉四海之波涛。堂前云涌，势吞九天之皓。"[1]从"太白峰"一语，我们可以推测这个上堂应该是在天童寺进行的。然而，缺少表明上堂主体的用语，也就是说，没有如《天童景德寺语录》中所谓的"净上座"或"天童"这样的主语。而这种缺主语的上堂占据《如净续语录》正文中上堂语的全部，与《天童景德寺语录》的情况明显相异。其实，被认为是《天童景德寺语录》中被遗漏的一则如净的上堂语，见于《大光禅师语录》卷上（宝历六年刊）。内容如下：

上堂。举天童净和尚云："谓炉岁是今朝，暖气潜通称我曹。可惜丹霞烧木佛，翻令时院主堕眉毛。诸禅德，院主只知饥来吃饭，且不知许多般事，天童门下忽有个汉，怎么出手，怎么性燥也好，劈脊便打。为甚如是？当断不断，反招其乱。"师拈云："丹霞烧却木佛，机丝不挂。院主眉须堕落，文采纵横。天童一棒，理不枉断。慧日门下若有出手汉，即趋往挨向火炉，令通身红烂去。何故？要识金身火里看。"[2]

---

[1]《大正藏》第48册，第134页。
[2]《曹洞宗全书·语录》,《曹洞宗全书》刊行会，1970—1983年，第3、42页。如净此则上堂语据前述高桥秀荣《〈如净语录〉管见》一文的考察而得知。

据此，可知如净在这里同样称自己为"天童"，并未使用"我"或者"山僧"之类的表达。

《如净续语录》的正文与《天童景德寺语录》之间不相一致的例子，如果我们再列举一个的话，那么《天童景德寺语录》中所有的上堂都统一使用"上堂"这个表达，而在《如净续语录》的正文中却使用"上堂云"。其实，《如净语录》中所收语录的上堂语也都毫无例外地统一使用了"上堂"这个表达。[1] 这样的统一表达，正如我们之前所指出的，是《如净语录》文体的一个特点。如果在《如净续语录》的正文中发现如此重要的表达与《天童景德寺语录》不同，那么就会让人怀疑义远同时也参与了《如净续语录》的编辑工作。此外，《如净语录》中的所有编者都自称"侍者"或"参学"，义远也同样称自己为"侍者"，[2] 但是在《如净续语录》的正文中，义远却称"住瑞岩嗣法小师"，表示出与《如净语录》不同的称呼方式。难道在编辑如净语录这样严肃的作品时，可以采用不同的称呼方式吗？

最后需要指出的是，《如净续语录》的正文中上堂语所占的分量。据卍山的序指出，《如净续语录》的正文"但是天童上堂法语二十则而已矣"。但我们实际统计有三十一则，比卍山所说的要多出十一则。卍山到底根据什么说是二十则我们不得而知。其实，问题甚至不在于到底是二十则还是三十一则，而在于如果说这些上堂

---

[1] 总持寺本《如净语录》中也是统一使用"上堂"这一表达。
[2] 《临安府净慈寺语录》中使用了"参学"这一称呼，总持寺本也同样是"参学"的称呼。不用"侍者"而是特意使用"参学"的称呼，可能是因为在如净门下"参学"与"侍者"是两种不相同的存在。

语皆是《天童景德寺语录》中所"遗落"的话，那么如净在天童景德寺的晋住时间明显短于清凉寺和净慈寺，然而其上堂语的分量为何比其他两个寺院要多呢？而且如净晋住天童山景德寺是如净晚年的事情，晋住后不久便因病倒下，三年后离世而去。

以上，我们根据卍山的说法，认为《如净续语录》的正文是《天童景德寺语录》的"遗落"部分。基于这一观点，我们以《天童景德寺语录》为基准，对两者的文体和表达进行了比较和研究。结果显示，这两部作品在整体上存在较大差异，甚至在某些地方存在矛盾。

那么，将《如净续语录》的正文与《如净语录》的全文进行对比又会是怎样的情况呢？而且，《如净语录》和《如净续语录》所表达的所谓"如净思想"是否真的一致呢？接下来，我们将考察这些问题。

将《如净续语录》正文中的三十一则上堂语与《如净语录》上堂语进行对照，并且比较它们的文体，可以发现，同《如净语录》一样，部分上堂语采用了诗歌形式。然而，如果仔细审读每个上堂语的内容，便会发现其中许多内容似乎与如净的思想相悖。以下引述的上堂语是其中一例：

上堂云："列坐昭鉴古今无间。"竖起拂子云："还见么？德云比丘从来不下山，善财童子于别峰相见。已是不下山，为什么别山相见。"良久云："风邻寒水波，月浸云中镜。"

上堂云："金牛弄得烂银蹄，耕破劫空田地开。不带泥痕今古路，牧童疏笛入云来。一气发生，万德作化。灵灵而运步，密密而转身。德云不下山，谁相见别山？经事长一智，善财隔关山。毕竟如何立命？"良久云："山虚风落石，楼静月侵门。"[1]

这两则上堂语在《如净续语录》的文本中前后排列，所述内容皆为"德云比丘"的故事。所谓"德云比丘"，见于《华严经·入法界品》，是善财童子曾经参问过的人物。[2]禅僧在上堂说法时，引用经典中所说的故事或教理作为古则，这种做法见于许多禅语录。因此，说如净在上堂时列举了《华严经》中"德云比丘"的故事，这倒没有什么问题。[3]但是，作为相同内容的古则，如净在上堂时列举过两次，这便成问题了。因为通读《如净语录》，我们不能发现这种例子的存在。《如净语录》中的所有上堂，虽然上堂的机缘多有类似，但是上堂时所举的内容并未有一处重复。[4]这并不止于如净一人，同为南宋末期的虚堂智愚的情况也是如此，而且可以说这似

---

[1] 《大正藏》第48册，第134页。

[2] 《大正藏》第10册，第334页。

[3] 以前禅僧的情况暂且不论，如果据《如净语录》的话，如净在上堂时引用经典的故事或教义，为数不少。比如，见于同为义远所编的《小参》，收入在净慈寺举行的《解下小参》一节中，所谓"毁于佛，毁于法，不入众数，堕三恶道"，即其例。这是取自《维摩经·弟子品》(《大正藏》第14册，第540页)中的"谤诸佛，毁于法，不入众数，终不得灭度"一文。

[4] 《如净语录》中引用了以前许多禅僧的语言，其中引用次数最多的是赵州从谂(778—897)的语言，计九次。(伊藤庆道：《道元禅师研究》，大东出版社，1939年，第18—32页)不过，经笔者考察，如净引用赵州从谂的语言虽然次数很多，但内容却无一重复。这里所说的"上堂机缘"，即前面提到的所谓"定期上堂"。

第五章　道元与如净（中）——《如净续语录》真伪考 · 147

乎是当时禅僧上堂的一个特征。[1] 若是如此，把这里所列举的二个上堂视为如净的上堂语是说不过去的，可以说它不符合如净上堂的特征。

接着看下面的"上堂"语：

> 上堂云："一花开五家宗要，一叶缀九室诀机。朝朝暮暮只斯是，何用琼林觅玉枝。毕竟如何？"良久云："虚谷传声妙手，尘尘刹刹达磨宗。"[2]

此上堂语所阐述的内容，旨在强调释迦牟尼佛所开示的禅，之后以各种形态展开，成为"五家""九室"。各宗所说之法，也时时刻刻传承于人人事事之间，关键要人们去观照，不应离开自身而向别处寻求。这种观点也见于《如净语录》，作为一种观点，并不与如净的思想相左。而问题在于，文中"五家""九室""达摩宗"之类的说法，到底是否符合如净一直以来的禅思想？从《如净语录》可以看到，一直以来如净在阐释禅思想时，其表达方式经常使用"六代祖师"[3]"达摩禅师"[4]或是"曹溪"[5]等指称特定人物的表达，并不见含有宗派意味的表达。其实，如净对于把佛法称为"禅宗"的做法持否定态度。例如，道元的《宝庆记》中载有如净和道元的对

---

1 关于这一点，我们只要翻翻《虚堂和尚语录》(《大正藏》第47册所收)，便可了解。
2 《大正藏》第48册，第135页。
3 同上，第124页。
4 同上，第125页。
5 同上，第125页。

148 · 道元与中国禅思想

话，可以视为证据。

（道元）拜问："佛佛祖祖之大道，不可拘一隅，何强称禅宗耶？"

头堂和尚（如净）示曰："不可以佛祖大道猥称禅宗也。今称禅宗（者），颇是浇运之妄称也。"秃发之小畜生所称来也……[1]

如果如净对于将佛法称为"禅宗"都持这样的态度，那么对于将其称为"五家""九室"或者"达摩宗"同样应该持否定态度。对于如净来说，这些表达作为语义表达的一种手段不仅不合适，更涉及对禅宗的认知方式。因此，"五家""九室""达摩宗"不仅与如净使用的用语相矛盾，而且也违背如净的思想。顺便一提的是，禅宗经常使用"五家七宗"这个表达，并且业已成为一个固定术语，但"五家""九室"这样的说法可以说不见于禅宗文献，特别是所谓"九室"具体到底指什么完全不明。[2]

最后，我们再看如下两则"上堂"语：

---

[1] 大久保道舟编：《道元禅师全集》下卷，筑摩书房，1970年，第376页。
[2] 宗密《禅源诸诠集都序》曰："禅有诸宗言教互相相反者，今集所述殆且百家。宗义别者，尤将十室。谓江西、荷泽、北秀、南侁、牛头、石头、保唐、宣什及稠那、天台等。"（《大正藏》第48册，第400页）可见有"十室"的说法。另外，在《圆觉经大疏抄》卷三中，分北宗、净众宗、保唐宗、洪州宗、牛头宗、南山念佛宗、荷泽宗"七宗"，并对这"七宗"的特征进行了论述。（《卍续藏》第14册，第537—559页）

上堂云："一机织作锦衣裳，是可太平君子床。只许宝山堆这里，细把玉针贞上方"。毕竟如何？良久云："须知佛国三千界，只在吾皇一化中。"[1]

上堂云："帝力山岳重，君恩雨露深。丹霞步转，清晓风迥。野菊衔金，山泉漱玉。正与么时，作么生是一念万年？一气契同，万象生成。毕竟无位真人，在什么处？"举拂子云："夜深水冷鱼不食，满船虚载月明浮。"[2]

从有下划线的语句可知，前者是一则有着表达对皇帝感恩意味的上堂语，后者则是赞颂皇帝功德的上堂语。南宋时期，禅僧从皇帝或当时的掌权者处获得赏赐，或被召说法，或遇皇帝和其一族生日时在自己上堂表达祝福、赞颂。[3] 这种做法可能是为了使自己的宗教思想得以存续的一种必要的行为。因此，此类意味的上堂语对当事人来说具有重要意义。他们大多会把此类上堂语收入自己的语录中，并公开于世。如净的情况也是如此。例如《如净语录》中的《住建康府清凉寺语录》有"谢知事上堂"[4]，《临安府净慈禅寺语录》中可以看到"中宫赐钱"[5] 等，皆是这类上堂语。因此，如净曾举行

---

[1] 《大正藏》第 48 册，第 135 页。

[2] 同上。

[3] 不仅仅在《虚堂和尚语录》中，在《无准师范禅师语录》中我们也常看到，可以认为它是南宋禅林中一种常见的现象。

[4] 《大正藏》第 48 册，第 122 页。

[5] 同上，第 124 页。

过与皇帝或掌权者相关的上堂，自当不是问题。然而，如此重要内容的上堂语如果真是如净所说，按常理应该收入《天童景德寺语录》，事实上却未被收入，而是被"遗落"掉了。此类事情有可能吗？

以上通过对《如净续语录》的正文与《天童景德寺语录》及《如净语录》的正文整体进行比较和研究，我们发现它们不仅在文体和表达上存在着差异，而且在思想内容上也存在着矛盾。也就是说，我们可以承认，《如净续语录》的正文与《如净语录》的正文在文体表达和思想内容上是完全不同类的本子。因此，我们可以认为《如净续语录》并非由义远整理，而是由其他人假托义远的名义伪撰的。

第三节 《如净续语录》正文的成书年代

《如净续语录》到底是什么时代伪撰的呢？接下来我们将针对这个问题进行考察。

《如净续语录》后半部分所载的数则上堂语中，列举了洞山、仰山及曹山的话。其中列举最多的是曹山的话，见如下：

> 上堂举僧问曹山："如何是布袋家风。"山云："奇哉此老笑满腮。"僧云："有何忌讳。"山云："朝入僧堂，暮归方丈。"师云："云形水意拥通身，德用不孤道正亲。年少风流犹一段，花棚铺锦蝶飞频。"且道："布袋即今在什么处？曹山老子见之有分。山僧又如何？"以手指面前云："看看百草头上，闲和

尚为露柱灯笼说法。参！"

……

上堂举僧问曹山："如何是真实人体？"山云："尔是虚头人体。"僧云："家业解什么活计？"山云："无是非交结之忆。"僧礼拜。山云："若真实如是，今日也不妨。"师云："净妙妙时解活计，露堂堂处有家风。须知脱体卓然道，廓落圆通是个宗。诸禅德，心迹具泯，体上无疮，真实人体也。若不与么，只是虚头汉。参！"

上堂举僧问曹山："如何是四棱蹋地处？"山云："入摩诃三摩地，异性湛然。"僧云："还存分别智么否？"山云："是是！"僧礼拜。山云："凤穴雏皆好，龙门客又新。"师云："如何是四棱蹋地？入三摩存分别智，若是有事而不通，知未知伊彼元气。诸兄弟毕竟作么生？照东方万八千土，天上人间金色尊。参！"

上堂举僧问曹山："如何是纯无学处？"山云："云吐波中月，天横雨外山。"僧："恁么去时如何？"山云："意气天然别，神笔画不成。"僧礼拜。山云："他不受人礼。"道：嗳！师云："到纯无学处，语路若何生。意气天然别，神笔画不成。诸人者且道，如何是纯无学处？"良久云："槐夏日长，麦秋风凉。参！"

上堂举曹山因慧霞参问如何是佛袈裟。山云："汝披得始得。"霞云："学人披得时如何？"山云："非公境界。"霞云："还和尚境界也无？"山云："老僧又不得披得。"霞云："与么则无方便乎？"山云："从无相田披得始得。"霞云："从无相田披得时如何？"山云："<u>生下还有一句子</u>"。霞拟进语，山乃打，霞礼拜退。山后令侍者唤慧霞，霞乃来。山画米字与之。霞受之捧云："<u>大好大好，无相福田衣</u>。"山云："如是如是！"师云："一粒曾生无相田，异苗繁茂试机先。庄严劫佛借他力，双树荫凉本自然。诸大德，是个曹山老子米袈裟，后曹山慧霞大师已得披得，即今这里谁为我得披？"便举拂子云："这个又佛袈裟，那个是米袈裟。人人正命食，佛佛正传授。衲僧披得底众类活眼睛，毕竟非米袈裟乎？参！"[1]

第一个上堂语和第二个上堂语之间略去的上堂语是一个所谓"古德云"的上堂语，由于无法确定是谁的言说，所以这里没有引用。除此之外，其他都是原文。当我们阅读这些上堂语时，首先可以发现，曹山的话在上堂中出现过五次，而且它们按顺序被排列在前后位置。从如净上堂的特点或如净对曹山的关注角度来看，这种形式的上堂语，当然有问题。[2]不过，这里我们不打算纠缠这方面的问题。我们想关注的是，这些话是否可以在《曹山语录》中找到，而通过对此问题的探讨，或许可以得到《如净续语录》正文成文年代的线索。

我们知道，在现存的禅文献中，收录曹山语句的文本有《大正大藏经》第47册所收《抚州曹山元证大师语录》（1卷）、《抚州曹

---

[1] 《大正藏》第48册，第135页。

[2] 据伊藤庆道的研究，在《如净语录》中洞山的语言被引用过六次，与此相比，曹山的语言仅被引用过一次。依照伊藤的说法，即多次引用"表达了对如净的钦佩，受其思想影响最大"（伊藤庆道：《道元禅师研究》第1卷，大东出版社，1939年，第21页）。

第五章　道元与如净（中）——《如净续语录》真伪考 · 153

山本寂禅师语录》(2卷)，被称为《曹山语录》。其次是《祖堂集》《景德传灯录》《续古尊宿语要》《禅林僧宝传》等灯史、语录、僧传类中所见与曹山相关的章节。其中，上述两种《曹山语录》被明代风语圆信、郭凝之作为《五家语录》之一，合编为《曹山语录》；江户时代日本人再进行校订、重编，内容与风语圆信、郭凝之合编本（下面略称郭氏本）几乎相同。然而，郭氏本依据哪种文本合编，并未有说明。《续古尊宿语要》早在宋嘉熙二年（1238）已经刊行，其中所收录的"曹山语"，其大部分语句可在郭氏本中找到。有鉴于此，笔者暂且认为，它是在《续古尊宿语要》所收"曹山语"的基础上，再参照其他灯史、僧传、语录类，并添加新的内容，改编而成的产物。

除上述两种《曹山语录》外，还有所谓由曹山弟子金峰从志编纂的头书本《抚州曹山元证大师语录》1卷，附有金峰的序和另一弟子草庵法义的跋，于江户宽文六年（1666）由户岛总兵卫刊行[1]。其卷尾处载有：

> 师语录往往有之，文义错乱而不免于鱼鲁参差，而不能见其大全之旨。近得谛严室中，寻到全文。庶几学者得于师妙密，勿令断绝。故流通而显于世者也矣。
>
> 性海见书

可知该本子由性海见拙刊行（以下略称性海本）。此外，还存

---

[1] 现藏于驹泽大学图书馆。

有一个同为曹山弟子金峰从志所编，拥有金峰的序和草庵法义跋的《曹山语录》本子，但未记载刊行年时和刊行者。据《江户时代书林出版书籍目录集成》，在宽文年间的无刊记目录中，有所谓"曹山录一册"[1]的文字。因此，我们可以认为，此未明确记载刊行年月和刊行者的《曹山语录》（以下略称无刊行本）与性海本几乎是同一时期刊行的本子。[2]

关于性海本、无刊记本《曹山语录》和在前述郭氏本的基础上校订、重编的两种《曹山语录》，以及灯史、僧传、语录类中所载曹山语句之间存在的出入，宇井伯寿在《第三禅宗史研究》中进行了详细的比较研究。据宇井的说法，性海本与无刊记本《曹山语录》虽晚于郭氏本刊行于日本，但内容上较为丰富。也就是说，在郭氏本系《曹山语录》或灯史等的禅文献中所不见的许多内容，我们都可以从这两个本子中找到。[3]在仅仅见于由宇井所确认的性海本和无刊记本中，我们可以找到"四棱踏地处""绝无学处""惠霞参问""真实人体"及"布袋家风"这五个词，而将它们与性海本《曹山语录》进行对照，便是如下的情况：

师因僧问："如何是四棱踏地处。"师曰："入三摩地异性坦然矣。"僧曰："还有分别知也否？"师曰："是是。"僧礼

---

1 参照庆应义私塾大学附属研究所斯道文库编《江户时代书林出版书籍目录集成》卷一《汉和书籍目录》。
2 此外，驹泽大学图书馆编《新纂禅籍目录》（大修馆，1962年）将此版本视为"宽永时期"的刊本，但不明其理由。
3 参见宇井伯寿著《第三禅宗史研究·洞山语录与曹山语录》。

拜。师曰："凤穴虽皆好，龙门客又新。"

师因僧问："如何是绝无学处？"师曰："云吐波中月，天横雨外山。"僧曰："便恁么去时如何？"师曰："意气天然别，真笔画不成。"僧礼拜。师曰："他不受人礼。"

师因惠霞参问："如何是佛袈裟。"师曰："汝披得始得。"霞曰："学人如何披得？"师曰："非汝境界。"霞曰："还和尚境界无？"师曰："曹山又不得披得。"霞曰："与么无方便乎？"师曰："从无相福田衣披得。"霞曰："从无相福田衣披得时如何？"师曰："生下还有一句子。"霞拟分疏，师乃打，霞礼拜去。师后令侍者唤霞，霞乃来。师画米字与之，霞受之捧曰："太好好，无相福田衣。"师曰："如是如是。"

师因僧问："如何是真实人体？"师曰："汝是虚头人体。"僧曰："家业作么生活计。"师曰："无是非交结之忆。"僧礼拜。师曰："若真实与么？今日不妨。"

师因僧问："如何师布袋家风。"师曰："奇哉！此老笑满腮。"僧问："有何忌讳？"师曰："朝入僧堂，暮归方丈。"

通读这段引文我们可以发现，前面提到的《如净续语录》正文中所列举的曹山的语言尽管在排列顺序和个别文字上略有不同，但内容完全一致。也就是说，《如净续语录》的正文中所列举的那些曹山的语言，我们在其他文献中找不到，只有在性海本和无刊记本的《曹山语录》中能找到。

那么，性海本和无刊记本的《曹山语录》到底是什么性质的本子呢？

关于无刊记本，正如我们之前所确认的那样，它是在宽文年间出版的一个本子，但基于何种理由出版并不清楚。在延宝元年，一位名叫天灵的人出版了他自己诠释的《曹山录释解》(3卷)，但关于其由来同样不知其详。

关于性海本，根据前面引述的性海的识语，可以知道他是在谛严的房间发现的。然而谛严是什么人我们也不清楚。而且，性海是什么人也几乎没有什么线索。[1]在同一段识语中有所谓"师语录往往有之，文义错乱而不免于鱼鲁参差，而不能见其大全之旨"的记载，这表明性海在谛严房间中除了得到了所谓的"全文"《曹山语录》外，还看到过所谓"文义错乱""鱼鲁参差"的《曹山语录》。不过，所谓"文义错乱""鱼鲁参差"的《曹山语录》究竟指的是哪个本子，也不能得到确定。确实，正如前面所述，郭凝之在比性海早30年的1630年，就在中国出版了作为《五家语录》一部分的《曹山语录》，这是所谓《曹山语录》的最早版本。但是关于这个版本是否很快传入了日本，并不见有这方面的记载。[2]此外，灯史、僧传和语录类文献早已传入日本，但从性海的识语中无法看出他是针对它们所进行的批评。此外的《曹山语录》各本，是在郭氏本之后、性海本之前出版的。其实，在为注释自己刊行的《曹山语录》

---

1 关于性海，《禅学大辞典》"见拙"条将其卒年定为1675年左右，说他是曹洞宗僧侣。著作有《五位传义》《曹山录抄》，终生研究曹山。
2 驹泽大学图书馆编《新纂禅籍目录》指出，宽保元年（1741），郭凝之《抚州曹山本寂禅师语录》1册，由京都柳枝轩刊行。这其实就是《大正藏》第47册所收的玄契重刊本。

而撰写的《曹山录抄》（2卷）中，性海说他"吾见此录颇莽卤"[1]，对他所见的文本进行了批评，前后言论自相矛盾。因此，性海所说的"文义错乱"和"鱼鲁参差"的《曹山语录》是否真的存在，应该受到怀疑。[2] 总之，性海本和前面提到的无刊记本，都是日本江户时代出版的《曹山语录》，它们都具有其他《曹山语录》版本和灯史、僧传和语录类书籍中所不见的内容，其中之五节被《如净续语录》的正文所引用。这是一个特别值得注意的事实，为我们探讨其真伪的问题提供了重要的线索。

实际上，从江户时代出版的有关曹山的各种书籍来看，可以发

---

[1] 参见性海见拙撰《曹山录抄》，驹泽大学图书馆藏。

[2] 宇井伯寿在《第三禅宗史研究》中推测性海本与无刊记本《曹山语录》所依据的本子是《曹山室中录》。其根据是，在（宋）晦然注释《重编曹洞五位显诀》卷中所载《先曹山本寂禅师遂位颂并注捡》中有如下文："补曰：凡此五位之立名，先后有多不同，如曹山室中录，僧问五位中，何位对宾。"文中指出此"五位对宾"见于性海本、无刊记本和郭氏本。然而，认为曹山有《室中录》的，仅上述晦然注释《重编曹洞五位显诀》，而在中国形成的灯史、僧传、语录类中，皆不见有此记载。而且，江户时代以前，即在性海本与无刊记本刊行之前的日本方面的文献中，也同样未见有此类记载。既然"五位对宾"见于郭氏本，那么可以理解性海本、无刊记本与郭氏本之间应该存在某种关系，而不该认为在郭氏本刊行以前，成为性海本与无刊记本刊行基础的本子就已存在。同样形成于宋代的《感山云卧纪谈》卷上（《佛心禅师才公》）中，有"窃观邻案僧读曹洞广录，至药山采薪归，有僧问什么处来，山曰：'讨柴来。'僧指山腰下刀曰：'鸣剥剥是个什么？'山乃拔刀作斫势，才忽欣然捆邻案僧，一掌揭帘趋出寮门……"（《卍续藏》第148册，第7页）一段记载，这是由柳田圣山确认的（柳田圣山编：《禅的文化·资料篇》，京都大学人文科学研究所，1988年，第152页），可知宋代时期所谓《曹洞广录》在禅僧之间就已流传。不过，这里所说的"药山采薪"一句，也见于《洞山语录》（《大正藏》第47册，第512、525页），可知是洞山的话，与曹山无关。总之，现存《曹山语录》诸本的形成及它们之间的关系、流传状况等问题，值得探讨的地方很多，期待今后有机会进行探讨。

现《曹山语录》在当时就已经被认定为伪作。[1]例如，距离性海本的出版已经过去了80年的元文五年（1740），玄契（生卒年不详）在"重集"刊行《曹山语录》时，明确表示该书是伪作。

> 大凡称大师语录而行于世者，率属为伪撰。如夫作上堂示徒者，或如四禁颂加助辞以作上堂曰者，其属伪撰，可以知矣。[2]

玄契在"重集"郭氏本时，对《曹山语录》进行了这样的批评，并不是针对郭氏本，可能指的是性海本或无刊记本《曹山语录》。此外，玄契指出的"上堂示徒"和"四禁颂加助辞以作上堂曰"的例子，在性海本和无刊记本《曹山语录》中我们都可以找到。

再举一例。曾经讲述过郭氏本《曹山语录》和之后编辑玄契本《曹山语录》的洞水（1728—1803）在撰写《五位显诀元字脚》时曾叙述如下：

> 语要钞问云："何不据曹山语录耶。"答云："先德多皆谓之伪录。"[3]

如果借宇井的说法，洞水应该没有理由在明知《曹山语录》为

---

1 这里所说江户时代刊行的曹山著作，主要指收入《曹洞宗全书·注解》（五种文本）。
2 宜默玄契：《重集曹山元证大师语录自序》,《大正藏》第47册，第536页。
3 《曹洞宗全书·注解》卷五，《曹洞宗全书》刊行会，1970—1983年，第562页。

伪撰的情况下，还去讲述玄契本和郭氏本《曹山语录》。因此，伪撰之说当非指玄契本和郭氏本，而是指性海本或者指无刊记本。[1]

如上所述，关于认为性海本和无刊记本《曹山语录》是伪撰的根据，玄契从其文体表达中寻找，洞水则从"先德"的语言中寻求。然而，其实从此二本的序和跋已然可以看出其为伪撰的足够根据。为避免繁杂，此处仅以无刊记本的跋为讨论对象。

> 师讳本寂，敕谥耽章元证大师。俗姓泉州莆田黄氏子也。少业儒，年十九，往福州灵山出家，二十五登戒，寻谒洞山。山问："阇梨名什么？"师云："本寂。"山云："那个。"师云："不名本寂。"山深器之。自此入室，盘桓数载。乃辞去。山乃密授洞山宗旨，其问答机缘，见前章。直入新丰雪林之深，方知洞山五位之高，深明的旨，妙唱嘉尤，道合君臣，偏正回互，善接三根，广度万品，曹溪之一派激荷玉，少林一花开曹山。饮光正派，至师扬玄风而已。
>
> 小师 嗣宗 草庵 法义 敬跋[2]

性海本在文字上虽有些许差异，但内容基本相同。[3]作者草庵法

---

1 宇井伯寿：《第三禅宗史研究》，岩波书店，1943年，第133页。
2 《曹山元证大师语录》（驹泽大学图书馆藏）。
3 将无刊记本的跋与性海本进行比较，可知后者是以前者为基础改编而成的。例如，"俗姓泉州莆田黄氏子也"之类的表现，虽然性海本也相同，但是之前所谓"敕谥耽章元证大师"的用法却不见于性海本。据《禅林僧宝传》卷一曹山章，耽章是曹山之讳，而非谥。谥与讳全然不同。无刊记本犯了将二者混同的错误，因此到了性

义的名字和机缘语言被收入《景德传灯录》卷二〇中，可以推测他在曹山的弟子中应该拥有相当高的地位。因此，曹山的禅宗语录出版时，草庵为其撰写跋文并不奇怪。然而，当我们仔细审读其内容和文章表达时便可发现许多问题，让人怀疑这篇跋文是否真由草庵原创。例如，下划线的词句就是其例，这似乎是把《景德传灯录》卷一七中的曹山章开头所见的如下一段文字稍做修改后的内容：

> 抚州曹山本寂禅师，泉州莆田人也。姓黄氏，少慕儒学，年十九出家，入福州福唐县灵石山。二十五登戒。唐咸通初，禅宗兴盛。会洞山良价禅师坐道场，往来请益。洞山问："阇梨名什么？"对曰："本寂。"曰："向上更道。"师曰："不道。"曰："为什么不道？"师曰："不名本寂。"洞山深器之。师自此入室，密印所解。盘桓数载，乃辞洞山。

再者，打旁点的文句，很可能是直接引自《人天眼目》卷三"曹洞宗"中所见"深明的旨，妙唱嘉尤，道合君臣，偏正回互"[1]的原文。众所周知，《景德传灯录》成书于宋景德元年，《人天眼目》刊行于宋淳熙十五年（1188）。如果是这样的话，草庵法义所著的

海本被订正了。"敕谥耽章元证大师"的表达，正是性海所说的"文义错乱""鱼鲁参差"的例证。当然仅仅这一点还不足以断定无刊记本是性海本成书的底本，然而既然我们可以发现这种订正痕迹，那么至少说明二者之间一定存在着某种关联。

[1] 《大正藏》第48册，第313页。

《曹山语录跋》中引用这些宋代禅宗文献，就显得非常奇怪了。除此之外，一些词句虽然并非引自传统的禅宗文献，但其中的汉文表达非常拙劣，似乎并非由通晓汉文的人所写。特别是"小师嗣宗"这样的说法，并不见于唐末形成的其他禅语录，而且意思也不明确。如果是"嗣宗小师"或"嗣法小师"这样的说法，我们可以在一些禅宗语录中找到，并且意思也能理解，但是这样的说法直到宋代才出现，并不见于唐末。此外，诸如"敕谥耽章元证大师。俗姓泉州莆田黄氏子也"这类表达，无论作为汉文还是作为日文，都不妥当。这似乎是将与曹山相关的传统灯史类的传记糅合在一起的产物。[1]因此，从这些情况来看，这篇跋文并非由曹山的弟子、中国人草庵法义本人撰写，而是假托草庵法义之名由日本人撰写的。这也很可能是令江户时代的"先德"将性海本和无刊记本《曹山语录》称为"伪录"的原因所在。

宇井伯寿也从性海本和无刊记本的文本中挑选出一些与"易"有关的事项加以考证，指出它们作为伪录的证据。[2]从宇井列举的事项来看，它们不仅仅在内容上与曹山的思想相悖，而且在形式上也只能在性海本和无刊记本中找到，这是问题的关键。要言之，这些无论在性海本还是在无刊记本中，大部分都出现在卷末，从这一

---

1 在以前的禅文献中，将耽章作为曹山之讳的是《禅林僧宝传》，郭氏本对此有所说明，但关于曹山的事迹，郭氏本则依据的是《景德传灯录》。然而，将无刊记本跋的内容与郭氏本开头所见曹山的事迹相对照，可以发现无刊记本的语句表达更接近郭氏本。依据这些记载进行综合考察，我们可以认为三个文本的关系应该是：郭氏本→无刊记本→性海本。

2 宇井伯寿：《第三禅宗史研究》，岩波书店，1943年，第134—136页。

点来看也让人生疑。可以认为，这些并不是《曹山语录》原本就有的，而是后来由另外的人新加进去的。

如果是这样的话，前面提到的《如净续语录》的正文中所列举的曹山语句同样也不可能是如净在上堂时列举的，而是《如净续语录》的正文作者从性海本或无刊记本中引用的。从这个角度来看，《如净续语录》的成书年代可以说并不是卍山所说的由义远编纂的宋代，而是性海本和无刊记本《曹山语录》刊行的日本江户时代。同时，卍山《天童遗落录序》中所载的所谓"丹州德云室中所秘梵清和尚真笔"的文字，更可能是虚构，并非事实。这么认为应该更为妥当。

第四节　《如净续语录》形成的背景

《如净续语录》的正本究竟由谁撰写？据以上的考辨，它肯定不是出自通晓汉文和曹洞禅的学人之手。关于其真实作者，这里并不想去追究。这里，我们想探寻的是《如净续语录》的撰述意图及其撰述背景。正如"五家""九室""达摩宗"等这些含有宗派意识的表达被视为如净的上堂语自然有其相应的理由一样，所谓由曹山所述的句子被当作如净的上堂语，并以《如净续语录》的形式公布于世，也应该有其背景。

由以上的考察可知，在性海本和无刊记本《曹山语录》被刊行的宽文年间，也就是江户时代初期，所谓《如净续语录》就已诞生了。正如我们所知，江户时代初期随着江户幕府实施所谓"寺请制度"（笔者注：这一时期的国民必须从属于某个寺院，寺院颁发证明，证明其从属关系）和"檀家制度"（笔者注：这一时期的国民必须是寺院的信徒，寺院负责管理其丧葬和坟墓），日本曹洞宗引发了对曹洞宗学和道元思想重新评价的所谓宗统复古运动。关于当时复古运动的具体经过，我们无法在此详细论述，但可以说，引发这一运动的主要原因是教团内部嗣法的混乱，但也包括当时社会变迁的影响。[1] 当时，一些曹洞宗的僧侣不知何时竟获得了其他宗派的嗣法证明，并成为其他宗派的僧侣，这样的例子在当时的曹洞宗教团屡见不鲜。[2] 因此，需要确立严格的"宗规"，并确立以日本曹洞宗道元思想为指导，所谓"师资面授"和"一师印证"的观点在宗门中得到广泛的强调。

然而，如果依照道元的思想，强调嗣法的重要性，首先必须明确道元与他的中国师父如净之间的嗣法关系。与此同时，对于如净以前的中国曹洞禅的法脉关系，当然也不能不闻不问。也就是说，需要对道元的禅思想与以如净为中心的中国曹洞禅思想之间的连续性，即作为师资相承的道元禅，进行明确的定位。然而，从《如净语录》来看，虽然如净作为嗣承，是曹洞宗的一员，但从中我们

---

[1] 作为记录当时宗统复古运动的基础性史料，有由卍山道白法嗣三州白龙（1669—1760）口授，侍者卍海（1706—1767）笔授，于宝历十年（1760）付梓的《宗统复古志》2卷。以《宗统复古志》作为主要史料，并结合其他寺志，对该问题进行详细论述的研究有辻善之助著《日本佛教史8·近世篇2》（岩波书店，1953年）。
[2] "嗣承纷乱，今日为张家之子，明日或成李家之郎"（《宗统复古志》卷上，东北大学附属图书馆狩野文库藏本，第2页）。

很难看出他的思想具有作为曹洞禅的思想特征。相反，我们可以认为，其禅法更接近于临济宗"大机大用"的禅风。总之，依据《如净语录》，如净并没有标榜曹洞禅。而且，在中国甚至有如净的法嗣弟子将如净视为篡改曹洞宗，令"曹洞宗为之一变"的异端者。因此，将如净的禅思想定位为曹洞禅思想，对于当时曹洞宗"复古运动"的推动者们来说，是一个重要的课题。

璨无文之《无文印》第5卷《天地灵屋韶禅师塔铭序》中云："嘉定间，净禅师倡足庵之道于天童，惧洞宗玄学或为语言胜，以恶拳痛棒，陶冶学者，肆口纵谈，摆落枝叶，无华滋旨味，如苍松架，风雨磐石，曹洞正宗为之一变。"所谓惧洞宗玄学或为语言胜等，实得净公意，抓着其痒处。永平正法眼藏中有言云："有一般野猫儿，言洞山高祖有偏正五位，只须知洞山高祖有正法眼藏。"是亦会净公意，惧为语言胜也。但所谓曹洞正宗为之一变者，不尔。其似变者，唯语言迹。而如正宗，冥合洞山本旨，莫过于净公。譬如言能学柳下惠者，不师其迹也。

这是见于前述卍山《天童遗落录序》中的一段文字。卍山是当时复古运动的核心人物，也是《如净续语录》的发现者。这段文字的前半部分是卍山引自《无文印》第5卷《天地灵屋韶禅师塔铭》。据此可知，被视为如净法嗣的正韶（1202—1260）认为，如净的禅风令"曹洞宗为之一变"。虽然卍山没有引用后续的文字，但接着是"吾宗不如是，吾祖不如是也。吾其绍述宗祖乎"，表明正韶不同意如净的立场，试图重新建立混乱不清的曹洞宗宗旨。后半部分是卍山对正韶观点的反驳。据卍山的说法，如净通过"恶拳痛棒"来培养学者，是因为担心曹洞宗的"玄学"被言辞所束缚，并非偏离了曹洞宗的宗旨。道元对洞山所说的"偏正五位"的批评也与如净的意见相符，即担心被言辞所束缚。因此，说如净改变了曹洞宗只是口头上的说法而已，而实际上如净的思想与洞山的本旨并不相悖。从卍山这样带有澄清意味的解释我们可以看出，将如净视为曹洞嗣法的禅僧是当时复古运动的重要一环。

然而，只是这么说一说还不够充分。因为从《如净语录》来看，如净思想作为曹洞禅的立场，依然模糊不清。如果不能从如净自己的语言中找到其思想与历史上的曹洞禅之间具有一定的连续性，其说服力依然不够。因此，满载着中国曹洞宗创始者洞山与曹山语言的如净上堂语，以及强调"五家""九室""达摩宗"等带有宗派观念的如净的言说不可或缺。与此同时，由中国的如净高足弟子将含有如此内容的如净语句整理出来的如净语录送日本弟子道元这样具有权威性的故事，以及收到如净语录后道元的反应也必不可少。于是，《如净语录》中所载的《天童景德寺语录》中"遗落"的、由"住瑞严嗣法小师义远编"的《天童如净禅师语录》1卷，以及与此相对的由道元撰写的《如净续语录跋》，即今天我们看到的《如净续语录》，便创造出来了。也就是说，笔者认为，《如净续语录》是因为江户时代日本曹洞宗宗统复古运动的需要而伪撰出来的产物。这种做法的确与如净和道元的思想相违背。但是，对于复古运动的推进者而言，为了运动的成功，应该是无可奈何之举。卍山的后继者面山判《如净续语录》为"伪撰"，同时又未明示其具体的根据，究其原因，恐怕也在这里吧。

第六章

道元与如净（下）
——关于修证思想的异同

第一节 引言

如果认定现实世界是非实在、己身是充满烦恼的存在，那么如何通过修行才能从虚幻的世界解脱出来，获得身心的自由呢？如果是追求真实佛道的佛教者，一定会关心这个问题。佛教有"八万四千法门"之说，为这一问题的解决提出了种种方法和愿景。例如，念佛就可以往生极乐世界，坐禅就可以获得觉悟等。这些就构成佛教的修证思想。

道元痛感世事无常，登比睿山出家。但在这里道元并没有达到预期的目的，于是从比睿山下山，投奔禅宗寺庙建仁寺，作为禅僧重新出发。在道元看来，禅宗的修证才是理想的修证。道元的愿望在入宋留学，遇到如净禅师后得以实现。关于和道元的相会，道元在《正法眼藏》中深情地说："亲见先师,是逢人也。"[1] 他从如净处学到的法门是"只管打坐,身心脱落"。

> 宗门正传云:"此单传正直之佛法,最上中之最上也。自参见知识始,勿须更烧香、礼拜、念佛、修忏、看经,只管打坐,得身心脱落。"[2]

所谓"宗门正传",不用说,即指如净所传的禅法。道元韬浪犯险,不远万里到达宋代的中国,在如净门下修行两年。最后所悟即"只管打坐,身心脱落",而且道元强调此法门为"单传正直之佛法""最上中之最上"。这就是道元关于修证的基本立场。

本章着眼于道元的这一基本立场,通过与如净的比较,考察道元的修证思想及其与如净修证思想的联系。

第二节　研究的进展和问题点

关于道元修证思想的传承问题,在研究者之中有种种争论。争论的焦点在于道元的修证思想是从如净继承而来的,还是道元独创的思想。例如,历史学家家永三郎认为"道元的宗教是游离于日本

---

[1] 何燕生译注:《正法眼藏》(修订版),宗教文化出版社,2017年,第156页。
[2] 同上,第3页。

本土思想之外的、大陆佛教的简单移植"[1]，其根据在于"《正法眼藏》等所见的多数重要思想，几乎都可以在《宝庆记》所载如净的说法中见到"[2]。与此相对，佛教学者中村元则强调道元思想的独创性，指出："一般认为道元的宗教不过是忠实地移植了大陆的宗教。但不能看到《宝庆记》所载如净的说法与《正法眼藏》的思想相一致，就得出这样的结论。因为《宝庆记》是道元的著作，而不是如净的著作，《宝庆记》所载如净的法语，很可能加入了许多道元自己的解释。"[3]

另外，近年，高崎直道的"心尘脱落"误听说，引起很大反响。依照高崎的见解，《宝庆记》中最重要的概念即"身心脱落"，其在禅宗中一般指大彻大悟的体验。但此"身心脱落"在《如净语录》中却是"心尘脱落"，而且如净的弟子无外义远所写的《永平元禅师语录》序文中也是"心尘脱落"。中国语里"心尘"与"身心"的发音近似，很可能是道元将"心尘"误听为"身心"，并通过"误听"深化了自己的禅思想。此即高崎的所谓"心尘脱落"误听说。[4]

可见，三人的说法都是根据道元在如净道场的参问笔记《宝庆记》，只是各自的角度不同而得出不同的见解。

在以上的研究基础上，从思想的层面对《如净语录》做了全面

---

[1] 家永三郎：《中世佛教思想史研究》，法藏馆，1974年，第61页。

[2] 同上，第53页。

[3] 中村元：《日本人的思维方法》，《中村元选集》第3卷，春秋社，1989年，第286页。

[4] 高崎直道、梅原猛：《效仿古佛的道元》，角川书店，1969年，第48—51页。该书没有使用"'心尘脱落'误听说"一词，笔者为了方便用此语概括。

和深入研究的是镜岛元隆。镜岛在《天童如净禅师的研究》中，在对《如净语录》精确解读、做出白话翻译和注解之后，对如净的禅思想做了深入考察。依照镜岛的说法，透过道元看到的如净与通过《如净语录》所看到的如净全然不同。即透过《如净语录》看到的如净作为宋朝的禅者形象很突出，而透过道元看到的如净更多的是一个宋朝禅的批判者形象。镜岛在追究这种相异的原因时指出，"虽然禅师自己确信自己忠实地传达了天童如净的法，但与这种主观愿望相反，禅师自身实际上对如净的教法做了独特的选择和取舍"。镜岛对上述的中村元的见解表示赞同，并在实际行动中以另一种方式表达了与中村元同样的见解。[1]

以上研究者关于道元的修证思想的见解，基本上可分为两类，即继承如净说和道元独创说。虽然两说各有一定道理，但同时皆有值得进一步讨论的问题。例如，中村、高崎、镜岛等研究者所依据的《宝庆记》就是一例。《宝庆记》在道元生前没有被公开，是在道元去世后他的弟子怀奘在整理其遗物时发现的。此书是汉文写就，但此书的汉文比之《普劝坐禅仪》就显得很拙劣。从当中道元向如净提出的问题看，当时道元的佛教知识也非常浅薄。其中也见不到在假字《正法眼藏》中所见的对禅语的多样解释。由此可见，《宝庆记》虽然可以确定是道元的著作，但与同样为汉文著作的《普劝坐禅仪》不同，此书不是作者在时间充裕状态下仔细推敲出来的著作，而是在留学中的紧张状态下将与如净的问答原原本本记录下来的东西。所以，《宝庆记》是道元对如净的教导的生动记

---

[1] 镜岛元隆：《天童如净禅师的研究》，春秋社，1983年，第127页。

录，在考察如净的思想时对其必须加以重视。关于这一点，我在本书上篇第三章中有详论，此不赘述。从中村、高崎、镜岛等的主张看，他们显然对《宝庆记》的这一特点认识不足。而家永认为，《宝庆记》所载如净的教说可以在道元的《正法眼藏》中原原本本看到，从而认为道元的宗教观忠实地继承自如净，这一见解或许可以成立。但考察假字《正法眼藏》的具体用例可以看出，道元在继承如净的同时，也根据日语的语境对如净的教法做了发挥，并不一定是"机械地"移植。所以家永的见解也有可商榷之处。总之，在我们论述道元的禅思想时，需要对依据的资料进行文献学的考察，需要把道元的禅思想放在道元思想整体中去把握。

另外，中村、高崎、镜岛等研究者因为过度地强调道元禅思想的独特性，在某种意义上忽略了道元最重视的师资相承。道元自身在假字《正法眼藏·嗣书》卷中说："佛佛必嗣法于佛佛，祖祖必嗣法于祖祖。此是证契也，是单传也。故是无上菩提也。"在此道元显然在批判无师独悟。如果没有如净的"证契"，就没有道元的"脱落"。因此，当我们强调道元禅思想独特性的时候，必须考虑道元所说的"面授"的意义。

高崎的"误听说"也值得商榷。如前所述，道元在中国前后四年，周围全是中国人。如果这么重要的地方都听错，只能说道元在语言学习方面迟钝。但看看《正法眼藏》等著作，根本不是如此。而且，在汉语中"身心"发音为"shēn xīn"，而"心尘"发音为"xīn chén"。"身心"有时也说成"心身"，所以"身心脱落"有误听为"心身脱落"的可能性，但不太可能误听为"心尘脱落"。如净出身于浙江，为南宋时代的人。当时人们是如何发音的，需要从古方言学和古音韵学的角度进行专门研究。但下面将讲到，这样的研究对本章的主题来说没有任何意义。

同时，将《如净语录》中的"心尘脱落"与道元的"身心脱落"相对比本身就值得商榷。因为从道元著作的上下文看，道元的"身心脱落"并不是针对如净的"心尘脱落"而提出的。而且，"心尘脱落"在如净的语录中只出现一次，并不是频繁出现的概念。另外，"心尘脱落"出现于称赞观音"妙相"的"赞佛偈"中，对其含义也应该联系上下文的文义来理解。此偈从头、脚、体、心四个方面描绘了观音的"妙相"，这一"妙相"贯穿其全身内外。如净欲从身心两面强调观音的"妙相"。[1]虽然还不能断定此偈是否是要表达"身心脱落"思想，但应该从以上的语境来考虑如净的"心尘脱落"。应该说，高崎的论点缺少从这个角度进行的考察。

由上述考察可知，只根据道元的只言片语或者一部分文献来把握道元思想的整体特征是危险的。为避免这种危险，就不能局限于道元语言的表面意义，而应该通过事实分析，对概念进行理论分析。在这里，讨论的对象限定于"只管打坐（修），身心脱落（证）"，探讨这一说法背后的思想在如净那里是否已经存在。在探讨一种思想的源流时，必须探讨此思想得以展开的根源性的理论。

---

[1]《如净语录》卷下，《大正藏》第48册，第130页。原文如下：

> 端坐圆通微妙相，众生眼里堆青嶂。晓来窗外听啼禽，春风不在花枝上。头上宝冠牛戴角，脚下莲花马踏蹄。通身璎珞皮毛债，历劫风流轮水泥。心尘脱落开岩洞，自性圆通俨钳容。天之敬，龙之恭，不以为然，安然中。咦！更荐海涛翻黑风。

> 从诗的上下文看，如净从头、脚、身、心四个方面赞观音的"妙相"，而非只赞叹心。

从这里也可以找出道元在受教诸师中何以独尊如净为"先师"古佛的理由。迄今为止，在关于道元修证思想传承问题的各种研究中，从这一视点出发的研究还显得薄弱。

下面，从这一研究视点出发，首先探讨如净的修证思想，再将其与道元的修证思想进行比较，以考察他们之间的异同。

第三节 如净的修证思想

如果没有邂逅道元，今天恐怕没有几个人知道如净其人。因为，如前面所考察的，在中国的灯史、僧传、语录等禅宗史籍中虽然可以见到其名字，但见不到关于其行状的详细记载。[1]如净曾六次被敕请担任大寺院的住持，其行状不显于史籍，实在不可思议。所幸，现有《如净语录》传世，而且其嗣法弟子道元的著作中也有详细记载，使得我们可以一窥其风貌。特别是近年宋代禅宗史的研究有很大进展，迄今关于如净生涯的不明之处得以解明。如净的生平，可以说大体上已经能把握。

参考这些研究成果并结合前面的考察，其生平可以简单地概述如下。如净于南宋绍兴三十二年出生于越州。一说俗姓毛氏。幼年在故乡出家，19岁尽弃所学诸宗，往诸寺参学。据说在参学过程中，曾参大慧门下佛照德光，但对佛照各自理会和贪名爱利的禅风

---

1 关于如净传记的中文文献，此处省略。详见本书下篇第四章的考察。

痛加批判。后师事雪窦智鉴，汲取了曹洞的"一滴水"。如净终其一生"六坐道场"，可以说是南宋末禅林的杰出禅僧。道元参如净，是宝庆年间如净晋住明州天童寺的事情。如净在道元归国一年之后去世，享年66岁。

据宋圆悟的《枯崖和尚漫录》中如净章记载，如净禅风的特色是不用道号和临终烧嗣法香。[1]或许在当时的禅林这些做法都极为特别，所以圆悟才特意记载下来。另外，在吕潇的《如净语录》序文中，有"惟天童如净禅师，不流不倚，兼而有之，自成一家，八面受敌"的记载。可见如净禅风独特，且其立场受到多方攻击。具有如此性格和禅风的如净，在当时的禅林中大概是被视为异端的。这恐怕也是其详细业绩不被正统灯史、语录所载的原因之一。

如净示寂后，他的门人收集他的上堂、示众等，依年代顺序编纂了《如净语录》。但如前所述，现存的《如净语录》有很多问题，其中《大正藏》第四十八卷所收、最流行的《如净语录》，是江户时期曹洞宗学者卍山的修订本。卍山在修订刊行《如净语录》时，加进了他自己的意见。近年新发现的永平寺本、总持寺本、玄峰本、面山本等也各有问题，都非完本，不能完全反映原本的面貌。因此，只依据现存的《如净语录》考察如净的思想显然是不够的，还需要利用其他的文献。在以下关于如净修证思想的考察中，除了依据《如净语录》外，还将考察道元参学于如净时的笔记《宝庆记》。另外，如前章所考察，《如净续语录》为伪撰书，故此处不

---

[1] 据《枯崖和尚漫录》记载，如净"欣然豪爽，丛林号曰净长"，由此可一窥如净的性格。

予参考。

《如净语录》的"普说"部分，论及了作为中国禅僧一般修行方法的"喝"。在临济宗中，师家经常以"喝"作为接引学人的手段。如临济的"四喝"就很著名。如净在对风靡当时禅林的"喝"彻底否定的同时，提出了自己的修证思想。因为原文太长，不全文引用，其主旨内容是强调突破主与宾、照与用的相对关系，再回归"威音王未现已前"（父母未生已前）。亦即一切万有须保持自己的本来面目。因为此时本来为"无二无分，无别无断故"的境地，所以理所当然不存在身心等二元对立。"本无许多般"的说法与据传为六祖惠能"得法偈"中的"本来无一物，何处惹尘埃"[1]相通，是唐代以来贯穿中国禅思想的基本立场。

在此特别引人注目的是，如净在"普说"后半部分对"六处"的解释。该处关于"六处"即眼、耳、鼻、舌、身、心（或意）等"六根"功用的说法，正是"身心脱落"的境界。首先关于"眼"，"在眼曰见，只须抉却眼睛，迥无所见。然后无所不见，是谓见"。即眼睛的功用是见，但只有在抉出眼球，到达一切不见的境地，才能见一切，这才是真见。万物本来没有见与被见的分别，相互关联、相互影响才得以成立。如果建立"此"，则"彼"亦同时成立。换言之，有"我"则有"我所"生。当到达超越相对关系的境地，再观察一切时，则一切为一切，主客一如。同样，只有在断舍耳、鼻、舌之后再去闻、嗅、说，才能真正地闻、嗅、说。在这段议论之后，如净云：

---

1 参照《景德传灯录》卷二《六祖慧能》章。

> 在身曰人，直须四大脱除，了无依倚，然后随物现形，始之言人。在心言识，直须永绝攀缘，三祇劫空。然后起灭不停，始之为识。[1]

即脱出构成我们现实的肉体的"四大"，不受其束缚，不依凭物质的肉身，同时在现实中又发挥其功用，这才是真正的人。此外，一方面断绝俗缘、俗事，远离烦恼，归于空；另一方面，空的心又不断起灭，这才是真正的识。此解释中所显示的如净的立场，可以说是"身心脱落"的真义。

关于坐禅和开悟的关系，如净在《台州瑞岩寺语录》所收的"上堂"中做了以下清楚的阐释：

> 上堂。今朝九月初一，打板普请坐禅。第一忌瞌睡，直下猛烈为先，忽然爆破漆桶，豁如散云秋天。[2]

在这里，如净在殷殷奉劝学人坐禅的同时，指出坐禅的最终目的是"爆破"束缚我们的"漆桶"。"直下猛烈为先"是强调坐禅的重要性，与道元所说的"只管打坐"是一个意思。而"爆破漆桶"是指消除身心的种种烦恼，使身心自由自在，可以说与道元所说的"身心脱落"是一个意思。从以上《如净语录》的引用看，直下猛烈坐禅，到达"物心两忘"的境地，是如净修行思想的核心。

---

[1] 《大正藏》第48册，第130页。
[2] 同上，第123页。

接下来我们考察作为道元在如净门下参问手记的《宝庆记》。《宝庆记》中记载了如净和道元关于"身心脱落"的对话。其原文如下：

> 堂头和尚示曰："参禅者身心脱落也。不用烧香、礼拜、念佛、修忏、看经，只管打坐而已。"
>
> 拜问："身心脱落者何？"
>
> 堂头和尚示曰："身心脱落者，坐禅也。只管坐禅时，离五欲，除五盖也。"
>
> 拜问："离五欲，除五盖，乃同教家之所谈，即为大小两乘之行人者乎？"
>
> 堂头和尚示曰："祖师儿孙，不可强嫌大小两乘之所说。学者若背如来之圣教，何敢妄称佛祖之儿孙者欤？"
>
> 拜问："近代疑者云：'三毒即佛法，五欲即祖道。'若除彼等，即是取舍，同小乘。"
>
> 堂头和尚示曰："若不除三毒、五欲等者，一如瓶沙王国、阿阇世国诸外道辈。佛祖之儿孙，若除一盖、一欲，则巨益也。与佛祖相见之时节也。"
>
> ……
>
> 堂头和尚慈诲曰："佛祖儿孙，先除五盖，后除六盖也。五盖加无明盖，为六盖也。唯除无明盖，即除五盖也。五盖虽除，无明盖未离，未到佛祖修证也。"
>
> 道元便礼拜拜谢，叉手白："前来未闻今日和尚指示。这里个个老宿耆年、云水兄弟，都不知，又不曾说。今日多幸，

特蒙和尚大慈大悲，忽闻未尝闻处，宿殖之幸。但除五盖、六盖，其有秘术也无？"

和尚微笑曰："汝向来作功夫，作什么？这个便是离六盖之法。佛佛祖祖，不待阶级，直指单传，离五欲六盖，呵五欲等也。只管打坐作功夫，身心脱落来，乃离五盖、六欲等之术也。此外都无别事，浑无一个事。岂有落二落三者也？"[1]

堂头和尚，即指如净。在此，如净显然使用了"身心脱落"一词，并对其意义做了详细解说。如净认为，坐禅即身心脱落。达此境界，不用烧香，只管打坐。即只管打坐这种禅的行为，具有涵盖佛法全体实践的普遍性。烧香等其他实践都可以归入只管打坐之中。对此，道元问何为身心脱落？如净回答，身心脱落即坐禅，此即"离五盖""离六欲"。但道元似乎不解其意，问这不是与教家所说一样吗？其中有何秘术？如净回答，君之功夫（坐禅）即离六盖方法。佛佛祖祖"不待阶级"，直下单传，身心脱落后，离五盖、离六欲。如净向道元阐释自己的佛法，不是将其定位为逐步破除烦恼，而是定位为直往之禅。而且，在此"功夫"之外，没有其他方法可以让自己从"我身""我心"等概念的束缚中脱却、获得解放。在此，作为"行"的只管打坐与作为"证"的出离烦恼是同时现成的。"只管"表现了"行"的持续性，"证"就在持续性的"行"之

---

[1] 大久保道舟编：《道元禅师全集》下卷，筑摩书房，1970年，第377、383页。另，大久保道舟编《道元禅师全集》下卷所收《宝庆记》中有段落号，此处省略了17到29段。从内容看，16段和30段的联系更紧密。

中。"行"与"证"是不离的存在。从如净的这种解释中可以看出,如净确实是坚持"身心脱落"的立场的。

那么,为什么"身心脱落"一语不见于《如净语录》,而只出现于道元的著作《宝庆记》之中呢?关于这一问题,可以从三个方面来分析。第一,是前面引用文中"前来未闻今日和尚指示"云云所提示的线索。根据这段引文,"身心脱落"的问题迄今谁也未曾听闻,谁也未曾就此发问,而是如净和道元二人之间的"单传"。但从该引文看,这不是宗教意义(或禅意义)上的"密传",而只是道元关心这一问题,偶尔听闻而已。

第二,因为只是如净和道元二人之间的问答,所以在《如净语录》中不见载录也是当然的事情。一般说来,禅僧语录通常由"上堂""示众""普说"等内容构成,主要是禅僧以大众为对象所说法语,并以此为中心编纂而成。根据《宝庆记》的记载,道元和如净多有笔谈,这些笔谈的内容后来的《如净语录》的编纂者无从得知。因为《如净语录》的完成是在道元归国一年之后的事情。

第三,从《如净语录》的成书和内容看,如前所述,现存的《如净语录》诸本,在内容上有遗漏,中间有修订。也就是说,现存的《如净语录》诸本都没有保留原本的面貌,也不是完本,想从中间找到"身心脱落"一语,只能说勉为其难。从以上几点理由看,笔者认为,"身心脱落"见于《宝庆记》而不见于《如净语录》,并非不可思议。

《如净语录》中不见"身心脱落"一语,其理由已如上述所言。实际上,翻开中国的禅籍,在唐末、五代以后的许多禅文献中,与"身心脱落"相类似的表达很多,可见当时这一表达作为一个成语,

经常为禅僧所用。以下试举数例:

是时,迦叶与五百弟子在耆阇崛山,身心寂然,入于三昧。于正受中,倏然心惊,举身战栗。自室中出,见诸山地,皆大振动,则知如来已入涅槃。[1]

净修禅师赞曰:"五祖七岁,洞达言前。吐石牛雾,含木马烟。身心恒寂,理事俱玄。无情无种,千年万年。"[2]

如何是大乘入道顿悟之法。师答曰:"汝先歇诸缘,万事休息。善与不善,世间一切诸法,并皆放却。莫记忆,莫缘念,放舍身心,令其自在。"[3]

峰云:"不用一日、三日、三度、五度上来,但知与山里燎火底树橦子相似。息脚身心,远则十年,中则七年,近则三年,必有由来。"[4]

见身实无,是即佛身。了心如幻,是即佛幻。了得身心本空,斯人与佛何殊。[5]

---

[1] 柳田圣山主编:《禅学丛书之四:祖堂集》,中文出版社,1984年,第12页。
[2] 同上,第45页。
[3] 同上,第274页。
[4] 同上,第203页。
[5] 《景德传灯录》卷一《拘留孙佛》章。

一切众生性清净，本无生灭。即此身心是幻生，幻化中无罪福。[1]

尊者问："汝身定否？心定否？"曰："身心俱定。"尊者问："身心俱定，何有出入？"曰："随有出入，不失定相。如在金井，金体常寂。"[2]

所以古人道："借功明位，用在体处。借位明功，体在用处。衲僧能怎么？身心独脱，动静两忘。云水是阇黎，阇黎是云水。"[3]

如来涅槃，修证何路。必令淫机，身心俱断，断性亦无。于诸佛菩萨，必希斯冀。[4]

只是列举以上例句就可以看出，与"身心脱落"相类似的语句在如净之前的两百余年前已经在中国禅僧中广泛使用，而且是在与"身心脱落"相同意义上被使用的。[5]

---

1 《景德传灯录》卷一《迦叶佛》章。
2 《景德传灯录》卷二《罗候罗多》章。
3 《宏智禅师广录》卷四，《大正藏》第48册，第40页。
4 《宗镜录》卷三六，《大正藏》第48册，第625页。
5 除以上列举的例文之外，还有以下例文。
   关于"身心"：
   净修禅师颂曰："马师道一，行全金石，悟本超然，寻枝劳役；久定身心，一

第六章　道元与如净（下）——关于修证思想的异同　·181

下面，再举一例，考察其具体用法：

坐时，直须放下身心，不思善恶。正放下时，恰如大病无力人一般，身心手足，不得禁制，古人所谓毛皮脱落尽，唯有

时抛掷。大化南昌，韩松千尺。"(《祖堂集》卷一四《江西马祖嗣让禅师》章)
师曰："我之佛性，身心一如，身外无奈。"(《祖堂集》卷二《南阳慧忠国师语录》)
远曰："禅师见有身心是道已否？"师曰："山僧身心本来是道，身心本来是道，道亦本来是身心。身心本既是空，道亦穷源无有。"(《景德传灯录》卷五《司空山本净禅师》章)
我自身心快乐，悠然无善无恶。法身自在无方，触目无非正觉。六尘本来空寂，凡夫妄生执着。涅槃生死平等，四海阿谁厚薄。(《景德传灯录》卷二九《志公和尚十四科颂》)
四威仪内座为先，澄滤身心渐坦然。修持只话从功路，至理宁论在那边。(《景德传灯录》卷二九《拓庆真觉大师颂二首》章)
问："何者是精进？"师云："身心不起，是名第一牢强敬精进。才起心向外求者，名为利王爱猎去。心不外游，即是忍辱仙人。身心俱断，即是佛道。"(《黄檗断际禅师宛陵录》，《大正藏》第48册)
关于"脱落"：
问："如何是脱却根尘。"师曰："莫妄想。"(《景德传灯录》卷二五《常州正勤院希奉禅师》章)
我宗奇特，当阳显赫。佛及众生，皆承恩力。不在低头，思量难得。拶破面门，覆盖乾坤。快须荐取，脱却根尘。其如不晓，漫说而今。(《景德传灯录》卷二九《明道颂一首》章)
师乃云："心是根法是尘，心法双忘性即真。到恁么时，一切脱落去始得。正脱落时，彼我俱不著处。所以道：'周遍十方心，不在一切处。'个时不是一切心，个时不是一切法，所以遍一切处。"(《宏智广录》卷五，《大正藏》第48册)

这里的"脱却"和"脱落"，以及据说为无外义远所写的《永平道元禅师语录》序文中所见"脱略"等虽然文字上各有不同，但实际的意义大体相同。

真实在。[1]

　　这是据传为如如居士所写的《坐禅仪》的一节。引人注目的是，如如居士指出，此处的"身心放下"就是"古人所谓毛皮脱落尽"。虽然不清楚"古人"具体指何人，但《涅槃经》卷三五有"如皮肤枝叶悉皆脱落，唯有真实在"（《大正藏》第12册，第845页）一文。另外，《马祖的语录》也有"皮肤脱落尽，唯有一真实"[2]。在《朱子语类索引》卷一六论"诚"的部分有"知得透彻，便自是那个物事。如果子烂熟后，皮核自脱落离去"的说法。"透彻善恶""一个心"的说法与佛家的"一心"、沩山所说的"断流注想"意义相同。另外，《朱子语类索引》卷一八有"融释脱落"，卷三五有"自然脱落"，卷七九有"脱落分晓"等说法，皆表现终极的境地。如如居士曾撰主张三教一致说的《三教大全语录》，而且在前面所引的《坐禅仪》的开头，在强调佛者坐禅的同时，也提到南郭子綦的"隐几而坐"，颜回的"坐忘"等说："上古三教圣贤，无未假坐定者。"此处所说的古人，应该是指儒家和道家。如此一来，对道元的"身心脱落"，应该联系中国传统思想的"坐忘论"来理解。因为本章只限于与如净的关联，故对此存而不论。

　　通过《如净语录》和道元的《宝庆记》分析如净的修证思想可知，虽然《如净语录》中不见"身心脱落"之语，但不可否认确实存在这样的思想。而且"身心脱落"的说法不仅见于道元一人，而

1　《金泽文库资料全书：佛典》第1卷《禅籍》卷，金泽文库，1974年，第158—159页。
2　入矢义高编：《马祖的语录》，禅文化研究所，1984年，第107页。

第六章　道元与如净（下）——关于修证思想的异同　·183

且广泛见于中国禅宗各家。在唐末五代以后，类似的语句已经作为固定词语被广泛使用。

那么，道元又是如何理解如净的"只管打坐，身心脱落"的教导的呢？接下来就讨论这一问题。

第四节　道元对如净修证思想的理解

道元在如净门下体验到禅僧的真实修证为"只管打坐，身心脱落"，在归国后很快写出《普劝坐禅仪》，宣传自己禅的立场。如书中所言"自然身心脱落，本来面目现前。欲得恁么，急务座禅"[1]，道元专门强调坐禅。四年后，道元又撰《办道话》，这篇文章后来成为假字《正法眼藏》的绪论。其中，道元称坐禅为"最上中之最上"，"勿须更烧香、礼拜、念佛、修忏、看经，只管打坐，得身心脱落"。在前述《宝庆记》中，已经确认"不用烧香，只管打坐"为如净的教法。道元原原本本引用了如净的话，将"只管打坐"视为有着普遍意义的、涵盖佛法全体的修行。可以看出，道元忠实地继承了如净的教说。

道元强调坐禅、重视继承如净教说的背后，是道元对由古佛如净"面授"的"单传妙法"的信念。此即坐禅为"佛祖"之"正法"。在《正法眼藏·面授》卷的开头，如净强调了如净"面授"

1　大久保道舟编：《道元禅师全集》下卷，筑摩书房，1970年，第3页。

的意义：

> 尔时，释迦牟尼佛（于）西天竺国灵山会上，百万众中，拈优昙花瞬目。于时，摩诃迦叶尊者，破颜微笑。释迦牟尼佛言："吾有正法眼藏，涅槃妙心，附嘱摩诃迦叶。"此即佛佛祖祖面授正法眼藏的道理。七佛正传而至迦叶尊者，迦叶尊者二十八授而至菩提达磨尊者。菩提达磨尊者自降仪震旦国，面授正宗太祖普觉大师慧可尊者。五传而至曹溪山大鉴慧能大师，十七授而至先师大宋国庆元府太白名山天童古佛。
>
> 大宋国宝庆元年乙酉五月一日，道元始于妙高台烧香礼拜先师天童古佛，先师古佛亦始见道元。尔时，指授面授道元曰："佛佛祖祖，面授之法门现成；是即灵山之拈花也，嵩山之得髓也，黄梅之传衣也，洞山之面授也，是佛祖之眼藏面授也。唯吾屋里有，余人梦也未见闻也。"
>
> ……道元于大宋宝庆元年乙酉五月一日，始礼先师天童古佛，（得其）面授，略听许其（佛法）堂奥，才脱落身心，保任面授，返回日本国。[1]

释迦"面授"迦叶，经二十八传而至菩提达摩，再传慧可，又五传而至惠能的说法，是迄今为止禅宗一般的传灯系谱。道元虽然也继承了这种说法，但又把其师如净定位为惠能之后的"十七代"，并强调自己从如净"面授"了作为"正法"的坐禅，得"身心脱

---

[1] 何燕生译注：《正法眼藏》（修订版），宗教文化出版社，2017年，第408—412页。

落"而归国。总之，坐禅是直接通往"佛佛祖祖"的修行，必须加以强调。

既然坐禅是具有如此性质的修行，看经、念佛、修忏等当然就是其次的了。但在坐禅时，又如何对待"见、闻、觉、知"呢？在《学道用心集》中，道元有以下说明：

> 参师闻法之时，净身心，静眼耳，唯听受师法，更不交余念。身心一如而如水泻器。……参学可识，佛道在思量、分别、卜度、观想、知觉、慧解之外也。若在此等之际，生来常在此等之中。常玩此等，何故于今不觉佛道乎。学道者不可用思量、分别等事。[1]

又，在《永平广录》卷一，道元云：

> 昔日法眼因僧问声色两字如何透得。法眼云："大众若会这僧问处，透声色也不难？"这一段因缘如何参究？耳听没弦琴，眼见无影树。怎么道理，大家知了也。更有用委悉处，耳听有弦琴，眼见有影树。既得怎么，且问大众："唤什么作声色？声色而今在什么处？"上堂云："直道本来无一物，还看遍界不曾藏。"[2]

---

[1] 大久保道舟编：《道元禅师全集》下卷，筑摩书房，1970年，第257—258页。
[2] 同上，第19页。

总结道元在这两处的说法：道元认为，作为本来的佛道修行的坐禅，与通常凡夫的思量、分别、卜度、观想、知觉、慧解不同，而是在这些思维活动之外。所以在凡夫是"耳听没弦琴""眼见无影树"，而在"身心一如"的境地则是"耳听有弦琴""眼见有影树"。能听与所听，能见与所见无区别（"直道本来无一物"）处，又能见一切、听一切。

道元的这种思想，与前述《如净语录》所见如净对"六处"的解释有相通之处。根据如净对"六处"的说法，一方面否定凡夫通常的认识作用，在人的本来无一物境地，"本无许多般""身心一如"；另一方面，又承认在此境地人的本来面目。上述引用所见道元的"净身心""静眼耳"等说法，就继承了如净的以上思想，并以不同的说法加以表述。即道元换了说法——"只管打坐，身心脱落"。在《永平广录》和《正法眼藏随闻记》等书中也有几处类似的说法，在此不再赘述。

以上只就"只管打坐，身心脱落"的表述来看道元的修证思想，可知道元的思想与如净紧密相关，虽然表述有所不同，但基本上继承了如净的修证思想。由此可见，仅以道元的著作中有"只管打坐，身心脱落"的说法，而如净的语录中不见此说为理由，就认为道元的修证思想完全是道元独创的思想，这样的结论未免下得过早。同时，道元在继承如净的修证思想的同时，又以自己的语言加以表述，所以其修证思想更不是如净修证思想的"机械"移植。

结语

在《办道话》里，还有以下的一段话：

> 夫谓修证非一者，即外道之见也。佛法之中，修证是一等也。即今亦是证上之修故，初心之办道即是本证之全体。是故教授修行之用心，谓于修之外不得更待有证，以是直指之本证故也。既修是证，证无际限；已是证而修，修无起始。

这里论述了修和证的关系。也就是说，将修和证区别开来，是外道的见解，在佛法中坐禅和证是同一的。现在的坐禅也具有"证上之修"的意义，所以当下的"办道"可以实现"本证的全体"。但与此相当的表述不见于现存的《如净语录》。所以许多研究者将之概括为"修证一等"或"本证妙修"，强调这是道元独特的禅思想。[1]只要现存的《如净语录》中还找不到相关的记载，我们这么认为或许妥当。然而将"修证一如"思想视为道元的专利品还是有疑问，而且将此视为道元的思想是否妥当，也有再考证的必要。

关于前者，可以举临济宗的例子来看。与道元几乎同时代的、由中国到日本的临济宗僧兰溪道隆（1213—1278）在《坐禅论》中云：

> 问曰："此法何可修行？纵为修行，不得开悟，成佛不定。若不定，虽作修行，何有益？"
> 答曰："此宗甚深微妙法门也。若有一经其耳，长成菩提

---

[1] 例如秋山范二著《道元的研究》（岩波书店，1935年）第二篇第三章有《修证一等》一节，其中就持这种看法。在曹洞宗学者的研究著作中，持这种见解的很多，可以说不胜枚举。例如，镜岛元隆的《本证妙修的思想史背景》（《日本名僧论集》第8卷《道元》，吉川弘文馆，1983年）就是这种观点的代表性论文。

胜因。古人云：'此闻不信者，福超人天，学不得者，终到佛果云云。'此法佛心宗也。佛心自本无迷悟，正如来妙术也。纵虽不得悟，一日坐禅，一日佛也。一旦坐禅，一旦佛也。一生坐禅，一生佛也。未来亦如是。只如此信者，是大机根人也。"[1]

这里虽然是用问答体表述，但其意思是明白的，即讨论坐禅的修行和所期待的结果开悟之间的关系。这与前面所引《办道话》所见道元的思想是一致的。问者云：即使修行，如果不能开悟，也不能期待成佛，结果不是什么利益也没得到吗？对此，兰溪道隆强调，首先，我们的坐禅是深奥的法门，即使仅仅听闻此教，从长远来看也能够成为获得觉悟的殊胜因缘。又引用古人的话"此闻不信者，福超人天，学不得者，终到佛果"，指出坐禅法门是佛心宗，而佛心本无迷悟，此正是如来妙术。一日坐禅，一日佛；一旦坐禅，一旦佛；一生坐禅，一生佛。这里的"一日坐禅，一日佛"的说法，正与道元所说的"修证一如"的意义相同。道元还主张在坐的瞬间，坐本身就是证。所以即便只限于兰溪道隆的《坐禅论》，也可知"修证一如"的思想不是道元所独有的。

另外一个问题是，前面引用的《办道话》中所见的"证上之修"或"修证一如"作为道元的思想表述是否妥当的问题。实际上从《办道话》的上下文来看，道元意在强调自己所传的坐禅修行的优越性（兰溪道隆的《坐禅论》的意旨也可以这样理解）。这从下面这段引自《办道话》的文字中可以清楚地看出：

---

[1] 《国译禅宗丛书》第12卷所收。

故此，释迦如来、迦叶尊者，皆受用证上之修。达磨大师，大鉴高祖，同于证上之修所转。主持佛法者，悉皆如是。[1]

即道元强调坐禅与开悟等同，为"证上之修"，是基于释迦如来、迦叶尊者依用坐禅这一"证上之修"，达摩大师、大鉴高祖同样依用"证上之修"的认识。所以道元才强调"住持佛法之后进"皆必须坐禅。由此可见，与其将其视为思想的表述，视为道元对修证思想所做出的日本式发展，或者视为道元禅思想的独特性，不如说它表达了道元对坐禅这一修行形式的信念。从这一视点出发，一直被视为道元坐禅思想的特征之一的"不曾染污的行持"或"佛行"等说法，以及《永平广录》卷八所见对"待悟"的批判，同样也是强调坐禅这一修行的超越性和必要性的。将这些视为道元坐禅思想的特征，至少是乖离道元的文义的。总之，道元将坐禅等同于"证"，是基于他对于坐禅的信念。强调坐禅优于念佛、修忏、礼拜，从道元所处的当时日本佛教的状况来看，是道元在日本社会确立自己宗教思想所必需的。对于道元"修证一如"的说法，从这一视点理解或许比较妥当。

---

[1] 何燕生译注：《正法眼藏》（修订版），宗教文化出版社，2017年，第9页。

第七章

雕文丧德与琢磨增辉
——关于道元对宏智正觉禅学的理解

第一节 问题之所在

我们在探讨道元禅思想与中国的关系时，除了关注其师如净禅师外，还不能忽视当年同样住锡天童山、驰名天下的曹洞宗一代祖师宏智正觉的存在。宏智正觉虽然未曾对道元进行面对面的禅法传授，但是作为宋代曹洞宗之集大成者，由他所确立的曹洞宗风则被道元之师如净所继承。道元可能是因为从如净的口中或者通过其他书籍得知宏智的存在，了解到其人格魅力和思想特色，故与尊奉其师如净为古佛一样，也尊称宏智为古佛。因此，对道元来说，宏智是堪与如净相匹敌的重要人物。

关于道元对宏智的理解及所受到的影响，自从镜岛元隆的《道元禅师与引用经典·语录之研究》一书问世，确认道元《正法眼藏》《永平广录》中引用了大量宏智语言以来，该问题逐渐引起了一部分学者的注意。其中，将该问题的研究进一步深化的是石井修道[1]。石井将道元引用的宏智语言与宏智的著作原文进行对比研究指出，道元在引用宏智语言时，不是原封不动地引用，而是进行了改动。基于这一情况，石井考察道元禅与宏智禅之间的差异，提出了道元之所以对宏智的语言进行改动，是因为他并不认同宏智的禅思想，因此道元并非继承了宏智的禅思想，而是在对其进行扬弃、克服和超越的基础上，独自创立自己的禅思想的主张。[2]

从结论来说，笔者也同样承认，道元与宏智之间的确存在着思想上的差异。这是因为，道元从如净那里所继承的禅思想虽然与宏智同属曹洞禅，但却是在宏智示寂后历经半个世纪之后发生变化的禅思想，因此两者之间存在着思想上的差异是理所当然的事情，不足为怪。问题是，道元到底是否就是试图通过改动宏智的语言来超越宏智的思想，以此强调自己思想之特性的呢？这不是一个仅仅关系到道元和宏智之间关系的问题，事实上还是一个涉及道元的祖师观及其禅思想整体构架的问题。因此，对于这一问题，我们需要进行认真的讨论，得出一个比较公允客观的结论。笔者认为，对于道元到底是否改动过宏智语言这一问题不进行较有说服力的探究，盲目地比较道元、宏智二人之间思想差异的做法似乎欠妥。道元果真改动过宏智的语言吗？道元到底是如何理解宏智的呢？本章将对这

---

[1] 石井修道：《宋代禅宗史の研究》，大东出版社，1987年，第355—383页。石井修道所著《道元禅的成立史之研究》（大藏出版社，1991年）收录了《宋代禅宗史より見たる道元禅の位置》《〈宏智录〉の历史的性格》和《宏智正觉と天童如净》等论文。
[2] 同上，第377页。

一问题进行具体的探讨，并试图以此来了解中日曹洞宗交流的一个侧面。

第二节　道元果真改动过宏智正觉的语言吗

在迄今的研究中，一般认为由道元改动过的宏智语言，一是将宏智的"皓玉无瑕，雕文丧德"一语改成为"皓玉无瑕，琢磨增辉"；其次是将宏智《坐禅箴》中的"知""照"二字，在自己的《坐禅箴》中分别改为"现"和"成"[1]。我们首先探讨前者，接下来再考察后一个问题。

宏智的"皓玉无瑕，雕文丧德"一语见于《宏智广录》第四开头的一个"上堂"。道元把它当作自己"上堂"的一部分予以引用。如说：

> 宏智古佛住天童时，冬至上堂云："阴极而阳生，力穷而位转。苍龙退骨而骧，玄豹披雾而变。要将三世佛髑髅，穿作数珠子一穿。莫道明头暗头，真个日面月面。直饶你斗满秤平，也输我卖贵买贱。诸禅德，还会么？盘里明珠不拨自转。"举雪峰问僧："甚处去？"僧云："普请去。"雪峰云："去。"云门云："雪峰因语识人。"宏智云："莫动着，动作着三十棒。

---

[1] 这里所说的以前的研究主要指石井修道的研究。

为什么如此？皓玉无瑕，雕文丧德。"师云："三位尊宿虽怎么道，大佛老汉又且不然。大众谛听，善思念之。皓玉无瑕，琢磨增辉。今日一阳佳节，君子长至。虽是俗人之佳节，实乃佛祖庆佑也。……"当山在北陆之越，自冬至春，积雪不消，或七八尺，或一丈余，随时增减。<u>又天童有雪里梅华之语，师常爱之。故当山住后，多以雪为语。</u>[1]

"冬至"上堂是丛林的惯例，道元移居越前，创立正规的丛林大佛寺（永平寺前身）后，继承了这一传统。虽是世俗的节日，但历来禅僧皆有通过"冬至"来切磋禅法的习惯。道元在这里首先原封不动地引用了宏智的上堂原文，接下来用"皓玉无瑕，琢磨增辉"作为自己上堂的关键话语向弟子们进行开示。也许是因为在道元的语言之前恰好有宏智的"皓玉无瑕，雕文丧德"一语，以前的学者把它理解是道元有意识地对宏智语言的一种更改，指出这正是二人之间禅法思想差异的一个具体表现，即认为宏智语言所指的是，对于本来就没有瑕疵的玉石进行多余的加工反而有损玉石的美观，而这样的观点近似于道家无为自然的立场。与此相对，道元的意思是说，虽然同样也承认玉石本来就完美无瑕疵，但通过不断琢磨还是能增加玉石的光泽，因此是属于"本证妙修"的立场，与宏智的观点相区别。[2]

仅仅从"雕文丧德"和"琢磨增辉"这两句话来理解，或许

---

[1] 大久保道舟编：《道元禅师全集》下卷，筑摩书房，1970年，第33—34页。
[2] 石井修道：《宋代禅宗史の研究》，大东出版社，1987年，第368—369页。

我们可以看出两者之间的确存在着差异。然而，从整个文脉或者笔者所加的旁线部分来理解，似乎不一定就能得出这样的结论。倒不如说，它是试图用语言或者禅语来表明各自对禅的理解的一种"上堂语"似乎更为确切。也就是说，在宏智的上堂语中，除了宏智自己的语话之外，还有雪峰和云门的语句，其中因雪峰有"因语识人"之句，故宏智用"皓玉无瑕，雕文丧德"作为回答。有鉴于此，道元接下来说了"皓玉无瑕，琢磨增辉"一语。"三位尊宿虽恁么道……"一段话，已经可以判断出这并不是道元对宏智一人所言，而是对雪峰、云门和宏智三人所说的。因为雪峰、云门和宏智三人都各有自己的陈述，特别是因为云门说"雪峰因语识人"，道元如果不说出一点什么来，就不能算是真正的"上堂"了，所以他在受到宏智"皓玉无瑕，雕文丧德"一语的启发后，便说出了"皓玉无瑕，琢磨增辉"这句话。《永平广录》的编纂者们也推测出道元这句话的用意，故而作为一种补充说明指出："当山在北陆之越，自冬至春，积雪不消，或七八尺，或一丈余，随时增减。又天童有雪里梅华之语，师常爱之。故当山住后，多以雪为语。"虽然看上去这似乎是一种间接性的表达，但是《永平广录》的编纂者们特意加上这段关于道元"爱语"的说明并非无的放矢、毫无用意。道元在此采用了不同于宏智的语言表达，是因为道元对语言有着特殊爱好；道元留下了大量关于"雪"的词语，也是因为天童如净有"雪里梅华（花）"之语句。总之，认为"皓玉无瑕，琢磨增辉"之句是因为道元不认同宏智的思想而更改，即所谓针对宏智一人而说的观点，我们从整个文章脉络来看似乎难以成立。

前面提到被道元引用的宏智上堂语，在《永平广录》第三卷中被道元再一次引用。然而在这里，宏智所谓"皓玉无瑕，雕文丧德"一语却同样原封不动地被搬用了。由于与前面的引文有重复，这里仅引用其概要。

> 宏智古佛住天童，冬至上堂云……宏智云："莫动着，动着三十棒。为什如此？皓玉无瑕，雕文丧德。"师云："且问大众，这个宏智古佛道？永平老僧道？若道宏智古佛道，一阳长至，应时庆佑！若道永平老汉道，未免与永平老僧同参！既恁如此，大众要见一阳长至么？"掷下柱杖云："一阳佳节，伏惟大众，居起满福。"[1]

在宏智所说的"皓玉无瑕，雕文丧德"之后，道元则说："且问大众，这个宏智古佛道？永平老僧道？若道宏智古佛道，一阳长至，应时庆佑！若道永平老汉道，未免与永平老僧同参！"劝说修行僧们应该全面接受宏智的说法。如果道元不认同宏智话语中所包含的思想，甚至把其原文改为"皓玉无瑕，琢磨增辉"，那他就不可能特意劝说弟子们忠实地接受宏智的说法，更不可能反复地加以引用。在这里，他再度进行引用，而且《永平广录》的编纂者们也没有附加任何说明，说明道元已经诚挚地接受宏智的思想了。我们这样看待，似乎比较妥当吧。

由此可见，道元所说的"皓玉无瑕，琢磨增辉"其实并不是在对宏智的"皓玉无瑕，雕文丧德"进行改动后所出现的一句所谓

---

[1] 大久保道舟编：《道元禅师全集》下卷，筑摩书房，1970年，第53—54页。

"改变语",而是在特定的文脉之下,即为了回应雪峰、云门和宏智三人分别所说的内容,特别是在为了回应雪峰"因语识人"的情况下,作为道元自己的话语被陈述出来的。因此,与其说宏智的语言因道元而发生了改变,倒不如说它构成了道元陈述自己语言的一种启发更加确切。况且,从道元指示弟子要忠实地接受宏智的话语,以及《永平广录》编纂者们予以补充说明的所谓道元有着"爱语"的癖好等事例来看,很难想象道元是因为不能赞同宏智的思想而对宏智的语言进行改动。

下面就所谓宏智《坐禅箴》中的"知"和"照"二字,在道元自己的《坐禅箴》中被改变成"现"和"成"的说法进行考察。

《宏智广录》卷八所收录的宏智《坐禅箴》是:

佛佛要机,祖祖要机;不触事而知,不对缘而照。不触事而知,其知自微。不对缘而照,其照自妙。其知自微,曾无分别之思。其照自妙,曾无毫忽之兆。曾无分别之思,其知无偶而奇。曾无毫忽之兆,其照无取而了。水清彻底兮,鱼行迟迟。空阔莫涯兮,飞鸟杳杳。[1]

对此,道元所撰的《坐禅箴》是:

佛佛要机,祖祖机要;不思量而现,不回互而成。不思量而现,其现自亲。不回互而成,其成自证。其现自亲,曾无污

---

[1] 《大正藏》第48册,第98页。

染。其成自证，曾无正偏。曾无污染之亲，其亲无委而脱落。曾无正偏之证，其证无图而功夫。水清彻底兮，鱼行似鱼。空阔透天兮，鸟飞如鸟。[1]

对比两篇《坐禅箴》，我们或许会认同所谓宏智《坐禅箴》的着重点在于"知"和"照"，而道元《坐禅箴》的着重点在于"现"和"成"的说法。然而，问题在于，道元果真就是因为不能赞同宏智语言中所表明的思想而分别把它们改为"现"和"成"的吗？而且，道元《坐禅箴》的着重点就只是在于"现"和"成"吗？

关于这些问题，我们应该同前面一样，先从这些语句的出处和整个文脉来进行考察。

《正法眼藏·坐禅箴》卷，始于药山弘道和某僧之间关于坐禅与非思量的会话。我们先引用来看一看。

药山弘道大师，坐次有僧问："兀兀地思量什么？"

师云："思量个不思量底。"

僧云："不思量底如何思量？"

师云："非思量。"

证取大师如是之道，须参学兀坐，须正传兀坐！兀坐乃佛道所传之参究也。兀兀地思量，虽非药山一人，然药山之道是其一也，谓"思量个非思量底"也。有思量之为皮肉骨髓者，有不思量之为皮肉骨髓者。

---

[1] 何燕生译注：《正法眼藏》（修订版），宗教文化出版社，2017年，第100页。

僧云："不思量底如何思量？"诚"不思量底"之谓虽久，然此更是"如何思量"也。兀兀地而无思量乎？兀兀地向上，因何而不通哉？若非贱俗之愚辈，当有问着、思量（何谓）兀兀地之力量。

大师云："非思量。"使用所云之非思量虽（透如）玲珑，然思量个不思量底，则必用非思量也。非思量中有谁人，谁人乃保任我。兀兀地虽是我，然但非思量，乃举头兀兀地也。兀兀地虽是兀兀地，然兀兀地如何思量兀兀地？是故，兀兀地者，非佛量，非法量，非悟量，非会量也。药山如是单传，自释迦牟尼佛直下已是三十六代也。由药山向上寻之，于三十六代则有释迦牟尼佛也。如是正传，已有思量个不思量底也。[1]

这一大段的内容，简单地说，就是指人一心不乱地坐着时应该想些什么。"思量"用佛教的其他词汇来表达就是指"分别"，也可以理解为"妄念"。"不思量"就是对"思量"的否定，没有"思量""分别"，无分别的智慧。"思量个不思量底"，就是指"思量"没有妄念的"思量"，而这里所说的"思量"其实是一种极端化了的"思量"，与持有妄念的"思量"是完全不同的。药山说它是"思量个不思量底"，甚至用"非思量"来表达。道元虽然评价"某僧"的问话是"当有力量"，但仍然认为重要的是"应有思量"，强调唯有药山弘道的"非思量"才是释迦"单传"，是直通释迦的"正传"。

接下来，道元介绍了两种坐禅观，并对其进行批判。

---

[1] 何燕生译注：《正法眼藏》（修订版），宗教文化出版社，2017年，第90—91页。

> 近年愚昧杜撰之徒曰："功夫坐禅，得胸襟无事了，便是平稳地也。"此见解，尚不及小乘之学者，较人天乘亦劣也，争奈称学佛法之汉！现在大宋国，恁么功夫之人多。祖道荒芜，可悲矣！
>
> 又有一类汉云："坐禅办道是初心晚学之要机，必非佛祖之行履。（言）：'行亦禅，坐亦禅，语默动静体安然。'但莫拘于只今之功夫。"自称临济余流之辈，多此见解也。乃因佛法正命之疏传，故恁么道也。何是初心？孰非初心？初心安于何处？[1]

一类是"胸襟无事"的坐禅观，道元批判它是"尚不及小乘之学者，较人天乘亦劣也"。另一类是主张所谓"坐禅办道是初心晚学之要机"，"行亦禅，坐亦禅，语默静动体安然"。道元指出这是"临济余流"，批判它是"因佛法正命之疏传"所致。

道元接着又把江西道一与南岳怀让之间的问答"磨砖作镜"引用于《坐禅箴》卷中，在解释了各自的意思之后，说道：

> 南岳、江西之师胜资强者，乃如是。证坐佛之为作佛者，江西是也；为作佛而示坐佛者，南岳是也。南岳之会下有恁么之功夫，药山之会下有向来之道取。[2]

---

[1] 何燕生译注：《正法眼藏》（修订版），宗教文化出版社，2017年，第91页。
[2] 同上，第95页。

道元对南岳、江西和药山三人的坐禅观给予了高度的评价。可见，在历来的坐禅观中，对道元而言，既有可以认同的东西，也有无法认同的东西。而且，对于历来以《坐禅铭》《坐禅仪》和《坐禅箴》自称的文字，道元的态度依然如此。在《坐禅箴》卷后半段中，他说道：

> 是故，古来至近代，有一两位记坐禅铭之老宿，有一两位撰坐禅仪之老宿，有一两位撰坐禅箴之老宿。然则，坐禅铭者，皆无可取之处；坐禅仪者，亦尚昧于其行履。乃不知坐禅，非单传坐禅之徒之所记也。《景德传灯录》中之《坐禅箴》及《嘉泰普灯录》中之《坐禅铭》等也。可悯虽经历十方丛林，以度过一生，然无一坐之功夫也。打坐既非汝，功夫则更不与自己相见！此非坐禅嫌己之身心，乃因不志真个功夫，仓猝迷醉之故也。彼等所集者，只是"还源返本"之样子，徒劳"息虑凝寂"之经营也。不及观、练、熏、修之阶级，亦不及十地、等觉之见解，焉能单传佛佛祖祖之坐禅！是宋朝之录者错录也，晚学当弃而不可看！
>
> 坐禅箴者，唯大宋国庆元府太白名山天童景德寺宏智禅师正觉和尚所撰者即是佛祖（之所撰）也，即是坐禅箴也，道得是也。一人光明于法界之表里，是古今佛祖中之佛祖也。前佛后佛，皆由此《坐禅箴》而箴；今祖古祖，皆由此《坐禅箴》而现成。彼《坐禅箴》者，即如下也。[1]

---

[1] 何燕生译注：《正法眼藏》（修订版），宗教文化出版社，2017年，第96—97页。

道元认为，历来的《坐禅箴》大多数是由一些不懂坐禅之为何意之辈所撰写的，因此完全不足可取，只有宏智禅师的《坐禅箴》才符合佛祖真意。因此，由于宏智《坐禅箴》"道得是"，"见彼《坐禅箴》"，道元便撰写了自己的《坐禅箴》。

　　以上即《坐禅箴》卷的大意。从文脉看，可以了解到，道元的《坐禅箴》是站在自己的立场上来评论历来坐禅观和《坐禅箴》之优劣的，是在综合考量的基础上撰写而成的。因此，其内容既有药山弘道的"非思量"坐禅思想，也有初期曹洞禅"互回""偏正"的坐禅思想。道元的《坐禅箴》中出现的"不思量而现""不互回而成"等词语，明显地说明了这一点。然而，道元对宏智以外的《坐禅箴》予以严厉批评的文字大部分是基于道元本人的信念，他所批评的那些事情，我们未必就能如实地从中得到确认。[1]

---

[1] 对于宏智《坐禅箴》以外的《坐禅铭》《坐禅仪》和《坐禅箴》，道元斥之"皆无可取之处""亦尚昧于其行履"。其中具体举出了《景德传灯录》中所收的《坐禅箴》，以及《嘉泰普灯录》中所收《坐禅铭》等。其理由是，"彼等所集者，只是'还源返本'之样子，徒劳'息虑凝寂'之经营也"［何燕生译注：《正法眼藏》（修订版），宗教文化出版社，2017年，第96页］。不过，事实上在查阅《景德传灯录》卷三〇所收录《杭州五云和尚坐禅箴》和《嘉泰普灯录》卷三〇所收录《龙门佛眼远禅师坐禅铭》时，我们却找不到道元所说的"'还源返本'之样子"和"'息虑凝寂'之经营"的句子。比如，《景德传灯录》有"息虑忘缘，乍同死汉""照而不缘，寂而谁守"等语句，这些句子倒不如说对"息虑凝寂"的坐禅持有一种批判的态度。其中，还有如"坐不拘身，禅非涉境。拘必乃疲，涉则非静。不涉不拘，真光迥孤"等观点，强调不拘身、不涉境的"不拘不涉"的坐禅，似乎找不出所谓"'还源返本'之样子"。另外，在《嘉泰普灯录》中，有"坐卧经行，未尝间歇。禅何不坐，坐何不禅"（《卍续藏》第137册，第427页）等文字，强调坐禅的必要性和一心一意的坐禅。这些反倒令人联想到与道元所强调的"只管打坐"的坐禅有着相同之处，根本找不到道元所指出的"'还源返本'之样子"和"'息虑凝寂'之经营"。

虽然如此，在此需要引起我们特别留意的是，道元说他见彼《坐禅箴》，于是撰写了自己的《坐禅箴》。这说明宏智的《坐禅箴》并未成为道元撰写自己的《坐禅箴》时"被改变"的对象。相反，道元一边采用宏智的文字表达，一边试图借此表明自己的坐禅观。换句话来讲，道元为了表明自己的坐禅观，基于自己对禅的体验和深刻洞察，从同属曹洞宗法系的宏智那里"发现"了可资参考的依据，从而创作了自己的《坐禅箴》。如果使用与宏智《坐禅箴》相同的"知"与"照"这样的表达方式，那不就成了照抄宏智《坐禅箴》的情况吗？而道元的立场又将何在呢？所谓道元《坐禅箴》与宏智的《坐禅箴》之间出现的文字上的差异，其实就是道元《坐禅箴》的价值之所在。这与历代祖师的语录虽都被称为"语录"，然而其表达方式和禅法内容却不尽相同的情况完全相同，没有什么不可思议的地方。如果说道元在《坐禅箴》中是自由自在地运用药山的"不思量"和曹洞禅的"回互"等词语，并且把宏智的《坐禅箴》作为范本来看待，从而建构了与其他禅师截然不同内容的坐禅观或思想体系，那是可以理解的。但是，如果说道元是为了强调

不过，《嘉泰普灯录》卷三〇中还收录了《上封佛心才禅师坐禅仪》，结合道元所说的"《嘉泰普灯录》中之《坐禅铭》等"考量，这篇《上封佛心才禅师坐禅仪》似乎也应该在其批判对象之列。其中"向静定出，正念谛观，知坐是心，及反照是心，知有无中边内外者心也，此心虚而知，寂而照，圆明了了，不堕断常，灵觉昭昭，拣非虚妄"（《卍续藏》第137册，第431页）等观点，说不定就是道元所批判的"'还源返本'之样子"。但是，该处同时还有所谓"学道之人，坐禅为要"（《卍续藏》第137册，第431页）字句，强调了坐禅的必要性，因此也找不出道元所说的"'息虑凝寂'之经营"。由此看来，道元视宏智的《坐禅箴》为一种绝对存在，否定其他的观点，在很大程度上很可能是源于道元对宏智的一种宗教信念。

第七章 雕文丧德与琢磨增辉——关于道元对宏智正觉禅学的理解 · 203

自己思想的特异性，从而更改了前人的语言，这似乎不像是他的行事风格。我们在《正法眼藏随闻记》中可以查阅到大量相关言说，详见《正法眼藏随闻记》（山崎正一校注，讲谈社，1972年，第30、55、86、126页）。从这些言说中我们可以了解到，道元对特定祖师的语言行为表示绝对服从，以及对传统予以高度尊重的事实。

类似的说教散见于道元所有著作，可以说不胜枚举。因此，认为道元通过改动被他称为古佛的宏智的语言，以强调自己禅思想的特异性的说法，显然有悖于道元本人的态度。

事实上，翻开《永平广录》便可以发现，引用或者言及《宏智广录》所收的宏智的上堂语，包括前面已经介绍过的，共有43例，占了《永平广录》几乎1卷的分量。[1]如果我们想要了解道元对宏智语言的重视程度，这不失为一条极其重要的线索。不过，关于这一问题，在此不再做深入的探究。下面拟就道元对"狗子佛性"公案的理解和传承情况进行考察。

一般认为，在禅宗史上《景德传灯录》卷七兴善惟宽（755—817）章最早出现"狗子佛性"的例子。[2]然而，赵州从谂的"狗子

---

1 与此同时，我们如果分别认真阅读，便可发现有两种特征：一是道元所引用的宏智上堂语，其实全部都是宏智晋住天童寺时开示的上堂语；另一个是在多数地方，道元称宏智为"宏智古佛"或"师伯古佛"，对自己则以"永平儿孙"自称。

2 "问：'狗子还有佛性否？'师云：'有。'僧云：'和尚还有否？'师云：'我无。'僧云：'一切众生皆佛性，和尚因何独无？'师云：'我非一切众生。''既非众生是佛否？'师云：'不是佛。'僧云：'究竟是何物？'师云：'亦不是物。'僧云：'可见可思否？'师云：'思之不及，议之不得，故云不可思议。'"（《景德传灯录》卷七《京兆兴善寺惟宽禅师》章）

佛性无"之语最为有名：

> 僧问赵州真际大师："狗子还有佛性也无？"
> 赵州曰："无。"
> 僧曰："一切众生皆有佛性，狗子为什么无？"
> 赵州曰："为他有业识在。"[1]

以上是《赵州录》中关于"狗子佛性"对话的全文和基本形式。对于僧所谓"狗子还有佛性也无"的问话，赵州回答说："无。"这里的"无"是"没有"的意思。然而，这则赵州"狗子佛性无"的公案，到后来变成一则古则公案，不管哪个派系都广泛引用，加以论述。在此过程中，该问答的形式和内容逐渐发生了变化，大致分为两种类型。一种是以大慧为代表的临济宗的类型，形式上基本沿袭了《赵州录》的模式，但在内容上，赵州的"无"已不再是"有无"的"无"了，而是作为超越"有无"的绝对"无"来理解了。所谓"无"字公案便是。另一种是在曹洞宗的宏智那里所看到的类型，变成了如下的形式：

> 举僧问赵州："狗子还有佛性也无？"
> 州云："有。"
> 僧云："既有，为甚撞入这个皮袋？"
> 州云："为他知而故犯。"

---

[1] 秋月龙珉：《赵州录》，筑摩书房，1972年，第130页。

又有僧问:"狗子还有佛性也无?"

州云:"无。"

僧云:"一切众生,皆有佛性,为甚狗子却无?"

州云:"为伊有业识在。"[1]

我们如果把《赵州录》作为标准来看,那么可以知道,"狗子佛性有"的说法是后来附加的。也就是说,《赵州录》中的"狗子佛性无"到了宏智那里却演变为"狗子佛性有无"了。宏智是依据什么将之改为这种方式,我们不得而知。不过,从他的"默"与"照"、"离"与"微"、"回互"与"不回互"等观点来看,单单一句"狗子佛性无"似乎是不够的,有必要从"有"和"无"的两个方面进行说明。总之,在宏智那里首次出现的"狗子佛性有无"的话对后来的曹洞宗构成了一种提唱"狗子佛性"公案的基本形式,而且是以有别于临济宗的形式被传承下来的。[2]道元也在《正法眼藏·佛性》卷中提到"狗子佛性"公案,提出了自己的佛性论,其形式就是采用了宏智的模式。我们来具体看一看:

有僧问赵州真际大师:"狗子还有佛性也无?"

赵州曰:"无。"

僧曰:"一切众生皆有佛性,狗子为什么无?"

---

[1] 《宏智广录》卷二,《大正藏》第48册,第20页。

[2] 关于赵州"狗子佛性无"的公案,在平野宗净《狗子佛性の话をめぐって》(花园大学《禅学研究》第62期,1983年)一文中有详细论述,可以参照。

赵州曰："为他有业识在。"

有僧问："狗子还有佛性也无？"

赵州曰："有。"

僧曰："既有，为什么却撞入这皮袋？"

赵州曰："为他知而故犯。"[1]

类似这种形式的"狗子佛性有无"的对话还见于《永平广录》卷九、真字《正法眼藏》中。道元虽然在其著述中同时也引用了临济宗的"狗子佛性无"的对话形式，但《佛性》卷中提到的宏智所理解的"狗子佛性有无"的对话形式需要引起我们的注意。因为道元的佛性论是以《佛性》卷为中心展开的，其特征，简单地说，就是在于论述"佛性有"与"佛性无"的两个方面。对道元来说，单单"佛性无"还不够，若不从"有"与"无"两个方面来说明，似乎就汲取不到佛性的真正含义。当然，这里的"有"和"无"并不是"有"和"没有"的"有"与"无"，而是业已超越这种相对的概念，被当作一个独立意涵的"有"和"无"了。也就是说，道元在《佛性》卷中拒绝接受把"无"作为绝对存在的临济宗的"狗子佛性无"的传承和观点，而是依据宏智的"狗子佛性有无"传承去解释佛性。因此可以说，道元的佛性论之所以被认为极富特色，是因为他接受了宏智"狗子佛性有无"的传承，把这种观点作为前提。因此，关于道元是如何重视宏智的语言和思想传统，由此可见一斑。

---

1 何燕生译注：《正法眼藏》（修订版），宗教文化出版社，2017年，第42—43页。

以上虽然只考察了几个事例，但可以看出，只是摘出只言片语或者某个部分就认为道元为了超越宏智的禅思想从而更改了宏智语言的说法，实属欠妥。我们知道，每一个词语都带有它自身的文脉，即便只是理解某个文脉中的一个词语，也不能无视整个文脉而不顾。在我们解读道元文字的时候，同样应该如此。以上关于被认为是由道元改动的宏智的语言，我们通过各自的文脉进行考察，可知道元不但没有改动宏智的语言，相反，在陈述自己的语言时还受到了宏智语言的启发，甚至在撰写自己的著作时还借用了宏智的表达方式。上面提到了所谓赵州"狗子佛性"公案传承的事例，可以作为一个旁证。通过这一例证，我们也可确认，道元原封不动地采用了仅见于宏智有关赵州"狗子佛性有无"的传承，并以此作为自己的佛性论基础的事实。

那么，道元对宏智的理解仅仅是如前所述单纯地源于所谓对祖师的绝对皈依吗？或者说，因为宏智是曹洞禅的集大成者，所以道元从如净那里所继承的禅法恰恰也是曹洞禅的缘故吗？道元对宏智的理解的标准究竟为何？这是我们下面需要探讨的问题。

第三节　道元对宏智理解的标准和特征

探寻道元对宏智理解的标准，有一个最重要的线索，就是"宏智古佛"这一称呼。当然，道元使用"古佛"的称呼并不仅限于宏智一人。[1] 为此，对于道元关于"古佛"称谓的意思，我们有必要加以详细的解析。不过，对于毕生以"模仿古佛"[2]自称的道元来说，至少不是无选择地把禅宗历史上所有的祖师都称作"古佛"，而是自有道元本人的理解和洞察。笔者在此想要指出的是，道元只是对一些特定的人物才使用这样的称呼，而这些特定的人物其实是以"行"或"法"作为其佛法依据的。有关这一点，我们也可以在道元强调的所谓"行佛"和"全一佛法"，即"行"的彻底性（"不曾污染"）和"法"的正当性（"正法"）上得到了解。因此，我们不能把道元对"宏智古佛"的称呼仅仅解释为一种尊称，而应该把它

---

1 《正法眼藏·古佛心》卷，对古佛及古佛心的来龙去脉有详细说明。另外，在《行持》卷中，有"正法正伝せり、諸人これを古仏といふ"（正法正传也，诸人谓之古佛）的记述。依据石井修道的论考，道元在《正法眼藏》称其他人物为古佛的例子仅限于天童如净、药山惟严、香严智闲、长沙景岑、黄檗希运、光宅慧忠、赵州从谂和圆悟克勤（石井修道：《道元禅の成立史之研究》，大藏出版社，1991年，第410页）。但是，这些人物并不一定都是曹洞禅的实践者。因此，可以想见，道元用古佛称之，自有道元独特的缘由。

2 高崎直道、梅原猛撰写了《古仏のまねび"道元"》（角川书店，1969年）一书。内容暂且不论，书名"效仿古佛的道元"则恰当地表达了道元的性格。

作为道元理解宏智的一个重要的要素来看待。也就是说，道元之所以把宏智理解为古佛，是因为宏智的"行持"或者"禅法"构成了其中的一个有力依据。

然而，据道元著述中所提到的宏智，或者通读道元直接引用《宏智广录》中部分文字，我们可以了解到，道元其实并没有引用宏智"禅法"的文字，即以"默照禅"为特征的宏智禅法及阐述该禅法特色的《默照铭》，而是集中引用关于宏智的"行持"，即强调坐禅修行的《坐禅箴》。从下面的论述中，我们可以清楚地看到，这并不是源于道元对宏智"默照禅"的漠视，而是源于道元自身禅思想的特征。也就是说，道元对宏智语言的引用和论说，带有偏向于宏智的"行持"的倾向，说明道元对宏智的理解其实是以宏智的"行持"作为其标准的，同时也显示着道元的禅思想是以"修证一等"为其基本立场的情况。

禅所谓的"行持"，即指修行、办道，是修行人为了达到佛教所谓终极存在的"悟"而进行的一种宗教实践。终极目标"悟"具体由"坐禅"作为其代表。当然，也有要求把行住坐卧等日常生活的全部当作修行来看待的说法。不过，这里所说的宏智的"行持"，主要是指前者，即以打坐或者坐禅为特征的宏智的宗教实践。

记载宏智"行业"的基本史料有《宏智禅师妙光塔铭》、《敕谥宏智禅师后录序》、《敕谥宏智禅师行业记》、《宗门联灯会要》卷二九、《嘉泰普灯录》卷九、《五灯会元》、《五家正宗赞》卷三、《佛祖历代通载》卷二〇等灯史中所见的宏智章，以及净启重编《宏智广录》（4卷本）的"行实"。[1]根据这些，我们知道，宏智生于北宋元祐六年（1091），母亲是隰州（今山西省隰县）李氏。祖父名寂，据说对禅和般若颇感兴趣。宏智11岁出家，14岁受具足戒，18岁外出开始参学，最初拜汝州（今河南省汝州市）香山寺的枯木法成（1072—1128）为师。枯木是曹洞宗芙蓉道楷（1043—1118）的弟子。之后宏智又拜在芙蓉道楷的另一位弟子丹霞子淳（1064—1117）门下，并最终继承其法。子淳任唐州（今河南省唐河县）大乘山、随州（今湖北省随州市）大洪山住持时，宏智担任过书记和首座；子淳死后，宣和四年（1122），在相当于师兄的长芦清了住持的真州（今江苏省仪征市）长芦崇福寺，宏智被迎请为首座。从宣和六年（1124）到建炎二年（1128），宏智曾住持过多座寺庙。建炎三年（1129），入主明州天童寺。其间，绍兴九年（1139），受敕命晋住杭州灵隐寺，但是不到两个月就退位了。宏智一生的大部分时间是在天童寺度过的，住持天童寺前后共30年。正如一般所称"天童觉和尚"一样，宏智的活动中心主要集中在天童山，而他的思想及在禅佛教界的地位，也可以说是在天童山得以形成和树立的。在宏智住持天童寺期间，寺内聚集了许多修行僧，所谓"寺屋几千间，无不新者"[2]。绍兴二十七年（1157），宏智示寂，葬于天童寺的东谷，享年67岁。翌年，南宋高宗诏诣其"宏智禅师"之号。关于宏智的功绩，大慧评价说，"起曹洞于欲坠之际，针膏肓于必

---

[1] 在有关宏智的传记资料研究中，有石井修道的力作。本章关于宏智"行业"的数据，主要参照了他的著书。(石井修道：《宋代禅宗史の研究》，大东出版社，1987年，第295—330页)

[2] 《敕谥宏智禅师行业记》，《大正藏》第48册，第120页。

死之时"[1]。宏智强调坐禅，提倡"默照禅"，与当时的"文字禅""看话禅"并驾齐驱，一时风靡禅林，而且得到士大夫的广泛支持，当然也受到了来自大慧的强烈批评。总之，如实地反映宏智"行持"的文字记载，包括如下几段：

（1）建炎末，应缘补处太白之麓。海隅斗绝，结屋安禅。会学去来，常以千数。师方导众以寂，兀如枯株。[2]

（2）冬暖夏凉，昼香夜灯，开钵而饭，洗足而坐。耕牧其间，警导以寂。[3]

（3）盖师初以宴坐入道，淳以空劫自己示之，廓然大悟。其后诲人不倦明空劫前事。
　　唯师彻证佛祖根源，机锋峻激，非中下之流所能凑泊，而昼夜不眠，与众危坐，三轮俱寂，六用不痕，宗通说通，尽善善美。故其持身也严，其倡也文，其庄严佛事，接引迷途。[4]

（1）中的"太白之麓"指天童山。这段文字记载了晋住于天童山之后宏智的坐禅修行情况，可知作为宏智宗教实践的"行持"，

1　《大慧普觉禅师语录》卷一二，《大正藏》第47册，第860页。
2　《宏智禅师广录》卷五《小参语录序》，《大正藏》第48册，第57页。
3　《宏智禅师广录》卷八末《僧堂记》，《大正藏》第48册，第100页。
4　周葵撰《宏智禅师妙光塔铭》。

即兀兀地坐着；而引导求学者的方法是"寂然"，即用无言作为指导的方法。（2）记述了作为坐禅修行场的僧堂的建立由来。不过，从"开钵而饭，洗足而坐"这几个字不难推测，在宏智亲自指导下的天童山的坐禅修行是相当严格的。新建的僧堂，冬暖夏凉，无论白昼还是夜晚，僧人们对于坐禅，从不懈怠。此外，所谓"牧耕"，即在指导学人方面，宏智也是用寂然无语以应对。（3）中所谓的"淳"，是指宏智之师丹霞子淳。宏智在其师丹霞用"空劫自己"开示的情况下，忽然大悟。在这段引文中，特别值得注意的是关于"昼夜不眠，与众危坐"的描述，传递了宏智自年轻时起就始终如一地以坐禅作为根本修行方法的事实。

如此这般彻头彻尾地践行坐禅之道的宏智的形象，一定给重视"行持"的道元留下了深刻的印象。道元在《正法眼藏·行持》卷对宏智的"行持"进行如下赞誉：

> 太白山宏智禅师正觉和尚之会下护伽蓝神曰："吾闻觉和尚住此山十余年，常到寝堂见，不能前，未之识。"实相逢于有道之先踪也！
>
> 此天童山，元是小院也，自觉和尚之住此，乃扫除道观、尼寺、教院等，而为今之景德寺也。[1]

当时，一位护伽蓝神说："听说宏智住持天童山已经十余年了，想见一见他在内堂休息的样子，但总不能进到前面去，所以一次也

---

1 何燕生译注：《正法眼藏》（修订版），宗教文化出版社，2017年，第132页。

没见到他。"对此，道元赞道"实相逢于有道之先踪也"，接着讲述宏智创建天童山的经历。这段记事见于《宏智禅师行业记》，因此，很可能道元引用了该文。

可见，道元对宏智"行持"的理解和评价主要集中在《正法眼藏》所收录的《坐禅箴》卷中。在《坐禅箴》卷，道元针对历代祖师的坐禅观表明自己见解的同时，还对宏智的《坐禅箴》一字一句地给予了恳切的评价和解释。这在包括对待如净在内的历代祖师著书的态度中，不得不说是极其特殊的现象。从道元《坐禅箴》卷是以宏智的《坐禅箴》作为模板而撰写的事实可知，道元对宏智的理解，是以宏智的"行持"作为标准的。也就是说，道元通过宏智的《坐禅箴》，与以坐禅修行为其宗教实践之关键的宏智产生了宗教上的共鸣。

> 宏智禅师之坐禅箴虽非道得不是，然更须如是道取。大凡佛祖之儿孙，必当以参学坐禅为一大事也，是单传之正印也。

道元认为，宏智《坐禅箴》的语言是完美无瑕的典范，因此，但凡继承佛祖传统之学人，都应该把坐禅作为一件大事来看待，应该知道，这才是佛祖正传的标志。由此可知，道元对宏智的理解其实是通过宏智的《坐禅箴》来完成的，他从中确认了坐禅是佛祖"单传之印"的权威性。此外，在《坐禅箴》卷中还可以看到相同的记述：

> 坐禅箴者，唯大宋国庆元府太白名山天童景德寺宏智禅师正觉和尚所撰者即是佛祖（之所撰）也，即是坐禅箴也，道得

是也。一人光明于法界之表里，是古今佛祖中之佛祖也。前佛后佛，皆由此《坐禅箴》而箴；今祖古祖，皆由此《坐禅箴》而现成。

先师上堂时，常云："宏智者，古佛也。"其余之汉恁么云者，全无也。知人之若有眼目时，则亦可知音佛祖也。实知洞山（门下）有佛祖焉！[1]

道元评价宏智的《坐禅箴》，是"佛祖也"，"道得是也"，"今祖古祖，皆由此《坐禅箴》而现成"等，予以高度的赞扬；同时又引用如净的所谓"先师上堂时，常云：'宏智者，古佛也。'"，如同称如净为古佛一样，赞誉宏智说，"实知洞山有佛祖焉"，强调自己所撰《坐禅箴》的内容并没有超出其范围。也就是说，在如净门下体悟到"只管打坐，身心脱落"这一禅的真谛之后的道元，在这里又从同属曹洞法系的宏智那里寻找到坐禅修行的理论根据，并再一次地确认了作为佛祖"行持"的坐禅的权威性。道元对宏智理解的特色，似乎就表现在这里。类似的言说，在《正法眼藏·王索仙佛陀婆》卷中也可见到。

先师古佛上堂时，常曰："宏智古佛。"
是故，以宏智古佛相见为古佛者，唯先师古佛。宏智时，有云径山大慧禅师宗杲者，当是南岳之远孙。大宋一国之天下以为大慧当与宏智等，甚或以为比之宏智亦更为其人也。此错

---

[1] 何燕生译注：《正法眼藏》（修订版），宗教文化出版社，2017年，第97页。

第七章　雕文丧德与琢磨增辉——关于道元对宏智正觉禅学的理解

者,乃大宋国内之道俗,皆以疏学,慧眼未明,不明知人,亦无知己之力也。

宏智之所语者,有真个之立志![1]

道元批评说:真正能够理解宏智之为古佛的,只有先师如净一人,何况那些评价大慧比之宏智有过之而无不及者,都是一些缺乏佛道之慧眼的人,因其无知人之力量和知己之力量的缘故。道元认为,宏智才是一位有"真个之立志"者。这种理解与其说是通过其师如净而得来的,倒不如说是道元基于自身的认识和体验所得到的,更为确切。构成这种价值判断的标准,是在作为修行者的道元的主观意识中存在着具有普遍禅意的"道得"或体验。基于这种"道得"或体验,道元反复强调自己所表达的语言与宏智之间没有差异。比如《永平广录》卷四,就有这样的言说:

解夏上堂云:"宏智禅师住天童时,解夏上堂云:'……先行不到犹迷己,末后才过又借功。'"师云:"这个是宏智古佛解夏底句,永平聊有同声相应底句。大众要听么?"良久云:"从来汗马无人识,只要重论盖代功。这个是与宏智古佛同声相(应,引用者注)底句,法歳(藏,引用者注)周圆底句。"[2]

针对宏智所言的"先行不到犹迷己,末后才过又借功",道

---

[1] 何燕生译注:《正法眼藏》(修订版),宗教文化出版社,2017年,第541页。
[2] 大久保道舟编:《道元禅师全集》卷下,筑摩书房,1970年,第82页。

元用"从来汗马人不识，只要重论盖代功"来回应，认为自己得到了与宏智的所言是"同声相应之句"的认知。这里的话题是指应该正确地认识前人的修行功德，与前面提到的所谓"皓玉无瑕，雕文丧德"与"皓玉无瑕，琢磨增辉"的情况有着明显的不同。道元对宏智"行持"的理解，不是仅仅停留在"对师的顺从"这样单纯的模式上，而是建立在主动地、积极地与其接近的基础上，经过内心主观认识来进行的。这可以说是道元对宏智理解的标准特征之所在。

对特定的禅宗人物用"行持"作为标准来理解，似乎是道元一贯的思想。道元历经人生的种种苦难，对当时日本佛教界的"行持"现状，抱着绝望的心态而远渡宋朝，其目的就是为了彻底求证"行持"之精髓。最终在中国禅师如净的指导下，道元悟到了"行持"的真谛，回到日本以后，陆续撰写了《普劝坐禅仪》《办道话》等文，其目的不外乎为了专门阐明"行持"的普遍性和确实性。他甚至说："佛家之中，不论教之殊劣，不抉法之浅深，但知修行之真伪。"[1] 道元特别重视"行持"，而且自己还身体力行地实践。对于历代禅宗祖师的"行持"，道元亲自执笔撰写了《行持》卷，予以高度赞扬。可以说，道元一生，其所言、所行不外乎就是所谓"行持"的"道得"和实践。然而，道元并未轻视"言教"和禅法。他只是立足于"修证一等"这一基本原则，强调"行持"罢了。按照他的理论，"行持"的过程其实就是"证"的全部，现在的"行持"是"悟"后之"行持"。道元不问"证悟"的结果如何，只求

---

1 何燕生译注：《正法眼藏》（修订版），宗教文化出版社，2017年，第23页。

到达"证悟"的过程,即所谓"行持"的连续性。而且,还有一个关键性的条件,即"邂逅""名师"。也就是说,通过"邂逅""名师"以体得"正法",然后在确定"正信"(正确的皈依)的基础上,实行正确的实践,这就是道元的动态修行理论。前面我们所看到的他对宏智的理解所呈现出来的正是这种修行原理原貌的一个缩影。

第四节 结语

以上关于道元对宏智禅学的理解,我们首先围绕所谓被道元改动过的几句宏智的语句比较各个语句的出处,并结合整个文脉进行了探讨;其次论述了道元对宏智禅学理解的标准和其特征。关于前者,如前所述,道元并不是为了强调自己思想的独特性而对宏智的语言进行改动,而是在陈述自己的理念时受到了宏智语言的启发。同时道元还劝说弟子们要忠实地接受宏智禅学等。在道元的语言中,我们能够看到与宏智近似的表达,这恰好形象地说明了二人之间紧密相连的思想关系。与此同时,在道元的语言中,我们能够发现不同于宏智的表达方式,其实这正是道元自己的语言价值之所在,进一步说,即道元禅思想存在的价值。关于后者,如业已指出过的那样,从道元主要集中地谈及宏智"行持"的部分语言可以知道,道元对宏智的理解是通过宏智的行业和《坐禅箴》来进行的,与将坐禅视为终极修行的宏智的"行持"观产生了共鸣,并把它当作自己修行的标准。但这并非意味着道元对宏智的"禅法"抱有轻视的态度。相反，道元认为，只有通过对"行持"的理解，才能够"邂逅"古佛。这与道元独特的修行理论有关。一方面称自己的思想来源于师资相承，另一方面却在各种各样的语言表达中呈现出与以往不同的理论形态，这恰好是道元禅思想特征之所在。

一般说来，宏智与道元二人的坐禅观，既有相通之处，又有不同的地方。如《默照禅》《坐禅箴》中所说的，宏智强调一切语言行为应该"休歇"，主张坐禅之彻底，极力阐述以"默"为坐禅之"体"，以"照"为坐禅之"用"，通过"默"与"照"的并举，以到达终极境界的"离微"。道元也撰写了《普劝坐禅仪》和《坐禅箴》等，认为坐禅是直通佛祖的方法，提倡"只管打坐"。因此，在强调坐禅这一点上，无论是宏智还是道元，二人的观点是共通的，只是在具体的表现方法上呈现出各自的差异。宏智用"默照"的方式阐说坐禅，道元却从未使用过"默照"二字；相对于宏智用"离微"来表达终极境界，道元则以"落脱"来表达。

宏智强调"默照"坐禅，这与当时流行的"看话禅"的存在不无关系。因此，所谓"不要作道理，咬言句，胡棒乱喝，尽是业识转"（《宏智广录》卷五，《大正藏》第48册，第60页）等，其实带有批判当时盛行的"看话禅"的意味。不过，"默照禅"与"看话禅"的对立在宏智死后则不多见了，特别是到了道元入宋的时候已经是"独临济宗遍于天下"（《办道话》语）的状态了。如何应对"独临济宗遍于天下"的时势，是摆在当时道元面前的一个重要课题。如前面《坐禅箴》卷所见，道元为了批判当时流行的临济宗的

第七章 雕文丧德与琢磨增辉——关于道元对宏智正觉禅学的理解　·219

坐禅观、《坐禅箴》和《坐禅铭》,试图将宏智作为其主要依据。因此,道元之所以强调宏智的《坐禅箴》,是因为当时的道元似乎存在着复兴曹洞宗独自坐禅观的意图,反映了南宋中日曹洞宗交流的一个侧面。

第八章

道元的佛性论

第一节　前言

佛性，也称"佛界""佛藏""如来藏""如来性""心""般若智"等，是大乘佛教的基本概念之一。[1]在有关佛性的各类解释中，阐述"一切众生，有佛性"的《涅槃经》最为流行且影响深远。在《涅槃经》中，所谓佛性，即指一切生命体在其来世皆有成佛的可能性。这种思想随着《涅槃经》的汉译被介绍到中国之后，逐渐受到一些敏锐的知识僧侣的关注，并成为他们竞相讨论的话题。[2]禅宗也不例外。据《坛经》记载，被称为禅宗六祖的惠能提出"佛性无

1　《望月佛教大词典》"佛性"条。
2　可参见吉藏《大乘玄论》中的论述。（石峻等编：《中国佛教思想资料选编》第2卷第2册，中华书局，1983年，第353—354页）关于《涅槃经》"悉有佛性"说，可参见末木文美士所著《佛教—言葉の思想史》第七章《佛性》（岩波书店，1996年）。

南北",倡导佛性平等。[1]赵州从谂说"狗子无佛性",这句话在后来成为古则公案,成为公案禅的先导[2]。"无"字公案席卷宋代禅林,成为宋代禅林的一大特色。

随着时代的推移,禅宗关于佛性的解释,尽管在语言表达以及在内容层面发生了种种变化,但基本上可以说是以《涅槃经》的"一切众生,悉有佛性"作为问题焦点,或者说作为诠释的重要前提。道元对佛性问题同样给予极大的关注,撰写了以专门讨论佛性问题的《佛性》卷,并且将《涅槃经》中的"一切众生,悉有佛性;如来常住,无有变异"作为该卷的压卷之语,予以强调。然而,道元将《涅槃经》中的"一切众生,悉有佛性"解读为"一切即众生也""悉有即佛性也",针对《涅槃经》中"悉有佛性"的说法,予以富有特色的解释。与此同时,道元还对以前禅宗的一些佛性学说提出批判,试图从佛性"有"与"无"的双方把握佛性为一种非实体,从而确立了独具匠心的佛性论。

本章拟以《佛性》卷为研究中心,首先深入探讨道元关于佛性的论述及其特色;其次分析《佛性》卷中道元对佛性学说的批判,具体阐明其批判的对象及背后的原因。通过这些研究,旨在揭示出道元佛性论的核心特色。

---

[1] 散见于《坛经》诸本以及《曹溪大师别传》、《祖堂集》惠能章、《景德传灯录》惠能章等。
[2] 秋月龙珉:《赵州录》,筑摩书房,1972年,第130页。

第二节 《佛性》卷中所见道元关于佛性的诠释及其特色

关于佛性,道元在其著作的许多地方做过不同程度的论述,而较为集中的言说则是《正法眼藏》中的《佛性》卷。

《佛性》卷为道元从南宋回到日本后不久在京都附近的兴圣寺所撰,其篇幅在整个《正法眼藏》中属于较多者。关于其内容,我们从卷首所列举的《涅槃经》所谓"一切众生,悉有佛性;如来常住,无有变异"一段文字看便可知道,该卷是以应该如何理解《涅槃经》的"悉有佛性"说作为主题的。道元指出,《涅槃经》的这句话虽是释迦牟尼佛的言教,但自"一切诸佛,一切诸祖"参究其道理以来,至日本仁治二年,已历经2190年,到如净禅师"正嫡恰好五十代"由"西天二十八代""东地二十三世"一脉相传。道元对《涅槃经》中这句话的含义进行如下说明:

> 世尊所道之"一切众生,悉有佛性",其宗旨如何?"是什么物怎么来"之道转法轮也。[1]

---

[1] 何燕生译注:《正法眼藏》(修订版),宗教文化出版社,2017年,第26页。

"是什么物恁么来"是一个疑问词。据《景德传灯录》《天圣广灯录》记载，该句见于惠能与怀让初次会面时的问答，是惠能向怀让的问语。怀让为了理解这句话的意思，前后花费了八年时间。[1]道元在这里也借用了"是什么物恁么来"一语。接下来，道元解释"悉有佛性"说：

悉有之言，是众生也，群有也。悉有者佛性也。[2]

也就是说，道元不依照通常将"悉有"诠释为"都有"的读法，而是读成"悉有"，即视其为一个独具意涵的词语。正是基于这样的读法，所谓"悉有佛性"也就不是通常所谓"都有佛性"的意思了，而是变成了"悉有者佛性也"这一新的意涵。这样的读法及诠释方法，毋庸置疑违背了汉文本来的脉络。然而，道元几乎用尽了语言来解释"悉有"之"有"的意涵。如说：

当知今之佛性悉有之有，非有无之有。悉有者，佛语也，佛舌也。佛祖眼睛也，衲僧鼻孔也。悉有之言，更非始有，非本有，非妙有等，何况缘有、妄有哉？（悉有）不关心、境、性、相等。[3]

---

1 可参见《景德传灯》卷五《怀让》章，《天圣广灯录》卷八《怀让》章。
2 何燕生译注：《正法眼藏》（修订版），宗教文化出版社，2017年，第26页。
3 同上，第27页。

既然"悉有"之"有"是"不关心、境、性、相",那么我们理所当然不能用语言来表达它。关于其理由,道元继续详细论述:

> 非本有之有者,因亘古亘今故;非始起之有者,因不受一尘故。非条条有者,因合取故。非无始有之有者,因"是什么物怎么来"故。非始起有之有者,因吾常心是道故。当知于悉有中,众生快便难逢也。如此会取悉有,悉有即透体脱落也。[1]

由此我们可以知道,道元所理解的"悉有"之"有",是一种作为具有绝对意涵的"有"。所以,佛性也只能用"是什么物怎么来"的疑问句才能表达。也就是说,如同"悉有"一样,道元将佛性也视为一种只能用否定或疑问来表达的非实体性的存在了。换言之,佛性是一种永远也不能被客体化,谁也不能从理论上进行把握的非实体的存在,因此用"是什么物怎么来"的疑问句来表达它是最贴切不过了。在这种意义上,我们可以理解,对于道元来说,所谓"是什么物怎么来"一语并不只表达疑问,更是在表达佛性特征。与此同时,所谓"是什么物怎么来"也不单单是一种问话,还可以说是对佛性的一种认识。这种观点,我们还可以从卷末最后一段结语中得到进一步的了解。如说:

> 更道取佛性者,虽不拖泥带水,盖墙壁瓦砾是也。向上道

---

[1] 何燕生译注:《正法眼藏》(修订版),宗教文化出版社,2017年,第27页。

取时，作么生是佛性？还委悉么？三头八臂。[1]

讨论佛性到底为何，已不需再用更多的语言进行解释了，如果要再做说明的话，那么佛性就是"墙壁瓦砾"；若再抽象地说，佛性就是"三头八臂"。我们知道，"墙壁瓦砾""三头八臂"与"是什么物恁么来"一样，并非道元之首创，但是道元借用它们以表达自己所理解的佛性的意涵。道元认为，既然佛性是非实体的存在，那么我们若不依照其非实体性，则不能体悟到它的真意；与此同时，"悉有"既然是佛性，我们可以通过任何事物感悟到佛性的存在。可以说，这就是贯穿整个《佛性》卷中道元关于佛性的基本观点。

道元基于这样的观点逐一列举禅宗史上一些祖师关于佛性话题的问答，并进行诠释。比如马鸣的"佛性海"、禅宗四祖道信（580—651）的"无佛性"、五祖弘忍（601—674）的"岭南人无佛性"、六祖惠能的"无常佛性"、盐官齐安（？—842）的"一切众生有佛性"、沩山灵佑（771—853）的"一切众生无佛性"、百丈怀海（749—814）的"五阴不坏身"、黄檗希运（？—855）与南泉普愿（748—834）关于"明见佛性"的问答、赵州从谂的"狗仔佛性"、长沙景岑（生卒年不详）的"蚯蚓斩为两段"等。以下我们从中选择几则话题来具体讨论。

---

[1] 何燕生译注：《正法眼藏》（修订版），宗教文化出版社，2017年，第44页。

1. "无佛性"

关于"无佛性",如道元自己所述,"无佛性之言,遥闻于四祖之室也,见闻于黄梅,流通于赵州,举扬于大沩"[1]。道元在《佛性》卷中引用这些祖师关于佛性的言说与对话问答,并进行自己独特的解释。最先被列举的是四祖、五祖关于"无佛性"的问答。四祖向五祖说:"汝无佛性。"对此,五祖说:"佛性空故,所以言无。"道元并没有将这里出现的"无"理解为有无之"无",而是将其理解为就是一种超乎有无相待的"无",认为应该穷究作为"佛性无"的道理。如他说:

> 明白道取:空非无。道取佛性空,不言半斤,不说八两,言取无也。空故不言空,无故不云无,佛性空故,即云无。然无之片片,乃即道取空之标榜也;空者,乃道取无之力量也。所言空者,非"色即是空"之空。所云"色即是空"者,非强为色为空,非分别空而造作为色。当为空是空之空也。所谓"空是空之空"者,即空里一片石也。然则,佛性无与佛性空及佛性有,乃是四祖五祖之问取道取。[2]

也就是说,五祖所言的"无佛性"的"无"非有无之"无",就是"无",以"佛性空故,即云无"。然而,其"空"也非"色即

---

[1] 何燕生译注:《正法眼藏》(修订版),宗教文化出版社,2017 年,第 31 页。
[2] 同上,第 31—32 页。

是空"的"空",而是"当为空是空之空也"。道元认为,如果不超越有无之对立,不超出"色空"相待之"空""无",我们则不能把握五祖所言的"佛性空故,即云无"的真实意涵。

关于"无佛性",道元接下来列举了六祖惠能与五祖弘忍之间的对话:

> 震旦第六祖曹溪山大鉴禅师,昔参诣黄梅山,五祖问:"汝自何来?"
> 六祖曰:"岭南人也。"
> 五祖曰:"来求何事?"
> 六祖曰:"求作佛。"
> 五祖曰:"岭南人无佛性,如何作佛?"[1]

针对六祖与五祖之间的这个对话,道元进行如下解释:

> 此"岭南人无佛性"之语,非谓岭南人无有佛性,非谓岭南人有佛性,乃谓"岭南人,无佛性"也。所言"如何作佛",即谓如何期待作佛也。[2]

道元在这里又通过改变汉文的传统性读法解释"无佛性"的

---

1 何燕生译注:《正法眼藏》(修订版),宗教文化出版社,2017年,第32页。此问答原出《景德传灯录》卷三《大满弘忍》章。

2 同上。

概念。通常所谓"岭南人无佛性"的"无佛性",即指"岭南人没有佛性"。然而,道元所关注的不在于"有"与"无",而在于佛性的本质是一种非实体的存在,因此他拒绝通常的读法。人们思考佛性是"有"或者"无"时,往往容易以否定或肯定的形式将佛性客体化。然而,佛性并不被客体化,同时又是不可得的"是怎么物",所以人们客观地论述佛性是"有"或者"无"时是完全错误的。如果人们能够真正体悟到佛性的这个道理,也不需要强调"有佛性"。说众生就是众生,就足够了。因此,道元在引用沩山灵佑关于"一切众生无佛性"的话头时,也是基于这一观点进行评价的。如他说:

> 释尊所说者,"一切众生悉有佛性"也。大沩之所道者,"一切众生无佛性"也。"有""无"之言理,极相殊异。道得之当否,须当疑之。然则,唯"一切众生无佛性"之言于佛道为长也。
>
> ……
>
> 今大沩所道之理致,以"一切众生无佛性"为理致。尚不言旷然绳墨之外,(以)自家屋里之经典,(故)有如是受持。[1]

道元认为,大沩所言的"一切众生无佛性",是以"一切众生无佛性"作为道理,并被其所束缚,不得自在,因为他还将"无佛性"视为一种经典:

---

[1] 何燕生译注:《正法眼藏》(修订版),宗教文化出版社,2017年,第39页。

> 复须向大沩问曰：设若道得"一切众生无佛性"，然未说一切佛性无众生，未说一切佛性无佛性，况乎（说）一切诸佛无佛性者，梦也未见在。[1]

道元指出，我们不应该被所谓"一切众生无佛性"的言说所束缚，说"一切佛性无众生"也行，或者说"一切佛性无佛性"也行，甚至说"一切诸佛无佛性"也行，然而大沩尚未达到这种层次。说"有佛性"时若不超出"有佛性"，说"无佛性"时若不超出"无佛性"，则不能彻底把握佛性的真实原貌。因此，道元说：

> 一切众生如何是佛性？如何有佛性？若有佛性，是为魔侥，似将来魔子一枚强加于一切众生。佛性若是佛性，众生亦即是众生也。[2]

这一段话充分地表达了道元所理解的"无佛性"概念。佛性就是佛性，众生只是众生。关于其理由，道元指出：

> 佛性之道理者，非谓佛性于成佛之前具足，乃谓于成佛之后具足也。佛性必与成佛同参。此道理，须当功夫参究。须当功夫参究三二十年，非十圣三贤所能明了。[3]

---

[1] 何燕生译注：《正法眼藏》（修订版），宗教文化出版社，2017年，第40页。
[2] 同上，第39页。
[3] 同上，第32页。

即佛性与众生之成佛同时现成，所以，尚未开悟的众生思考佛性是有是无，只不过是一个错觉而已。道元采取与汉文传统性读法完全相异的读法的理由也就在这里。为此，道元批判说，无论是强调"有佛性"还是高扬"无佛性"，他们都是诽谤佛法的魔党。

道元关于佛性的有无之论，还见于他在《佛性》卷中对盐官齐安的"一切众生有佛性"、赵州从谂的"狗子佛性"、长沙景岑的"蚯蚓斩为两段"等公案的解释中。作为道元的结论性言说，则见于与生死相关联的如下一段文字中：

> 以为佛性乃生时有，死时乃无者，最为少闻薄见也。生时亦是有佛性，是无佛性也。死时亦是有佛性，是无佛性也。[1]

既然"悉有即佛性"，佛性"是什么物怎么来"，那么在生与死，既可说成"有"，也可说成"无"。因为佛性毕竟以其非实体性限定与其相应的有无。总之，道元通过否定佛性不变性的观点（将佛性实体化并执着之）和佛性虚无性的观点（将无佛性实态化并执着之），试图把握"无佛性"的意涵。

2. "无常佛性"

在《佛性》卷中，道元关注的另一个概念是"无常佛性"。对道元来说，所谓"无常佛性"，是佛性与"无佛性"的统合。"无常"是佛教的基本概念，同时是构成佛教"三法印"之一的"诸法无常"。

---

[1] 何燕生译注：《正法眼藏》（修订版），宗教文化出版社，2017年，第44页。

在佛教中，强调现象界的无常或者变化，恰好与佛性或者如来（佛）的恒常性或者不变性相反。然而，道元主张无常才是佛性。这种主张也表现在他对惠能关于"无常佛性"言说的理解之中。如他说：

> 六祖示门人行昌云："无常者，即佛性也；有常者，即善恶一切诸法分别心也。"所谓六祖道之"无常"，非外道二乘等能所测度。二乘外道之鼻祖鼻末虽云无常，而彼等未能穷尽（其义）。然则无常之亲自说著、证著、行著无常，皆应是无常。……常圣者，是无常也；常凡者，是无常也。若是常凡圣者，则不应是佛性，是小量之愚见也，是测度之管见也。其佛者，小量身也，其性者，小量作也。是故六祖道取："无常者佛性也。"[1]

六祖惠能所言的"无常"，不是外道、小乘等之所能测知的。小乘、外道之辈虽也言"无常"，但他们并不能完全理解"无常"的意涵。也就是说，"无常"者若能自说"无常"、自行"无常"乃至自证"无常"，那么他们都可能是"无常"。恒常的圣者是"无常"，恒常的凡夫也是"无常"。如果圣者和凡夫是固定不变的，那么他们不可能成为"佛性"。这是见解狭隘的愚者的看法，是凡夫的臆断，其"佛"是小量的佛，其"性"只能发挥微小的作用。因此，六祖说："无常者佛性也。"道元就是这样理解惠能"无常者佛

---

[1] 何燕生译注：《正法眼藏》（修订版），宗教文化出版社，2017年，第33—34页。

性也"言说意涵的。[1]

依照道元的理解，如果说众生所追求的涅槃是超越"无常"的，那它不是真正的涅槃。因为它依然与"无常"相对立，受制于"无常"。只有从作为超越"无常"的涅槃的认识中解放自己，才能获得真涅槃。换言之，通过从"无常"与"常"的束缚中摆脱出来，从轮回或涅槃之中将自己解放出来，并且在"无常"的此世彻底使自己得到复活，才能得到真涅槃。因此，所谓真涅槃，其实就是如实地接受"无常"。

此外，道元还从"佛性故无常也"这种反论式的立场阐说佛性的意涵：

> 然则草木丛林之无常，即是佛性也；人物身心之无常，是

---

[1] 宗宝本《坛经·顿渐品》载有惠能与志彻关于佛性"常"与"无常"的对话，据此，志彻举《涅槃经》中"常"与"无常"的意思问惠能，惠能回答："无常者，即佛性也；有常者，即一切善恶诸法之分别心也。"志彻反问道"经说佛性是常，和尚却言无常；善恶诸法乃至菩提心，皆是无常，和尚却言是常"，不是与经典相违吗？对此，惠能用如下一段予以回答：
> 佛性若常，更说什么善恶诸法，乃至穷劫，无有一人发菩提心者，故吾说无常，正是佛说真常之道也。又，一切诸法若无常者，即物物皆有自性，容受生死，而真常性有不遍之处，故吾说常者。正是佛说真无常义。佛比为凡夫外道执于邪常诸二乘人于常计无常共成八倒。故于涅槃了义教中。破彼偏见而显说真常真乐真我真净。

惠能回答的意思是说：佛性之"常"体现在诸法无常之中，离开无常之法，则无"真常性"；诸法无常即是佛性"常"的显现，各个事物并不有"无常"之"自性"。惠能通过否定"常"与"无常"之"偏见"，以表达佛性真正之"常乐我净"的道理。道元对"无常佛性"的阐述与这里所见的惠能的言说较为相似。

第八章 道元的佛性论 · 233

即佛性也。国土山河之无常，是依佛性之故也。阿耨多罗三藐三菩提，此是佛性，故无常也。大般涅槃，此是无常，故是佛性也。诸般二乘之小见及经论师之三藏等，皆当惊疑怖畏此六祖之语。若惊疑者，即是外道之类也。[1]

这一段文字包含着两层意思：第一是更加具体地论述了道元所言的"悉有即佛性也"的命题，第二是通过反论式的方法将惠能的"无常者佛性也"的概念表达为"佛性故无常也"。这种反论式的表达成为一种对"无常"概念认识的强调，也就是说众生如果正确地认识"无常"，便能体悟佛性的真意；如果对"无常"不能正确地认识，也就不可能认识到佛性的真意。

道元认为，"无常"本身教导"无常"、修行"无常"、证悟"无常"，其实又教导佛性、修行佛性、证悟佛性。道元并非从万物阐释"无常"，而是从"无常"阐说万物。对道元来说，"无常"是不可回避的存在，如果离开了"无常"，那么所谓没有实体的佛性也是不存在的。因此我们可以知道，道元是从试图发挥惠能的无常佛性论的立场，以反论的方式提出"佛性故无常也"的说法的。

3. "悉有者佛性也"

如前所述，道元将《涅槃经》的"悉有佛性"读成"悉有者佛性也"。这种读法颇富特色，与此同时，通过这种解读，不仅扩大了佛性的含义，而且还扩大了"悉有"的意涵。继"悉有者佛

---

[1] 何燕生译注：《正法眼藏》（修订版），宗教文化出版社，2017年，第34页。

性也"之后，道元进一步叙述："悉有之一悉，谓众生。正当恁么时，众生之内外，即是佛性之悉有也。"这意味着道元所言的"众生"包含着无生体或者无情识体。换言之，道元将生命赋予了无生命体，将情识赋予了无情识体，与此同时，又将绝对的心与佛性也赋予了它们。因此，道元指出：

> 今佛道所云一切众生，有心者皆是众生，以心是众生故。无心者亦同为众生也，以众生是心故。然则心皆是众生也，众生皆是有佛性也。草木国土是心也。以是心故，即是众生也。以是众生故，即有佛性也。日月星辰是心也。以是心故，即是众生也。以是众生故，即有佛性也。[1]

由此可知，对道元来说，"众生""悉有"与佛性基本上是相同的东西。然而，无论道元如何强调"悉有者佛性也"，"悉有"都不是与"无"相对的概念。"悉有"在其绝对意涵上超越有无的对立。这在前面引用的下面这一段文字中已明确地表达出来了。

> 当知今之佛性悉有之有，非有无之有。悉有者，佛语也，佛舌也。佛祖眼睛也，衲僧鼻孔也。悉有之言，更非始有，非本有，非妙有等，何况缘有、妄有哉？（悉有）不关心、境、性、相等。

---

[1] 何燕生译注：《正法眼藏》（修订版），宗教文化出版社，2017年，第38页。

值得注意的是，道元在此强调指出，"悉有"并不意指"本有"。然而，关于究竟"悉有"之为何的问题，道元始终没有给予明确的回答，而是通过使用一系列的否定词语，阐述"悉有"只是"悉有"，既无剩余，也无欠缺。"悉有"是真正的、绝对性的"悉有"。这是道元所言的"悉有者即佛性也"的真正含义。换言之，正如佛性不可能客观化一样，"悉有"也不可能从理论上去把握。可以认为，道元之所以不仅视佛性而且还视"悉有"为一种不具实体的存在，是因为道元基于"悉有者，佛语也，佛舌也。佛祖眼睛也，衲僧鼻孔也"这一认识的缘故。因为是佛祖之语，所以对于与佛祖本质相异的一般众生来说是不可臆测的存在，超出了众生的思维领域。换言之，这只有通过禅的修行体验才能把握。从这一点看，我们可以认为，道元佛性论的特征之一，即在于试图将"悉有"和佛性拉入体验的世界之中以把握它们的非实体性这一点。

因其基于对"修"的强调，所以道元的佛性论与"时"的概念发生了密切的关联。而且，道元指出，人们要想得到不具有任何实体性的"悉有""佛性"的真实意涵，就必须在与此"时"的概念发生关联的"时节既至"之中。这种见解还见于道元对传统经文的另一个独具特色的解读之中。道元在《佛性》卷中，从《涅槃经》引用了以下一节：

> 欲知佛性义，当观时节因缘。时节若至，佛性现前。[1]

---

[1] 何燕生译注：《正法眼藏》（修订版），宗教文化出版社，2017年，第28页。原出《联灯会要》卷七《百丈》章，百丈引《涅槃经》语。

若是依照一般的读法，意思是说，通过现在的修行可以期待着将来机缘成熟时佛性现前。然而，这种解读法即视佛性为一种可能性，如同种子一样，隐藏在众生的某个地方。道元则反对这样的理解：

> 古今之凡夫往往误认"时节若至"之言为以待佛性将来先前之时节，如是修行之，自然逢遇佛性现前之时节。时节若未至，即便参师问法，即便功夫办道，（佛性）不会现前。怎么见取，徒还红尘，空守云汉。如此之辈，恐乃天然外道之流类。[1]

道元将"当观时节因缘"读作"以时节因缘观之"，又将"时节若至"读作"时节既至"，指出佛性于当下现成，任何时节皆是相应之时节。对道元来说，"时"或者"时节"并非意指历史中特定"时间"的时机成熟，而是指历史中一切之"时"皆为时机成熟。"时间"在任何时候都完全现成的观点与道元所谓时间的绝对断绝和一切瞬间的独立性见解有一定的关联。比如在《现成公案》卷中，我们可以看到道元如下的论述：

> 薪燃成灰，不复更成薪。虽然如是，不得见取灰后薪前。当知薪住薪之法位，有先有后；虽有前后，前后际断。灰住灰之法位，有后有前。如彼之薪燃成灰后不复再成薪故，人之死后，不复回生。然则，不言生而死者，佛法之定说也，故言不

---

[1] 何燕生译注：《正法眼藏》（修订版），宗教文化出版社，2017年，第29页。

生。死而不复回生者,法轮之所定之佛转也[1],故云不灭。生乃一时之法位也,死亦乃一时之法位也,比如冬春。不思冬后而春,不言春后而夏。[2]

道元在这里强调了时间的绝对断绝性与独立性。生只是生,死只是死,春只是春,夏只是夏,各住各位,无有变异。这似乎就是道元所谓"以时节因缘观之"的意涵之所在。若不是观念性的认识方法,以时间的本来面目认识时间,那么佛性随时现前。因此,对道元来说,时间就是佛性,佛性就是时间。而且,一切时节又都是成熟的时节。如道元说:

所谓"时节若至"者,即"时节既至,何有疑著之处"之谓也。若疑著时节,还我佛性来。当知所谓"时节若至",即十二时中不空过也。"若至"者,即"既至"也。时节若至者,佛性不至也。然则时节已至,此即佛性之现前也,或即其理自彰也。大凡皆未有时节不至之时节,未有佛性不现前之佛性也。[3]

道元强调,时间具有绝对的断绝性,一切瞬间是各自独立的;与此同时,他又强调时间也是流动的。道元称其为"经历",即所

---

[1] "法轮",即转轮圣王所持的一种可以砸碎任何东西的武器。在佛教,转指佛陀的说法。"佛转",即佛转"法轮"之意。
[2] 何燕生译注:《正法眼藏》(修订版),宗教文化出版社,2017年,第19页。
[3] 同上,第29页。

谓"非连续性连续"的时间论：

> "有时"有经历之功德，谓由今日经历至明日，由今日经历至昨日，由昨日经历至今日，由今日经历至今日，由明日经历至明日。以经历是"时"之功德故。
>
> 古今之"时"，非重合，非并积。青原亦是"时"也，黄檗亦是"时"也，江西亦是"时"也，石头亦是"时"也。[1]自他既是"时"故，修证即是诸时也。[2]

据此可知，时间的"经历"并非单一方向，而是多元且可以交替的方向。而且，"自他既是'时'故"，一切修证都在诸"时"之中。"有"与"时"是一体，"时节"在每时都成熟，"修证"就在"诸时"之中。在实践修行的终极处，一切时节皆可体悟佛性。在坐禅修行中，一切存在皆得到悟证，历史之中的每一个时间，都呈现它的恒久性。然而，我们即便从理论上进行再三切磋琢磨，也不可能把握它。只有在"而今"或者"时节既至"之中，通过实践才可以把握。离开了"而今"，离开了"修行"，这些都不可能成立。时间从现在流向现在，一切存在互通，自他不离，历历分明。若于一切时节之中坐禅修行，佛性则现前。然而若将佛性视为成佛的可能性且怠慢修行，那么佛性绝不可能现前。

---

[1] "青原"即青原行思，六祖惠能的法嗣，谥号"弘济禅师"。"黄檗"即黄檗希运，百丈怀海的法嗣，谥号"断际禅师"。"江西"即马祖道一（790—788），南岳一系的人，谥号"大寂禅师"。"石头"即石头希迁（700—790），青原一系的人。
[2] 何燕生译注：《正法眼藏》（修订版），宗教文化出版社，2017年，第187页。

因此，我们可以承认，道元佛性论的特征即在于，一方面认为佛性是超越有无之对立，超越人们认识范围的一种非实体的存在；另一方面，认为如果离开作为"有"的人，离开"而今"的修行，佛性绝不能现前，即强调作为修行的问题和时间的概念。

第三节　"绝对有"

——道元佛性论在佛性思想史上的位置

道元在《佛性》卷中列举了以前禅宗史上关于佛性问题的两种见解，并予以批判。第一种见解是"误以风火动着之心意识为佛性之觉知觉了"，对此见解，道元进行如下批判：

> 闻及佛性之言，学者多邪计其如先尼外道之我。此因不逢人，不逢自己，不见师之故也。误以风火动着之心意识为佛性之觉知觉了。谁言佛性有觉知觉了？虽觉者知者为诸佛，然佛性非觉知觉了。况言诸佛为觉者知者之觉知，非以汝等所云之邪解为觉知，非以风火之动静为觉知，唯一个、两个之佛面祖面，是觉知也。
>
> 往昔古老先德，或往还于西天，或化道于人天，自汉唐至宋朝，如稻麻竹苇（之众），多以风火之动著为佛性之知觉，实可悲矣！因学道转疏，故有今日之误失。今佛道之晚学初

心，不应如是。[1]

另一种见解认为"佛性有如草木之种子"。如说：

> 有一类人以为佛性有如草木之种子。法雨润湿时，芽茎生长，枝叶花果茂盛，果实更孕怀种子。如此之见解，乃凡夫之情量也。[2]

这两种见解，从上述道元的立场来看，当然不能被接受，将遭到批判。那么，这两种见解到底是一些什么样的人所倡导的呢？这一节拟对此问题进行探讨，以此来看一看道元佛性论在佛性思想史上的位置。

我们知道，《佛性》卷是日本仁治二年道元在兴圣寺示众的一卷，大约在此一年之前的日本延应元年（1239）五月，同样在兴圣寺，道元撰写了《即心是佛》1卷，并将其示众。在此《即心是佛》卷中，道元提及南阳慧忠（？—766）关于"南方宗旨"批判的言说，我们先看一看这段言说吧：

> 大唐国大证国师慧忠和尚问僧："从何方来？"
> 僧曰："南方来。"
> 师曰："南方有何知识？"

---

[1] 何燕生译注：《正法眼藏》（修订版），宗教文化出版社，2017年，第28页。
[2] 同上。

僧曰："知识颇多。"

师曰："如何示人？"

僧曰："彼知识，直下示学人即心是佛。佛是觉义，汝今悉具见闻觉知之性。此性善能扬眉瞬，去来运用，遍于身中，挃头头知，挃脚脚知，故明正遍知。离此之外，更无别佛。此身即有生灭，心性无始以来，未曾生灭。身生灭者，如龙还骨，似蛇脱皮，人出故宅。即身是无常，其性常也。南方所说，大约如此。"

师曰："若然者，与彼先尼外道，无有差别。彼云：我此身中有一神性，此性能知痛痒，身坏之时，神则出去。如舍被烧舍主出去，舍即无常，舍主常矣。审如此者，邪正莫辨，孰为是乎？吾比游方，多见此色，近尤盛矣！聚却三五百人，目视云汉云：是南方宗旨。把他坛经改换，添糅鄙谭，消除圣义，惑乱后徒，岂成言教？苦哉，吾宗丧矣！若以见闻觉知是为佛性者，净名不应云法离见闻觉知，若行见闻觉知者，是则见闻觉知，非求法也。"[1]

简言之，慧忠关于"南方宗旨"批判的内容涉及两种观点。第一种是认为见闻觉知的作用就是佛性本身的观点，即所谓"作用即

---

[1] 此一段文字见《景德传灯录》卷二八《南阳慧忠国师语录》，是道元转引。[何燕生译注：《正法眼藏》（修订版），宗教文化出版社，2017 年，第 53—54 页] 引文中"知识"在这里指"善知识"，即高僧大德；"正遍知"是佛号之一，也作"正等正觉"，是梵语 Samyaksambodhi 的意译；"净名"，梵语 Vimalakīrti，即佛经中常说的"维摩诘"。《维摩经》曰："法不可见闻觉知，若行见闻觉知，是则见闻觉知，非求法也。"

性说"；另一个是认为灵知、灵魂不灭而肉体坏灭的观点，即所谓"心常相灭论"。关于后者"心常相灭论"，我们拟在下一章讨论，这里先关注前者所谓将佛性视为众生见闻觉知作用的主张。慧忠将其作为"南方宗旨"之一予以批判。道元对于慧忠的这种批判予以全面的支持，指出："大证国师，乃曹溪古佛之上足也，天上人间之大善知识也。当明究国师之所示宗旨，以为参学之龟鉴。切勿识先尼之见处而从之。"[1]因此，可知《佛性》卷中道元关于以前佛性思想的批判沿袭了慧忠的思想脉络。[2]

作为"南方宗旨"之一，遭到慧忠批判的所谓"作用即性说"，据宗密《圆觉经大疏钞》卷三记载，我们知道它是由洪州宗所提出的观点：

---

[1] 道元《正法眼藏·即心是佛》卷。[何燕生译注：《正法眼藏》（修订版），宗教文化出版社，2017年，第54页]

[2] 考察道元的思想，我们不能忽视南阳慧忠的影响。道元在《正法眼藏·无情说法》卷、《他心通》卷赞叹南阳慧忠的思想与人格，而且在道元的著作中有关南阳慧忠言说的引用也非常之多。道元对南阳慧忠的评价，其典型代表见于《他心通》卷："今曹溪会下，青原、南岳之外，仅大证国师，其是佛祖也。"[何燕生译注：《正法眼藏》（修订版），宗教文化出版社，2017年，第537页]将南阳慧忠与青原、南岳相并列，称为"佛祖"。不仅如此，如下评价应该是达到了高峰："国师是一代之古佛也，一世之如来也。佛之正法眼藏，明究、正传也；木橛子眼，确已保任。正传于自佛，正传于他佛。虽与释迦牟尼佛同参，然亦与七佛同时参，并与三世诸佛同参。"[何燕生译注：《正法眼藏》（修订版），宗教文化出版社，2017年，第538页]另外，生活在唐末的南阳慧忠与当时的朝廷保持着密切关系，《祖堂集》卷三载："肃宗、代宗前后两朝并亲受菩萨戒，礼号国师。"一般认为，道元厌恶权势，但不知何故却亲赞南阳慧忠为"古佛"，是不是毫无批判地接受了南阳慧忠的思想呢？这是一个有趣的问题，值得进一步探讨。

起心动念，弹指謦欬扬眉，因所作所为，皆是佛性全体之用，更无第二主宰。如面作多般饮食，一一皆面。佛性亦尔，全体贪嗔痴，造善恶，受苦乐故，一一皆性。……贪嗔烦恼，并是佛性。佛性非一切差别种种，而能作一切差别种种。[1]

一切语言、动作皆是佛性之全体，而且贪嗔痴、烦恼等一切皆是佛性之作用；佛性虽不同于其他一切之差别相，然而却同时内在于一切差别相之中，并成为其活动的根源。这种观点不仅与慧忠所批判的"南方宗旨"相一致，而且其与道元在《佛性》卷所批判的所谓"认风火动着之心意识为佛性之觉知觉了"的见解也相类似。因此，认为道元所批判的对象其实是洪州宗的佛性论应该合乎实际。

接下来我们看看道元所批判的所谓"佛性如草木之种子"的另一种佛性学说。其实，这种学说见于《坛经》诸本：

譬如其雨水不从无有，元是龙王于江海中，将身引此水，令一切众生、一切草木、一切有情无情，悉皆得润。诸水众流，却入大海，海纳众水合为一体。众生本性般若之智，亦复如是。[2]

所谓"众生本性般若之智"，即指佛性。这里，佛性被视为雨

---

[1] 《卍续藏》第14册，第557页。
[2] 敦煌本《坛经》(《大正藏》第48册，第340页)。在道元实际见到的兴圣寺本中，也有被认为与之相同的记载。

水，滋润万物，众生通过它可以期待成佛。也就是说，这里佛性被视为成佛的可能性了。[1]道元虽然批判这种观点是一种"凡夫之情量"，但与其作为六祖惠能本人的见解来批判，倒不如说是以《坛经》作为对象更为妥当。因为道元在《正法眼藏·四禅比丘》卷中说，"《坛经》有见性之言，彼书是伪书也，非附法藏之书，非曹溪之言句，佛祖儿孙不得依用之书也"[2]，批判《坛经》是"伪书"。所谓"见性"，依照《坛经》的文意理解，即指"见佛性"。然而，上述一段文字则视佛性为成佛之可能性了。

道元认为，"见性"不是惠能的语言，断定载有"见性"之语的《坛经》为"伪书"。我们可以认为这是道元独自的理解，也不可否认这种断定依据了前述慧忠对《坛经》的批判。因为，如前所述，慧忠批判传载"南方宗旨"的《坛经》"削除圣意"，视"见闻觉知"为"佛性"，道元强调慧忠的观点应为"参学之龟鉴"。

---

[1] 然而，《曹溪大师别传》载有惠能与中使薛简关于佛性的对话：

> 薛简云："何者是大乘见解？"大师云："《涅槃经》云：'明与无明，凡夫见二；智者了达，其性无二。无二之性，即是实性。'实性者，即是佛性。佛性，在凡夫不减，在圣贤不增，在烦恼不垢，在禅定而不净，不常不断，不去不来，亦不中间及内外，不生不灭，性相常住，恒不变易。"薛简问："大师说不生不灭，何异外道？外道亦说不生不灭。"大师答曰："外道说不生不灭，将生止灭，灭犹不灭。我说本自无生，今即无灭，不同外道。外道无有奇特，所以有异。"大师告薛简曰："若欲将心要者，一切善恶都无思量，心体湛寂，应用自在。"薛简于言下大悟云："大师，今日始知佛性本自有之，昔日将为大远；今日始知至道无遥，行之即是；今日始知涅槃不远，触目菩提；今日始知佛性不念善恶，无思、无念、无知、无作、不住；今日始知佛性常住不变，不为诸恶所迁。"（《卍续藏》第146册，第970—971页）

[2] 何燕生译注：《正法眼藏》（修订版），宗教文化出版社，2017年，第628页。

慧忠所批判的事例见于现存《坛经》各种本子,在被学界视为最古的敦煌本中也同样可以得到确认,因此,其批判是以所谓的《坛经》而进行的,这么认为应该合乎实际。然而,道元的批判并不完全相同,他很可能是看到惠昕本《坛经》而予以批判的。[1] 理由是:惠昕本中"见性"一语最多;从惠昕本成书的时期和传入日本的时期推测,惠昕本的可能性也最大。总之,通过以上的考察,我们可以认为,道元受慧忠批判《坛经》的观点之影响,断定载有"见性"一语的《坛经》为"伪书",且批判《坛经》中所见的佛性说(视佛性为成佛之可能性的见解)是"凡夫之情量"。

从迄今关于惠能及《坛经》的研究来看,现存《坛经》各种本子及灯史类中所载惠能的思想,毋庸讳言,是打引号的"惠能的思想",而不是作为历史人物的惠能的思想本身。道元批判《坛经》是"伪书",是因为其中见有"见性"一语。然而,与此同时,道元另一方面又是依据基于《坛经》的灯史类中的惠能章所载惠能的佛性论,在前述《佛性》卷等文章中来展开自己的佛性论的,可谓自相矛盾。而且道元在引用时,存在将"见性"改读为"佛性"的例子。[2] 这说明道元仅仅是讨厌"见性"这个词语罢了。为何将"见性"改读为"佛性",道元对此并未做任何说明。

---

1 石井修道:《道元禅的成立史之研究》第二章第二节《道元の〈六祖坛经〉批判》,大藏出版社,1991年。
2 大久保道舟编:《道元禅师全集》下卷,筑摩书房,1970年,第108页。上堂语主要引用了惠能的言说,其中,"仪凤元年正月八日……"以下至"受满分戒于知光律师",虽引自《嘉泰普灯录》卷一《六祖惠能》章,但将《嘉泰普灯录》中的"唯论见性"改为了"唯论佛性"。

道元为何批判"见性",对此道元本人并未用自己的语言直接进行说明,因此我们可以指出如上所述的矛盾和问题。然而,我们如果结合道元所生活时代的禅思想情况,则不难发现其自有背景。关于这个问题,与以下第六、七章所要讨论的问题相关联,此不详述。简言之,因为在道元的生活时代,道元周围有一群倡导"见性"说的达摩宗的门徒,主张"见性"说的达摩宗门徒的存在引起了道元的注意,为了改变他们的主张,使其从根本上皈依道元门下,这对当时的道元来说非常必要。因此,可以说道元对"见性"说的批判其实是为了改变达摩宗门徒的信仰所进行的一种宗派批判;而《佛性》卷中所展开的针对上述两种佛性说的批判同样具有与"见性"说批判相同的性格,因为是道元以达摩宗的门徒作为对象而开示的,所以可以承认是为了对抗以"见性"说为代表的达摩宗的佛性论而展开的,同样是一种宗派批判。

第四节 结语

道元的佛性论,从其整体而言,与临济系公案禅的佛性论相比的确具有特征。关于临济系公案禅的佛性论,以大慧宗杲常常使用赵州"狗子无佛性"公案为例,特别重视"无佛性",尤其视"无"为一种绝对存在。[1]所谓"无"字公案,便是其典型代表。与此相对,

---

[1] 大慧宗杲以"无"字公案为中心向当时的士大夫进行宣传,其中的典型例子之一,

如上述对《佛性》卷所考察的，道元首先关注《涅槃经》"悉有佛性"之言说，接着一一列举历来禅宗有关佛性有无的话头，以此作为基础，从佛性有无论的两方面阐述佛性为一种非实体性存在。本章虽未做考察，道元关于赵州的"狗子佛性"的公案，在《佛性》卷中不采用临济系的"狗子佛性无"的传统，而是采用仅见于宏智正觉所谓赵州"狗子佛性有无"的传统。[1] 对于道元来说，仅仅是"佛性无"并不足够，在"佛性无"的同时还必须说"佛性有"，否则就不能把握佛性的真意。也就是说，同时重视"狗子佛性无"与"狗子佛性有"两者，是道元佛性论不同于临济系公案禅佛性论的特色之所在。而且，道元对该"佛性有"之"有"做如下解释：

> 此"有"之样子，非教家之论师所云之"有"，亦非有部所论之"有"也。须当进前学习佛有。佛有者，赵州有也，赵

见于《答富枢密》如下一段言说：

> 但将妄想颠倒底心、思量分别底心、好生恶死底心、知见解会底心、欣静厌闹底心，一时按下，只就按下处看个话头。僧问赵州："狗子还有佛性也无。"州云："无。"此一字子，乃是摧许多恶知恶觉底器仗也。不得作有无会，不得作道理会，不得向意根下思量卜度，不得向扬眉瞬目处挱根，不得向语路上作活计，不得飏在无事甲里，不得向举起处承当，不得向文字中引证，但向十二时中四威仪内时时提撕，时时举觉。"狗子还有佛性也无。"云："无。"不离日用，试如此做工夫看，月十日便自见得也。一郡千里之事，都不相妨。（荒木见悟：《大慧书·禅の语录17》，筑摩书房，1969年，第51页）

[1] 关于赵州"狗子佛性"公案的传承，平野宗净论文《狗子佛性の話をめぐって》（《禅学研究》第62期，花园大学禅学研究会，1983年）有详细考察，可参考。关于这一问题，我们在前一章也有论述，也可参考。

州有者，狗子有也。狗子有者，佛性有也。[1]

由此可知，道元所说的"佛性有"如同"悉有"之"有"，并非"有"与"无"的"有"，而是一种绝对"有"。道元是否有过创说"有"字公案之意图，我们不得而知，不过他试图所要阐述的"有"字的意思与临济系的"无"字公案相比，具有极其相似的特征，而且甚至让人感觉他有一种试图与临济系"无"字公案相抗衡的态势。因此，道元佛性论的特点即在于，不仅重视"佛性无"，同时还重视"佛性有"，而且如上所述，道元还同时将佛性问题与修行之有无相关联，从而呈现出与临济系相区别的佛性论。

---

[1] 何燕生译注：《正法眼藏》（修订版），宗教文化出版社，2017年，第42页。

第九章

道元对心常相灭论的批判

第一节 问题之所在

对道元禅思想之形成与发展给予决定性影响的，不用说当然是中国的禅思想。然而，正如道元在他的著作《正法眼藏》中对中国禅思想进行批判的那样，他并不是毫无选择性地移植和接受了中国的禅思想。道元的目的在于，以中国的禅思想为基础，在批判性中吸收中国禅思想，以此确立自己的禅思想。因此，在道元的禅思想中，存在着许多与中国禅思想大异其趣的内容。

探讨道元的禅思想与中国的禅思想之差异时，有必要关注道元对心常相灭论的批判。所谓心常相灭论，即认为心是常住不变的，而相（肉体）则是随着人死而坏灭的。如刘禹锡在他撰述的《袁州萍乡县杨岐山故广禅师碑》中所谓"现灭者身，常圆者性"[1]所示，

---

1 见刘禹锡《袁州萍乡县杨岐山故广禅师碑》。(《全唐文》卷六一〇，汇文书局，

心常相灭论是唐代南宗禅积极提倡的思想。道元对其进行批判，认为它等同于"先尼外道"的见解。据道元的观点，将心和身分开来理解，违背了佛教"身心一如"的教义。而且他认为，作为人之直觉作用的"心"和本来存在的"心"，必须严加区别，两者不可混淆。在道元之前，当然也有人持有同样的观点。比如，活跃于唐代中期，道元称之为"大善知识"[1]的南阳慧忠就认为心常相灭论是"南方宗旨"而予以强烈的批判。[2] 还有被道元称赞为"行持出众"[3]的唐末玄沙师备（835—908）也曾对此加以批评，这从《景德传灯录》中即可窥知。[4] 因此，从某种意义上讲，道元对心常相灭论的批判，可以说受到了南阳慧忠和玄沙师备的启发，是他们的观点的一种延续。但是，道元的批判具有其内在的必然性，并非原封不动地直接套用两位的观点。如后所述，对心常相灭论的批判是道元当时的课题，自有其独自的问题意识。本章关注道元对心常相灭论的批判旨在考察其对中国禅思想的理解。

1961年，第6163页）这里所说的"性"，就南宗禅的文章脉络而言，指的是"心性"的意思。如后所述，道元认为南宗禅没有将"心性"和"心"加以区别，两者混淆来使用。但是，道元这种见解是否恰当？令人存疑！不过，本章的目的只是探讨道元对禅学思想的理解方式，并不问他的理解方式是否正确，这一点必须事先声明。

1　水野弥穗子校注：《正法眼藏》（一），岩波书店，1991年，第145页。何燕生译注：《正法眼藏》（修订版），宗教文化出版社，2017年，第54页。

2　见《景德传灯录》卷二八《南阳慧忠国师语》。

3　水野弥穗子校注：《正法眼藏》（一），岩波书店，1991年，第375页。何燕生译注：《正法眼藏》（修订版），宗教文化出版社，2017年，第15页。

4　见《景德传灯录》卷一八《玄沙师备禅师》章。出现于此处的"昭昭灵灵"这个语词，在《即心是佛》卷中，道元视之为与心常相灭论同义。从这个观点来讲，批判"昭昭灵灵"的玄沙也被定位为心常相灭论的批判者。

第九章　道元对心常相灭论的批判　·251

关于道元对心常相灭论的批判，迄今已有几位学者进行过探讨。然而，依笔者浅见，他们几乎都认为道元所批判的具体对象是日本中古天台宗的学说。而对道元关于心常相灭论的批判与中国禅思想相关联的研究，则付之阙如。比如，峃慈弘的《有关于镰仓时代的心常相灭论之研究》[1]和近几年出版的山内舜雄所著的《道元禅与天台本觉法门》[2]，就是基于此观点的代表性研究。不过，峃慈弘与山内舜雄的见解之间也存在着微妙的差异。前者是推测性的论述，而后者则给予断定性的结论。[3] 但不管是推论或断定，他们都认为道元有关心常相灭论的批判是以日本中古天台宗的学说作为对象。今天学界持这种观点的学者仍然不少。[4]

---

1 峃慈弘:《有关于镰仓时代的心常相灭论之研究》,《大正大学学报》第 34 辑，1942 年。这篇论文后来重新刊载于峃慈弘著《日本佛教的展开及其基调——中古日本天台之研究》下卷（三省堂，1953 年）。

2 山内舜雄:《道元禅与天台本觉法门》，大藏出版社，1985 年。特别是收录于该著作中的《峃慈弘氏关于道元禅师对本觉法门之批判的研究》一文。

3 过去有许多学者也指出这一点，但峃慈弘在《有关于镰仓时代的心常相灭论之研究》中叙述道："坦白说，现在我想要尝试解答的个人想法，究竟是否恰当，并没有把握。"这显示他对断定道元批判心常相灭论的对象是否为日本中古天台的本觉法门，采取慎重的态度。与此相对，山内舜雄则以断定性的口吻说指出："这可以理解为是对假托先尼外道的睿岳本觉法门的批判"；"可以明显看出背后是对本觉法门思想的批判"等。（山内舜雄：《道元禅与天台本觉法门》，大藏出版社，1985 年，第 678—679 页）

4 此处所谓的学界，主要是指今日的曹洞宗学界。曹洞宗学者裤谷宪昭就持这种观点。请参阅收录于裤谷宪昭著《本觉思想批判》（大藏出版社，1989 年）的《道元理解的决定性观点》和《〈办道话〉的阅读方法》等论文。此外，与曹洞宗学立场相异的田村芳朗则指出，道元的思想受到了天台本觉思想的影响，并且主张："关于道元的心常相灭论批判，其批判对象是天台本觉思想。"（田村芳朗：《镰仓新佛教思想之研究》，平乐寺书店，1965 年，第 548—579 页）

这种看法令人产生如下疑问：尽管道元所批判的"灵知"和"灵性"概念在心常相灭论中占有重要的位置，然而在日本中古天台教学文献中为什么却找不到载有"灵知"和"灵性"概念的相关资料呢？[1] 总之，如果道元是针对当时的日本天台宗的学说，亦即

---

[1] 本文的要旨曾以《关于道元心常相灭论批判的一个考察——与中国禅学思想相关联》为题，发表于《宗教研究》第306期（日本宗教学会，1995年12月）。发表后，末木文美士在其著作《镰仓佛教形成论》（法藏馆，1998年）举出在金泽本的《本无生死偈》中见有"灵知"概念，于是批评本人的主张。峪慈弘曾介绍过金泽本的著作《本无生死偈》，末木文美士转载了原文，笔者才能一窥全貌。正如末木文美士所指出那样，该书确实提到"灵知"。末木认为拙稿所指出的"在中古天台的文献中完全看不到'灵知'这个概念未免过于武断"。然而，从该书的形成和内容所见的问题来看，对于认定"灵知"是中古天台原有的用语，笔者仍有疑问，认为值得商榷。关于这一点，今后我将会做详细的研究，这里仅叙述要点。首先，该书形成的年代晚于道元撰写《办道话》的时期。而且，该书是在何时由谁撰写，完全不详。根据末木的解说，书的封面上写着《本无生死偈》是得自于性房，心庆"。该书是心庆生前爱读的书，似乎是心庆从一位名叫性房的人手中得到的。但性房是什么人物，并不知其详。关于心庆的传记也不清楚。根据末木推算，心庆的活动期大约是从1307年到1326年。如果是这样的话，就比道元批判心常相灭论的时期晚了半个世纪以上。第二，该书内容上所见的问题。该书共有四册，分别是《一念三千事》《一念成佛事》《本无生死论》《本无生死偈》。在开头的《一念三千事》中，可以看到"灵知"这个字眼，而且只出现在一处。因此，"灵知"在该书中应该不是那么重要的概念。末木文美士指出："本书与传最澄所著的《五部血脉》和《牛头法门要纂》（牛头决）有许多共通之处，但只有《一念三千事》看不到与这两本书有关的记载。"如果是那样的话，我们可以断定出现"灵知"概念的《一念三千事》，在内容上与《本无生死偈》具有不同性质。《一念三千事》这个标题，乍看起来会让人以为是在谈论天台方面的问题，但实际上主要是在述说"一心三观"，并且以天台学的观点来解释禅宗所说的"一心"。末木文美士提到，该书后半部的"止观胜说"与13世纪后半期问世的《汉光类聚》有关，认为那是受到禅宗的影响。但既然在《一念三千事》中可以看到同样的问题，那么是不是可以认为《一念三千事》也是受到禅宗的影响呢？换句话说，我觉得有必要去研究《本无生死偈》与禅宗之间的关联，这样才能够弄清"灵知"这个概念是不是中古天台原

比睿山的本觉法门，来批判心常相灭论的话，那么"灵知"和"灵性"概念在日本中古天台宗的文献中应当频繁出现。可是，在峛慈弘和山内舜雄所引用的天台学文献中却完全看不到这些用语。[1]另外，即便认为心常相灭论类似本觉思想，但本觉思想并不是只有日本天台宗才有的思想，与道元同时代的禅宗人物也持有相同的主张。换句话说，如果本觉思想是大乘佛教中广泛可见的观念，那么道元关于心常相灭论的批判对象就应该不只限于日本的天台本觉法门了。

基于这样的观点，本章将与中国禅思想相关联，从另一个角度重新探讨道元关于心常相灭论的批判。为了阐明此问题，笔者认为我们应该尊重道元的文章脉络。换句话说，在探讨道元在什么样的文章脉络中批判心常相灭论的同时，也必须以明确的形式从道元所看过的各种文献中——不仅从文字上，还要从具体内容上——指出他批判的对象。除此之外，当然也要讨论道元批判心常相灭论的背景。以下展开具体的讨论。

有的用语。附带提一下，四明知礼（960—1028）所著的《十不二门指要钞》中有"灵知之名、圭峰专用"（《大正藏》第46册，第713页）的语句。可见"灵知"或许是禅宗的专门用语。不论如何，在《本无生死偈》中，的确可以看到"灵知"这两个字。本章目前仍旧站在与已经发表的拙稿相同的观点展开下面的研究。

[1] 比方说，峛慈弘在《有关于镰仓时代的心常相灭论之研究》中引用《牛头法门要纂》《枕双纸》《生死觉用钞》等来展开论述。但这些文献中只见有"神者"或"神"的用语，却不见有"灵知"和"灵性"用语。而且，山内舜雄的《峛慈弘氏关于道元禅师对本觉法门之批判的研究》主要是解说、介绍峛慈弘的论文，支持峛慈弘的主张，并未提供新的文献资料。

第二节 《正法眼藏》中所见道元对心常相灭论的批判

在95卷《正法眼藏》中，明显可以看到道元批判心常相灭论的言说，是《办道话》[1]《佛性》《即心是佛》《身心学道》《说心说性》《深信因果》等各卷，其中以《办道话》和《即心是佛》2卷最为详细，具体地记载了心常相灭论的内容。因此，本节将透过《办道话》和《即心是佛》2卷来考察。

在《办道话》中，道元以下述问答形式指出心常相灭论的内容，并加以批判。由于文章相当长，此处仅引用笔者认为重要的部分：

> 问曰：或言莫叹生死，出离生死，有疾速之道，谓知心性常住之理也。其旨谓此身已有生，必被灭所迁，然此心性无灭事。……心即常住，过去、未来、现在，无有变异。如是知者，称脱离生死。凡知此旨者，从来之生生死死永绝。离此身死时，即入性海。……是故，当速了知心性常住之旨。而只管闲坐，了却一生，有何可待？如是之言，诚契诸佛诸祖之道乎？

---

[1] 严格地说，《办道话》在95卷本《正法眼藏》中不能算是1卷。其成书背景，详见本书上篇第三章的考察。

> 示曰：今所言之见解，全非佛法，先尼外道之见也。曰：彼外道之见，谓于己身中有一灵知，其灵知遇缘则分辨好恶，分别是非。知痛痒，知苦乐者，皆彼灵知之力也。然彼灵性，此身坏时，即移住他处，是故见之虽此处已灭，然实则他处有生，永不坏灭而常住。彼外道见，如是也。……大唐国之慧忠国师尚有深训。今计心常相灭之邪见，以为与诸佛之妙法等同……岂不愚乎？最可悲矣。[1]

人降生于世，身体迟早会毁坏，但属于人之本体的心性却绝不会坏灭。由于心性常住不变，只要疾速了解心性是常住不变的道理即可。无所事事地坐禅度过一生，也得不到什么益处。这样的见解，道元斥之为"心常相灭之邪见"而加以批判，并且驳斥："存在于人身内的'灵知'，不是佛法，是一种等同于先尼外道的见解。"所谓"先尼外道"，当然是指《涅槃经》中提到的印度的梵志先尼[2]。但从道元的文章脉络来看，未必就是指梵志先尼。据《即心是佛》卷可知，"先尼外道"是指那些将"即心是佛"的"即心"理解为"人现在的心"的人。

> 佛佛祖祖之悉保任者，唯"即心是佛"也。然则，西天无"即心是佛"，乃于震旦始闻之。学者多以误失而不得将错就错。以不将错就错故，多零落于外道。闻所谓"即心"之话，

---

[1] 何燕生译注：《正法眼藏》（修订版），宗教文化出版社，2017年，第9—10页。
[2] 《涅槃经》卷三九，《大正藏》第12册，第594页。

痴人以众生虑知念觉之未发菩提心为佛，此乃因曾未遇正师之故也。……彼之见处曰……"物虽去来，境虽生灭，然灵知常在而不变。此灵知，广周遍之……设若身相破灭，然灵知不破而出。……以其昭昭灵灵，云之曰觉者、智者之性。亦言之曰佛，亦称之曰悟。自他同具足，迷悟皆通达。不管万法诸境之如何，灵知则不与境为侣，不与物同，历劫而常住也。……谓此曰灵知，又称真我。云觉元，称本性，称本体。……此即先尼外道之见也。"[1]

根据这段引文可知道元认为，"闻所谓'即心'之话"和以为"众生虑知念觉之未发菩提心为佛"的人就是外道。换句话说，道元将心和佛相互混淆的见解——即将作为人知觉作用的心与本来存在的佛视为一体——喻之为"先尼外道"，并加以批判。因此，道元对"灵知"说和"灵性"说的批判，与其说是针对"先尼外道"，不如说是针对心常相灭论更为妥当。总之，道元之所以将"灵知"说和"灵性"说与心常相灭论结合起来予以批判，是因为两者是同一个问题。"灵知"或"灵性"与"即心是佛"同是心常相灭论中重要的概念。[2] 这些概念对于我们考察道元关于心常相灭论批判的对象将提供重要的线索。关于这一点，留待下一节讨论。这里，我们试着透过《办道话》和《即心是佛》这两卷的撰述意图，来探讨道

---

[1] 何燕生译注：《正法眼藏》（修订版），宗教文化出版社，2017年，第52—53页。
[2] 严格来说，慧忠不单只是对南方宗旨进行批判，也含有批判窜改惠能《坛经》的用意。总之，他所批判的是禅学思想的问题。

元是在什么样的文章脉络中对心常相灭论进行批判的问题。

《办道话》是道元从中国宋朝回国后不久,在"深草闲居"时撰写的,是道元初期的代表作。其内容以问答为主,共十八则。关于心常相灭论,见于第十问答,是十八则问答中内容最长的部分。以下所引用《办道话》中的两段,这两段叙述了道元撰述《办道话》的意图,可知道元批判心常相灭论之脉络:

> 遂将亲于大宋国所闻之禅林风规,禀持之知识玄旨,记之集之,留与参学闲道之人,令知晓佛家之正法。[1]

> 是故,聊集异域之见闻,记留记明师之真诀,以教有参学之愿者。[2]

从《办道话》的开头和末尾这两则记述来看,可知《办道话》是道元为了让"参学闲道之人"能"知晓佛家之正法",而搜集在宋朝的禅林中所"见闻"的种种"风规"或"禀持"的"知识玄旨"撰述而成的。根据这种撰述意图来理解,心常相灭论是道元搜集的"异域之见闻"之一,对此的批判无疑应该主要是以"异域"的中国禅思想为对象。总之,批判中国禅思想中的心常相灭论是道元撰述《办道话》的意图。正如道元在《办道话》中提及"大唐国之慧忠国师尚有深训"的那样,心常相灭论曾是中国禅宗的主张,

---

[1] 何燕生译注:《正法眼藏》(修订版),宗教文化出版社,2017年,第2页。
[2] 同上,第16页。

遭到慧忠的批判。《即心是佛》卷后部分几乎直接引用慧忠对心常相灭论的批判原文。根据原文来看可知，慧忠对心常相灭论的批判是将问题的焦点聚焦在当时的中国禅思想上，与禅以外的佛教完全无关。[1] 因此，道元引用慧忠对心常相灭论的批判作为其批判的依据，可见他与慧忠一样，认为当时的禅学思想存在着问题。

《即心是佛》卷的撰述意图不像《办道话》那样清楚，但只要读一遍《即心是佛》卷就可明白，道元是为了批判佛教中长久以来对"即心是佛"的一种误解，于是执笔撰写了《即心是佛》卷。正如道元所指出的那样，"即心是佛"是震旦（古代印度对中国的称呼）的用语，作为马祖道一的话，见于《传灯录》。[2] 从上述《即心是佛》卷的文意来看，道元的批判对象未必就是直接指马祖道一。但从后述的研究中我们亦可知道元实际上也在批判马祖道一。换句话说，马祖道一对"即心是佛"的理解本身在道元看来也有问题。

总之，据《办道话》和《即心是佛》两卷的文章脉络，我们可以了解到，道元在批判心常相灭论时，经常把中国禅林中发生的事情置于念头，并且从中国禅僧的言说中找寻批判依据。也就是说，道元批判心常相灭论，完全将其当作禅思想自身的问题来看待。在《办道话》中，道元自称"入宋传法沙门"，尽管我们不能说道元当

---

1 如果认为"灵性"和"灵知"是"先尼外道"的概念，那么在《涅槃经》中应该有这个字眼。但翻阅《涅槃经》，我们却完全看不到。因此，认为它们是心常相灭论的概念应该比较妥当。
2 参阅《景德传灯录》卷六《江西道一禅师》章。但严格说来，此处记载的是"此心即是佛"或"即心即佛"，而不是"即心是佛"。但不管怎么说，中文意思基本相同。

第九章　道元对心常相灭论的批判　·259

时与比睿山的佛教业已诀别，但至少可以承认，对当时的道元来说比睿山的佛教已经显得不那么重要了。[1]

那么，在中国禅宗历史上究竟是哪些人主张过心常相灭论呢？关于这些人的存在，道元果真知道吗？总之，如果道元对心常相灭论的批判是以中国的禅思想为对象，那么有必要从当时日本参禅者所熟知的中国禅学文献中，找出与他所批判的心常相灭论具有相同内容的言说，并且具体地阐明两者的相似性。接下来，我们就来考察这个问题。

第三节　中国禅文献中的心常相灭论

《办道话》和《即心是佛》中提到的南阳慧忠的宗密（780—841）撰有《禅源诸诠集都序》一书，将惠能以后的禅宗各流派依据各自的特征整理分类为"息妄修心宗""泯灭无寄宗""直显心性宗"三个宗派。从内容来看，其中的"直显心性宗"很可能指洪州宗和荷泽宗，而该两宗的禅僧曾主张过"天真自然"和"灵知不昧"，特别引人注目。

---

[1] 如果将这一点与道元离开比睿山的"疑团"合并起来思考的话，就可以更容易了解道元与比睿山天台本觉法门之间的关系。换句话说，道元早就舍弃了对比睿山天台本觉法门的期待。

一云：即今能言语动作，贪嗔慈忍，造善恶，受苦乐等，即汝之佛性。即此本来是佛，除此别无佛也。了悟此为天真自然，故不可起心修道。道即是心，不可将心还修于心。恶亦是心，不可将心还断于心。不断不修，任运自在，方名解脱。……二云：诸法如梦，诸圣同说。……空寂之心，灵知不昧。此即空寂之知，是汝真性，任迷任悟，心本自知。不藉缘生，不因境起。知之一字，众妙之门。[1]

"一云"表达了洪州宗的思想。洪州宗认为人所有的言语行为都是"心性"，亦即佛性的展现。因此不必另外追求悟，只要了解"天真自然"即可。"二云"表达了荷泽宗的思想。荷泽宗认为空寂的心就是灵知，若能了解灵知，就是悟。将宗密所整理的洪州宗和荷泽宗的思想特征对照道元所批判的心常相灭论者的见解，可以看出他们都认为"心性"常住不变。道元所批判的心常相灭论者同样也认为"心性"或"灵知"是自由自在，"知痛痒，知苦乐"，"不灭常住"。由于"心性"或"灵知"是常住不变，所以只要理解常住不变的道理即可。然而，我们不能光凭这一点就断定道元所批判的心常相灭论是洪州宗的见解或是荷泽宗的主张，但其中却暗示着洪州宗和荷泽宗有着与心常相灭论者相类似见解的可能性。

洪州宗的代表人物是马祖道一。上一节已经提到过，道元批判心常相灭论者的问题焦点之一，就是针对"即心是佛"的见解。而道元认为，马祖道一关于"即心是佛"的理解也存在着问题。《马

---

[1] 镰田茂雄译注：《禅源诸诠集都序》，筑摩书房，1972年，第96页。

祖的语录》有如下一段话:

> 马祖大师云:"汝若欲识心,只今语言,即是汝心。唤此心作佛,亦是实相法身,亦名为道。……如随色摩尼珠,触青即青,触黄即黄,体非一切色。……此心与虚空齐寿,乃至轮回六道,受种种形,即此心未曾有生,未曾有灭。……四大之身,见有生灭,而灵觉之性,实无生灭。……即今见闻觉知,元是汝本性,亦名本心。更不离此心别有佛。此心本有今有,不假造作。本净今净,不待莹拭。自性涅槃、自性清净、自性解脱、自性离故。是汝心性,本自是佛,不用别求佛。"[1]

这一篇文章直截了当地表明了马祖道一对"即心是佛"的理解。马祖道一直接将人的见闻觉知之作用视为"本性""本心"。换句话说,他认为人活着时,日常所感受到的见闻觉知之心就是本来之心。这种对"本来之心"的理解方式与道元上述"闻所谓'即心'之话,痴人以众生虑知念觉之未发菩提心为佛"的观点相吻合。也就是说,道元明确地指出,"没有严格区分现在心和未来心,而将二者视为一体"的观点存在着问题。道元曾在《永平广录》中说过一段话,虽然文章脉络不同,但同样指出马祖道一对"即心是佛"的理解欠妥。内容如下:

> 上堂举南泉示众曰:"江西和尚道:'即心是佛,又道非心

---

[1] 入矢义高编:《马祖的语录》,禅文化研究所,1984年,第198页。

非佛。'我不恁么道。不是心，不是佛，不是物。"又道："心不是佛，智不是道。"又道："平常心是道。"师云："二员老汉既恁么道，永平长老又不恁么道。吾且问，于尔江西南泉，这里是什么处在？说心说道，说物说佛，说非佛说非心。须知一片全无两个，十方独露山川。知觉不是道佛性，亦（不是道）因缘。"[1]

道元认为南泉和马祖道一关于"即心是佛"的见解都有偏颇之处，指出"知觉"不是佛性，不是因缘。换句话说，道元认为，马祖道一和南泉将作为知觉作用的心视为是佛性或因缘，是一种错误。此外，道元也批判马祖道一对"即心是佛"的解释是"拖泥带水"（意谓不干脆）。[2] 总之，从这段文字可知，马祖道一是道元所批判的对象之一。

马祖道一的这种见解被他的门人所继承，成为洪州宗一种常见的主张。比方说，马祖道一的弟子汾州无业（762—824）对"心性"做如下理解：

> 汝等见闻觉知之性与太虚同寿，不生不灭。一切境界，本自空寂，无一法可得。……汝等当知，心性本自有之，非因造作。犹如金刚，不可破坏。[3]

---

[1] 大久保道舟编：《道元禅师全集》下卷，筑摩书房，1970年，第72页。
[2] 同上，第78页。
[3] 道原《景德传灯录》卷八《汾州无业禅师》章。

第九章　道元对心常相灭论的批判 · 263

意思是说，作为见闻觉知的心，就是人知觉作用的本体——"心性"，而心性与太虚的寿命同样久远，换句话说，就是不生不灭。除了这个"心性"之外，一切都不存在。这种理解方法显然沿袭了马祖道一的观点，而与道元所批判的心常相灭论相类似。

袁州甄叔（？—820）也是活跃于马祖门下的人物，他的言行同样收录于《景德传灯录》，我们同样也可看出他持有与心常相灭论者相类似的见解：

> 上堂示众曰："群灵一源，假名为佛，体竭行消而不灭，金流朴散而长存。性海无风金波自涌。心灵绝兆，万象齐昭。体斯之理者，不言而遍历沙界，不用而功益玄化。如何背觉反合尘牢，于阴界中，妄自囚执。"[1]

正如道元所批判的那样，心常相灭论将心当作佛或佛性等，此处所见袁州甄叔的见解正是其典型例子。他认为"心灵"亦即"佛"，是一切事物的根底，成为"佛"者即使形体衰灭，本体也不会消亡。由于"心灵"映照着一切事物，因此了解这个道理的人就可以自由自在，不受束缚。袁州甄叔的说法虽然没有汾州无业那么明确，但他的理解也与道元所批判的心常相灭论者相类似。

对于汾州无业和袁州甄叔的见解，道元并没有指名批判，但他却说，马祖道一八十多位门人中，只有湖南东寺如会一个人了解"即心是佛"的真意：

---

[1] 道原《景德传灯录》卷八《袁州杨岐山甄叔禅师》章。

上堂。古人道"即心是佛",而今会者少得。虽道即心,不是五识、六识、八识九识及心数法等。又不是悉多、汗栗驮、矣栗陀等。……不是虑知念觉、知见解会、灵灵知、昭昭了等。……马祖下,有八十余员善知识,只有湖南东寺如会禅师会得"即心是佛"底道理。[1]

据道元的说法,很少有人真正理解"即心是佛"的道理,马祖道一的弟子中能够真正理解"即心是佛"真意的,只有湖南东寺的如会禅师。换句话说,显然道元并不认同同属于马祖门下的汾州无业和袁州甄叔的观点。[2] 道元接着强调"即心是佛"的"即心"不是属于人意识的五识、六识或虑知念觉,也不是"灵灵知""昭昭了""悉多"和"汗栗驮"等,这表达了道元对"即心是佛"的"即心"一贯的见解。

---

[1] 大久保道舟编:《道元禅师全集》下卷,筑摩书房,1970年,第79页。

[2] 如果将这段文字同时对照上述批判马祖道一的文章来看,关于道元对马祖道一的评价可以得到下述两种完全不同的解释:一是道元虽然批判马祖道一对"即心是佛"的理解存在缺点,但并非全盘否定马祖道一的思想;二是道元认为马祖道一门下的如会能够理解马祖道一所不能理解的"即心是佛"的道理。如果采用前者的解释,那么道元对马祖道一的评价就不一致。这也可以认为道元对于马祖道一的理解出现过变化。两段文字同样收录在《永平广录》卷四中。根据石井修道参考秋重义治、伊藤秀宪的研究而撰写的《〈永平广录〉的上堂语说示年代表》,收录于镜岛元隆与其他人合编的《十二卷本〈正法眼藏〉的诸问题》(大藏出版社,1991年),可知这两段文字是道元从宝治二年至建长元年这段时间,在永平寺上堂示众的记录。在差不多同时期内,对同一个人表达完全相异的见解、发表前后矛盾的言论,这让人很难想象。因此,笔者认为后者的解释比较妥当,本章就是根据后者的解释展开论述的。

接着来看荷泽宗的情况。从前面引用宗密的话可以看出，荷泽宗曾经主张"灵知"说，在这里我们来看看宗密本人的见解，因为宗密是荷泽宗的支持者。[1]

> 山南温造尚书问："悟理息妄之人不结业，一期寿终之后，灵性何依者？"答："一切众生，无不具有觉性。灵明空寂，与佛无殊。但以无始劫来未曾了悟，妄执身为我相，故生爱恶等情，随情造业，随业受报，生老病死，长劫轮回。然身中觉性未曾生死。如梦被驱役，身本安闲。如水作冰，而湿性不易。若能悟此性，即是法身。本自无生，何有依托。灵灵不昧，了了常知。从来亦无所去。然多生妄执，习性以成。喜怒哀乐，微细流注。真理虽然顿达，此情难以卒除。须长觉察，损之又损。如风顿止，波浪渐停。岂可一生所修便同诸佛力用。但以空寂为自体，勿认色身。以灵知为自心，勿认妄念。"[2]

这一篇短文采用了宗密与担任尚书一职的山南温造之间问答的形式，表达了宗密对"灵性"或"灵知"的见解。宗密针对"人在悟理业消，一旦死亡后，'灵性'何处去"的询问，所回答的核心可以总结为："灵性本无生""灵灵不灭"。也就是说，人在悟理业消，即使死去，只是身体消失而已，"灵性"或"灵知"依然存在，

1　镰田茂雄译注：《禅源诸诠集都序·解说》，筑摩书房，1972年。
2　道原《景德传灯录》卷一三《终南山圭峰宗密禅师》章。

并绽放光辉。这种永恒的"灵知",就是众生的"自心",人们应该确认的是"自心",亦即"灵知",而不是"妄念"。这里必须特别注意的是,"灵灵不灭""了了常知"等言句与道元批判心常相灭论的"昭昭灵灵"的用语非常相似,同样是用来诠释作为心性的"灵性"或"灵知"的状态及其作用。关于宗密的"灵知"或"灵性",道元同样在《永平广录》卷六中进行了批判:

> 上堂。记得圭峰宗密道:"知之一字,众妙之门。"……宗密道"知之一字,众妙之门",未出外道之坑。[1]

"知之一字,众妙之门"是宗密的基本主张。"知"这个字,如果以宗密另一个用语来讲,就是"灵知"。换句话说,他认为"知"或"灵知"正是一切事物的根本和根源。道元则以"未出外道之坑"来批判宗密的观点。总之,道元之所以将心常相灭论与"灵知"说结合起来批判,是因为他认为荷泽宗的"灵知不灭"说与心常相灭论的见解相同,等于就是"心性不灭"说。

通过对中国禅文献的探讨可知,道元所批判的心常相灭论就是被称为南宗禅的洪州宗和荷泽宗的一般见解。其中马祖道一特别是他的弟子汾州无业、袁州甄叔及宗密的见解与道元所批判的心常相灭论不仅在用语上一致,在内容分析方面也十分相似。道元很可能是透过《景德传灯录》等著作了解这几位禅师的主张,然后在《永平广录》中直接或间接地进行批判。由此看来,峪慈弘和山内舜雄

---

[1] 大久保道舟编:《道元禅师全集》下卷,筑摩书房,1970年,第116页。

认为"道元所批判的心常相灭论,即是日本中古天台本觉法门"的看法,未免过于轻率。

第四节 结语
——道元批判心常相灭论的思想背景

如上所述,道元之前,中国的南阳慧忠和玄沙师备也批判过心常相灭论。南阳慧忠和玄沙师备都是活跃于唐代的人物。也就是说,在禅思想史上心常相灭论早已遭到过批判,并非始于道元。然而,道元明知这段史实,却反复地进行批判,自有其背景;尤其是指名批判以马祖系为首的唐代南宗禅的禅僧,更是有其缘由。

这是一个极为复杂的问题,需要详细地进行研究。这里我们仅从两方面进行探讨,一是从道元的禅思想特征,二是从道元生存时代的禅思想的状况,以此作为本章的结论。

如同"只管打坐,身心脱落"这句话所示,道元的禅思想特征在于说明坐禅修行的必要性,同时强调身与心两者的脱落。与此相对,心常相灭论则是将身与心分开来理解,主张身坏但心永远存在,人们只要理解心是不生不灭的道理即可。这与道元的思想正好相反,道元当然不能接受。对于身与心分开的见解,道元进行如下批判:

尝观身心一如之旨,乃佛家之所常谈也。然则,何故言此身灭时，心独离身而不灭耶？若有一如时，有非一如时，则佛说自成虚妄也。……当知佛法云心性大总相法门者，含摄一大法界而不分别性相，不谓生灭。……一切诸法，万象森罗，皆但是一心而无不含藏，无不兼带。此诸法门，皆平等一心也，谈之无异违者，即是知佛家心性之样子也。既如是，于此一法岂能分别身心，分别生死与涅槃哉？既为佛子，勿须耳听狂人喋谈外道之邪见。[1]

所谓"心性大总相法门"一语，源自《大乘起信论》的"心真如者，即是一法界大总相法门体"。[2] 不过，道元在这里则是根据"身心一如""性向不二""生死即涅槃""一大法界""一心""一法"的理论来批判心常相灭论。换句话说，道元将"身"和"心"关系的问题还原为大乘佛教的传统立场，而得到的结论是：硬将原本单一或整体的存在分为身和心，而且认为前者是无常，后者是常的观点，并非佛法原有的观念。从这一点可知，道元的"身心脱落"与"身心一如"具有相同的含义。总之，对道元而言，"身心"必须一体。如果将"身心"分离，视为不同的个体，或只强调其中一方，都是错误。由此可见，心常相灭论者对"身"与"心"、"性"与"相"之关系的错误理解，带来了道元与他们之间的紧张关系，其结果是遭到了道元的批判。

---

1 大久保道舟编：《道元禅师全集》下卷，筑摩书房，1970年，第11页。
2 关于这一点，可参阅松本史朗《深信因果——关于道元思想的个人见解》，收录于镜岛元隆与人合编的《十二卷本〈正法眼藏〉的诸问题》（大藏出版社，1991年）。

如果从道元生存时代的禅宗情况探寻道元批判心常相灭论的原因，则有必要将当时中国和日本双方的禅思想纳入视野。道元留学宋朝，当时正处于"唯独临济宗遍天下"[1]的状况。道元对当时临济宗遍天下的中国禅思想有过如下记载，并对其予以批判：

> 大宋国一二百余年前后，所有之杜撰之臭皮袋曰："祖师之言句，不可置于心中。况乎经教，不可长看，不可用。但令身心如枯木死灰，如破木勺，脱底桶。"如此之辈，乱为外道天魔之流类也，求不可用而用之。依此，佛祖之法，空为狂颠之法，可哀可悲！[2]

根据这一段叙述，可知对经典或祖师教义的轻视是宋朝禅思想界的一般风气。而且从"而今流传于大宋国之临济玄风并诸方丛林，多行持百丈之玄风"[3]或"而今之临济者，江西之流也"[4]等表达道元禅思想史观的这些文字可以了解到宋朝禅思想界形成此风气的原因，追根究底是由江西马祖一系的思想所造成的。也就是说，道元将以临济宗为中心的宋朝禅宗对经典和祖师教义的轻视归因于马祖一系的禅风和其思想。

表达马祖一系禅思想特征的关键词是上述"即心是佛"。当时的禅者深信，人现在的心就是本来存在的佛，不生不灭。人们如果

---

[1] 何燕生译注：《正法眼藏》（修订版），宗教文化出版社，2017年，第14页。
[2] 大久保道舟编：《道元禅师全集》下卷，筑摩书房，1970年，第384页。
[3] 同上，第127—128页。
[4] 同上，第127页。

能了知现在的心，即可成佛。基于这样的观点，他们认为根本不需要经典和祖师的教义，而坐禅等实践修行也毫无用处。根据道元的说法，宋代禅学受到马祖系这种禅风的强烈影响，而宋代禅又直接传入日本，成为镰仓时代日本的达摩宗和临济宗的传统。[1]关于日本达摩宗和临济宗的思想，这里没有多余的篇幅来讨论。比如，达摩宗的门徒所著的《见性成佛论》中就有这么一则问答：

> 问曰："所谓心性无愚智者，当谓非顽空石木不可悟耶？"
> 答曰："灵知。"
> 问曰："谓有知，可谓作任意计度乎？"
> 答曰："任运。"
> 问曰："以何而可知任运灵知？"
> 答曰："以千闻不如一见也。"
> 问曰："如何可见之？"
> 答曰："丙丁童子来求火。"[2]

从上述的问答大致可知达摩宗提倡的是"灵知"常住不灭，主张"灵知""任运"自在。而在同属于达摩宗作品的《法门大纲》中我们也可以看到"灵知"一语。该书基于"烦恼即菩提"的立

---

[1] 以往比较集中于日本临济宗与宋朝禅之思想关联的研究，却少针对日本达摩宗的情况进行探讨。近年来，部分学者逐渐重视此问题。其中石井修道的各种论述考察值得特别注目。请参阅氏著《道元禅之成立史之研究》（大藏出版社，1991年）第九章所收各篇论文。

[2] 《金泽文库资料全书：佛典》第一卷《禅籍》篇，金泽文库，1974年，第197—198页。

场，将"灵知"理解为"空寂之理""菩提"。高桥秀荣从称名寺流传下来的一堆古书中发现了《首楞严经总尺》一书。该书的开头是："敬白：'见觉闻性不生不灭，三世常住毗卢舍那，任运灵知非迷非觉。'"该书中间部分可以看到"一性灵知之觉"语。这本《首楞严经总尺》未载明作者是谁，成书的年代也不详，高桥秀荣推断是镰仓时代的抄本。[1]虽然提不出确实的根据来断定《首楞严经总尺》是达摩宗的著作，但正如下一章所探讨的那样，达摩宗的门人非常重视《楞严经》，因此我们认为《首楞严经总尺》很可能由达摩宗的门徒所撰。另外，荣西在他的著作《兴禅护国论》中载曰：

问曰："某人妄称禅宗，名曰达摩宗。但自云'无行无修，本无烦恼，元是菩提。是故不用事戒，不用事行，只应偃坐，何劳修念佛，供舍利，长斋节食'云云。其义如何？"

答曰："无恶不造之类也，如圣教中所之言空见者也。不可与此人共语同座，应避百由旬。"[2]

从这篇文章来看，达摩宗似乎同时也主张"无行无修，本无烦恼，元是菩提"。达摩宗部分门徒后来皈依道元，但根据《御遗言记录》的记载，这些门徒在成为道元的入门弟子后，也主张不需修行。比如：

---

[1] 高桥秀荣：《镰仓时代的僧侣与〈首楞严经〉》，《驹泽大学禅研究所年报》第7期，1996年。

[2] 市川白弦、入矢义高、柳田圣山校注：《中世禅家的思想》，岩波书店，1972年，第41页。

义介咨问云："义介，先年同一类（者）之法内所谈（听说）云'于佛法中诸恶莫作，诸善奉行，故佛法中，诸恶元来莫做故，一切行皆佛法'云云。此见正见乎？"和尚（怀奘）答云："修善也。"（问）："所以，'举手动足，大凡一切诸法生起，皆是佛法也'云云。此见正见乎？"

和尚答云："先师（道元）门徒中有起此邪见之一类，故在世之时与之绝交，被追放之门徒也，依立此邪义也故。若欲慕先师佛法之辈，不可共语同坐，此则先师之遗诫也。"[1]

从上述问答可以了解到，达摩宗一方面提倡"灵知"的不灭，另一方面则主张不需要修行。

那么，临济宗的情况又怎样呢？比道元稍晚入宋的圣一回国后建东福寺，他的门人无住（1226—1316）在《杂谈集》中记载了当时东福寺僧团的思想状况。内容如下：

故东福寺开山僧之下，久住而得法。僧自赞曰："未得法前，徒行事犹迷也。"且教弟子："先得法，莫行。"不行一切事，行者皆为师所憎恶。此事言于彼门徒之僧故开山僧常欲于禅院事行。[2]

---

[1] 大久保道舟编：《道元禅师全集》下卷，筑摩书房，1970年，第500—501页。括号内内容为引用者加。
[2] 山田昭全、三木纪人编校：《杂谈集》，三弥井书店，1973年，第276页。

第九章 道元对心常相灭论的批判 · 273

这篇文章提到东福寺的僧人主张"未得法时修行是迷",因此应以得法为先。这种论调可以说是一种"修行无用论"。无住当然也是站在批评的立场,他在著作中特别提出这一点。从他不得不批评"修行无用论"可以推测当时东福寺僧团中有不少人有这种观点。另一方面,根据《十宗要道记》的记载,圣一本身似乎也曾提倡与上述达摩宗极为相近的主张。例如:

> 既是本无烦恼之旨,不用时节……元是菩提法,不修行业,爰以直指人心,见性成佛,不立文字。[1]

另外在《十宗要道记》中,也可以看到"灵知""灵灵知""任运知"等语,可见圣一也同时强调过"灵知"说。[2]

由此可见,当时的日本禅林积极地提倡"修行无用论"与"灵知不灭"说。道元对心常相灭论的批判,可以说是以日本禅林的思想现况为背景的。如前述,为了批判当时的日本佛教禅宗,道元追溯到以唐代的马祖系为中心的南宗禅,乃是基于他的禅思想史观。依道元来看,只有追溯至唐代南宗禅,批判其思想理解上的缺点,

---

[1] 《十宗要道记·佛心宗》,《禅宗》第 210 期《附录》。

[2] 一般认为,视《十宗要道记》为圣一的著作似有问题。不过该书形成的时期比道元撰写《办道话》的时期要晚,很难认为是道元看到了《十宗要道记》后来批判心常相灭论。可是,正如在达摩宗的主张中所见,"灵知"说在圣一之前就已传入日本,被积极地提倡。另外,从圣一的禅宗流派来看,圣一持这种观点也并非不可能。包括这些问题在内,可参阅末木文美士《镰仓佛教形成论》中记载的《十宗要道记》(该书 I. 第三章、IV. 第四章)。有关《十宗要道记》文本,由末木文美士教授为笔者提供,在此表示谢意。

指出其问题,才是批判盛行的"修行无用"论和"灵知不灭"说的有效方法。与前章研讨的佛性说批判相同,道元的真正目的是想在日本确立他前往宋朝学到的"正法",并且将其扎根于日本社会。这正是道元当时的课题,也是满怀求法激情的"入宋传法沙门"道元的宗教理念。

第十章

道元对三教一致说的批判

第一节　前言

  主张儒、释、道三教在根本上相同不异的所谓三教一致说，若追根索源，我们大致可以上溯到佛教传入中国初期的六朝时代。[1] 这一主张，经隋唐进入新儒学流行的宋代依然盛传不衰。据当时留学南宋的道元记载，主张三教一致说是"大宋国诸僧所盛谈之旨"。[2] 道元对这一主张予以驳斥，认为"最非也"是一种"邪说"，并指出这种主张的流行标志着"佛法已扫地灭没也"。[3]

1　关于六朝时代的三教一致说，详见于梁僧佑《弘明集》和唐道宣的《广弘明集》。它是以佛教传入中国为契机形成的一种学说，历史上曾由不同立场的学者所提倡。关于儒、释、道三教交涉问题的研究很多，中岛隆藏《六朝思想の研究——士大夫与佛教》（平乐寺书店，1984年）便是其一。

2　何燕生译注：《正法眼藏》（修订本），宗教文化出版社，2017年，第386页。

3　同上。

道元认为，儒教"仅究辨圣人之视听于大地乾坤之大象，而难以明辨大圣之因果于一生、多生"，道教"仅究辨身心之动静于无为之为，而不可明辨尽十方界之真实于无尽断际"[1]。他还说，儒道二教"劣于佛教者，天地玄隔之论亦不及也"。道元批判那些主张儒、道与佛教相同的人是"不及小儿之言音，坏佛法之辈也"。因此，他劝诫学人："今浇运之辈，勿可用宋朝愚暗之辈所谓三教一致之狂言。"[2]

道元虽称自己"于大宋国，目睹禅林之风规"，强调自己所学的佛法直接秉承于宋代"知识之玄旨"，但同时又对宋代禅林中盛行的三教一致说予以批判，斥之为"邪说"，这说明道元的禅思想并非毫无选择地全部移植于南宋，而是与南宋禅有着一定的区别。[3]与此同时，当通读道元的相关著作，我们不难发现，道元对三教一致说的批判自有其背景和具体对象，并非无的放矢。它反映了12—13世纪中日禅宗与儒教会通、争辩的一个侧面，值得我们深入研究。

---

[1] 何燕生译注：《正法眼藏》（修订版），宗教文化出版社，2017年，第387页。

[2] 见《诸法实相》卷和《四禅比丘》卷。[何燕生译注：《正法眼藏》（修订本），宗教文化出版社，2017年，第350、627—634页]

[3] 据管见所及，迄今关于道元对三教一致说批判的研究有镜岛元隆氏的《道元禅师と宋朝禅》（镜岛元隆：《道元禅師とその門流》，诚信书房，1967年）。此外，与江户时代曹洞宗僧侣道坦的《三教一致辨》相关联进行考察的研究有大谷哲夫的《日本禅家における三教一致说批判—道元禅師とその門流》（《北海道驹泽大学研究纪要》第18期，1983年）。与南宋天台学相关联，着重探讨《四禅比丘》卷的研究有池田鲁参的《道元の赵宋天台学》（池田鲁参：《道元学の摇篮》，大藏出版社，1990年）。但是，像本文这样，结合道元强调对《法华经》理解的研究似不多见。

关于禅宗与儒教交涉情况的研究，以往基于中国本土视域的考察较多，而对于来自周边区域观察的分析似乎并不多见。本章拟对散见于道元相关著作中有关三教一致言论批判的各种言说进行探讨，着重考察其批判的背景和批判的具体对象，并试图以此为线索，从日本出发窥视12—13世纪中日禅宗与儒教会通及争辩的情况之一斑。

第二节　散见于道元著述中
关于三教一致说批判的言说

我们知道，现存记载道元思想言教的著述是《正法眼藏》《永平广录》和《正法眼藏随闻记》等，其中，关于三教一致说批判的言说，则见于《正法眼藏》之《诸法实相》卷、《佛经》卷、《四禅比丘》卷和《永平广录》卷五。关于《诸法实相》卷和《佛经》卷，据其卷后语，皆为日本宽元元年九月示众，可知是道元在宽元元年撰写而成的。《四禅比丘》卷的具体撰述年度虽不明确，但它是被作为道元最晚年的12卷本《正法眼藏》卷十而收入其中的，因此该卷晚于前两卷，是道元晚年撰写的作品。至于《永平广录》卷五，据研究，辑录了自日本宝治三年（1249年三月改元为建长）至建长三年（1251）道元的上堂说法语录，与《四禅比丘》卷相同，属于道元晚年的作品。[1] 因此，关于道元对三教一致说的批判，尽管散见于道元的各类著述，但依年代看来，则以宽元元年撰述的《诸法实相》卷和《佛经》卷为其开端。本文仅以此2卷为中心进行探讨。因为道元批判三教一致说就是始于宽元元年，其中自有其背景之所在。

先从《诸法实相》卷开始考察。

《诸法实相》卷，从卷名可知，即以阐说"诸法实相"的含义作为主题。依照传统的读法，所谓"诸法实相"，即"诸法之实相"，意指一切事物的真实状态。正如道元自己所指出的，"释迦牟尼佛言，唯佛与佛，乃能究竟诸法实相"[2]。这句话是释迦牟尼佛所说的，具体见于《法华经》。即便依照《法华经》的文脉，也应读成"诸法之实相"。然而，道元在《诸法实相》卷开头做如下的读法：

> 实相者，诸法也。诸法者，如是相也，如是性也；如是身也，如是心也；如是世界也，如是云雨也；如是行住坐卧也，如是忧喜动静也；如是拄杖拂子也，如是拈花破颜也；如是嗣法授记也，如是参学办道也，如是松操竹节也。[3]

道元试图将"诸法实相"拆开来理解，呈现出与汉文语境不同

---

[1] 参见石井修道《最后の道元——十二卷本〈正法眼藏〉与〈宝庆记〉》所收《〈永平广录〉的上堂语说示年代表》。(镜岛元隆、铃木格禅编：《十二卷本〈正法眼藏〉的诸问题》，大藏出版社，1991年）

[2] 何燕生译注：《正法眼藏》（修订版），宗教文化出版社，2017年，第345页。

[3] 同上。

的含义。紧接着，道元将《法华经》的"唯佛与佛，乃能究竟诸法实相"解读成"唯佛与佛是诸法实相也，诸法实相是唯佛与佛也"，还说"所谓乃能究竟，是诸法实相也"。这种读法或解释，乍看起来我们会以为是受到了中国天台学或日本中古天台所谓"转声释"的影响。其实，自由自在地解释经文的做法也常见于禅宗之中。比如宋代大慧宗杲对于自六祖惠能以来禅宗中脍炙人口的《金刚经》所谓"应无所住而生其心"一语，曾进行如此解释："应无所住者，谓此心无实体也；而生其心者，谓非离此心而有立处，立处皆真也。"[1] 因此，我们可以认为道元在这里对《法华经》"诸法实相"等经文的诠释继承了以前禅宗的传统。总之，道元认为，"四十佛四十祖之无上菩提，皆属此经"，即便"蒲团、禅板之阿耨菩提"，"拈花破颜，礼拜得髓"也"皆属此经"，[2] 极力强调《法华经》应该成为佛教实践之根据。

《法华经》既然具有如此崇高的意义，那么其中心概念"诸法实相"当然意味深长。《诸法实相》卷全篇其实就是基于这样的意图试图解释《法华经》"诸法实相"一语的内涵的，而该卷中所见的关于三教一致说的批判，其实就是在这样的脉络中展开的。我们来看一看道元关于三教一致说批判的具体言说吧：

> 然则，近来大宋国杜撰之徒，不知落处，不见宝所，学实相之言如虚说，更者学老子庄子之言句，以之谓与佛祖之大道

---

[1] 《大慧书》，《大正藏》第47册，第926页。
[2] 何燕生译注：《正法眼藏》（修订版），宗教文化出版社，2017年，第349页。

一致等齐；又曰三教当为一致，或言三教如鼎之三脚，缺一则倒。愚痴之甚，无可比喻！[1]

道元首先批判近来大宋国的三教一致论者为"杜撰之徒"。道元指出，这些"杜撰之徒"，不识辨诸法实相的意义，完全把它看作是一种虚妄的东西，甚至学习老子、庄子的言句。而且，他们主张老子、庄子之学说与佛法之大道相同，儒、释、道三教根本上为一致；或者主张三教如同鼎之三脚，缺一不可。道元称持这种见解的人为愚痴之辈。也就是说，道元认为，"近来大宋国杜撰之徒"因为不明白"诸法实相"之意，所以学习老子、庄子的言句，妄称三教一致之说。

道元的批判不仅仅停留于此，他继续批判：

（持）如是言之徒，不可许其已闻佛法。所以者何？佛法者，以西天为本，在世八十年，说法五十年，[2] 盛化人天，（所谓）"化一切众生，皆令入佛道"[3]也。以来，二十八祖，（佛法）正传。是为（佛法）之盛，为微妙最尊。诸外道天魔，悉皆降伏；成佛作祖之人天，不知其数。然则，不言彼等若不至震旦国求访儒教、道教，则为佛道之不足。若三教决定为一致，则佛法出现时，于西天，儒宗、道教等亦当同时出现。然则，佛

---

[1] 何燕生译注：《正法眼藏》（修订版），宗教文化出版社，2017年，第350页。
[2] "在世八十年，说法五十年"中的"八十年"和"五十年"分别指释迦牟尼佛的寿命和教化年数。
[3] 见《法华经·方便品》。

第十章　道元对三教一致说的批判

法者，天上天下，唯我独尊也。彼时之事，须遥念之，不可忘之、错之。三教一致之言，甚不及小儿之言之声，是坏佛法之徒也！唯如此之徒多矣！大宋国佛法衰薄之时节也。先师古佛曾深诫此事。[1]

此文虽是一篇长文，但在《诸法实相》卷中是一段比较易懂的文字。这里，我们不妨概括一下其大意。该文意思是说，倡导三教一致说的人，其实是因为不知道佛法的历史和佛法的真髓而已。佛法兴起于印度，如《法华经》所言，"化一切众生，皆令入佛道"，即佛法以教化众生为目的，降伏一切外道、天魔，令众生成佛作祖，无一人不满足于佛教而赴中国寻访儒教、道教者。既然如此，主张三教一致，岂不是破坏佛法！这类人如此之多，标志着大宋国佛法之衰微。这类人，自本以来，如同小乘、外道之出身，他们二三百年以来，不知道"实相"而虚度光阴。有道心之长老之所深叹，先师如净对此曾深以为诫。也就是说，在道元看来，在南宋佛教界中，先师如净知道"实相"，因此他未曾主张三教一致说。

如下一段偈句虽不见于《如净语录》，但据道元说是他滞留天童寺时，在一天夜晚通过如净的普说而听到的。作为例证，道元将这句偈语录在《诸法实相》卷中：

天童今夜有牛儿，黄面瞿昙拈实相。要买那堪无定价，一

---

[1] 何燕生译注：《正法眼藏》（修订版），宗教文化出版社，2017年，第350页。

声杜宇孤云上。[1]

"牛儿"指佛性,"黄面瞿昙"指示释迦牟尼佛。这句偈语的意思是强调,认为佛性与"实相"意思相同、都具有无上价值的主张是错误的,应该予以驳斥。总之,如净的确谈论过"实相"。道元评论这句偈语:"尊宿之长于佛道者,言实相;不知佛法,无佛道之参学者,不言实相也。"强调对"实相"理解的重要性。道元记下了自己当年听如净普说的情形:

> 自其以后,至日本宽元元年癸卯,前后一十八年,不觉历经多少山水,其美言奇句之实相,则铭记身心骨髓。彼时之普说入室,众家皆多谓难忘。是夜,虽微月仅照楼阁,杜鹃频鸣(树梢),然是闲静之夜也![2]

道元在《诸法实相》卷后半部分引用关于玄沙师备正出法堂时忽听燕子鸣叫而说"深谈实相,善说法要"的问答,并陈述自己的见解,最后用以下一段文字作为《诸法实相》卷的结束语:

> 须知实相者,嫡嫡相承之命脉也;诸法者,究尽参究之唯佛与佛也;唯佛与佛者,如是相好也。[3]

---

1 语出不详,疑是道元入宋时的参学笔记。
2 何燕生译注:《正法眼藏》(修订版),宗教文化出版社,2017年,第353页。
3 同上,第354页。

第十章 道元对三教一致说的批判 · 283

既然"诸法实相"是佛道修行者理应遵循的《法华经》的言语，而且"古佛"如净、"大师"玄沙也都谈及"实相"，那么它与其说是作为传递信息的一种语言，倒不如说是"佛祖之命脉""正法眼藏之骨髓"，因此应当将"实相"解释为"嫡嫡相承"，将"诸法"解释为"究尽参究之唯佛与佛也"，将"唯佛与佛"解释为"如是相好也"。道元将这种解释表达为"参学"或"现成"，指出"青原之会下，是已现成也"[1]。也就是说，在道元看来，继承青原之法系的人是如此理解、实践下来的。换言之，主张三教一致说的人，并未从这样的观点理解、实践"诸法实相"。总之，通过以上的考察我们可以知道，见于《诸法实相》卷中的三教一致说批判，事实上是以对"诸法实相"的理解作为问题而展开的。

那么，《佛经》卷的情况又如何呢？与前述《诸法实相》卷相同，在《佛经》卷中，道元开门见山地指出：

> 于此（佛经）中，有教菩萨法，有教诸佛法，同是大道之调度也。调度从主，主使调度。依此，西天东地之佛祖，或从知识，或从经卷，正当恁么时，必各个发意、修行、证果，不曾有间隙者也。发意亦依经卷知识，修行亦由经卷知识，证果亦亲近经卷知识。机先句后，同与经卷知识同参；机中句里，

---

[1] 何燕生译注：《正法眼藏》（修订版），宗教文化出版社，2017年，第354页。所谓"青原之会下"，即指玄沙师备。因玄沙师备是雪峰义存的法嗣，而雪峰义存是青原行思的法嗣。

同与经卷知识同参。[1]

这一段文字的原文,由日文、汉文混合而成,读来颇为费解。大意是说,佛教若无经典不可成立,诸佛、菩萨或其发心、修行、证果,若无经卷与知识也不可能。旨在强调佛道修行中经典的必要性。因此,接下来对三教一致说的批判,自然以强调经典的重要性作为前提而展开。

> 杜撰之徒谓:道教、儒教、释教,其极致皆应一揆,但且入门有别也,或喻之为鼎之三脚。此是今大宋国诸僧所盛谈之旨也。若如是言,则于此等徒辈之上,佛法已扫地灭没也,又可谓佛法甚如微尘亦未传来(东土也)。如此等辈,以乱道取佛法之通塞故,误谓佛经不中用,祖师之门下有别传宗旨。少量之根机也,不知佛道边际之故也。[2]

此段见于《佛经》卷后半部分,是《佛经》卷中道元对三教一致说的批判。道元在这里又将主张三教一致说的人称为"杜撰之徒"。据道元所言,三教一致论者不仅倡导三教之一致,而且还认为佛经于佛道修行中无用("不中用"),历代祖师才有"别传之宗旨"。这明显与道元主张佛道修行不可缺少佛经的立场完全相悖。

---

[1] 何燕生译注:《正法眼藏》(修订版),宗教文化出版社,2017年,第381页。所谓"于此(佛经)中",意指于《法华经》中。《法华经·譬喻品》中有"说是大乘经,名妙法莲花教菩萨法,佛所护念"语。

[2] 同上,第386页。

道元批判他们是"小量机根",不知道"佛道边际",并反驳:

> 若谓佛经不可用,则如有祖经时,用耶?不可用耶?祖道之中,如佛经之法者多,用舍如何?若谓佛道之外有祖道,则谁信祖道耶?祖师之为祖师者,依正传佛道故也。不正传佛道之祖师,谁谓其是祖师?崇敬初祖者,以是第二十八祖故。若于佛道之外谓初祖,则十祖、二十祖难立。以是嫡嫡相承,故恭敬祖师,此是佛道之依重也。不正传佛道之祖师者,有何面目与人天相见?况乎动摇蒙佛之深志,新从非佛道之祖师者,难也。[1]

在道元看来,如果说无须佛经,那么理所当然祖师的经典也不应使用。因为所谓祖师者,其前提在于都依照佛经正确地进行实践和传授,不存在不依照佛经去实践的祖师。离开佛经,祖师的经典也不可能形成。这是道元的观点。作为其例证,道元列举了被称为禅宗初祖的菩提达摩。道元指出,人们之所以将菩提达摩仰为初祖,是因为达摩曾依照佛陀的经典而实践,正确地传承了佛经。基于这样的立场,道元摒弃了那些主张不依佛经而依祖师经典的观点。道元继续指出:

> 祖师正传中,全不有一言半句违于佛经之奇特也。佛经与祖道,同是由释迦牟尼佛正传流布而来也。只祖传是嫡嫡相承也。然则,何以不知佛经?何以不明佛经?何以不读诵佛

---

[1] 何燕生译注:《正法眼藏》(修订版),宗教文化出版社,2017年,第386页。

经？……近来之长老等，仅携王臣之帖[1]，以称梵刹之主人，故有如此之狂言。无人辨是非，独先师一人笑此等之辈，他山之长老等，全无所知也。[2]

道元一方面反复强调佛道修行中佛经的重要性；另一方面又明确指出，先师如净与三教一致论者之间的不同之处在于如净尊重了佛经。道元在这里再一次将如净推到前面，并将其与三教一致论者相比较，以强调自己的禅法与如净一脉相承。

那么，道元再三强调的佛经具体指什么经典呢？要想了解此问题，我们只要读一读《佛经》卷中如下的文字，便可明白。

此经卷能盖时流布，盖国流通，开教人之门，不舍尽地之人家；开教物之门，救尽地之物类。教诸佛，<u>教菩萨者</u>，则尽地尽界也。<u>开方便门</u>，开住位门，不舍一个半个，<u>示真实相</u>也。于此正当恁么时，或诸佛，或菩萨，虑知念觉，无虑知念觉，虽非各自强为，然以得此经卷为各面之大期。必得是经时者，非古今，以古今是得经之时节故。现前于尽十方界之目前者，是得是经也。读诵、通利此经，则<u>佛智、自然智、无师智</u>先于心而现成，现于身而现成。[3]

下划线部分可见于《法华经》中的《序品》《比喻品》和《譬

---

1 "王臣之帖"，即国王、大臣发给寺院的各种任命书、诏书等。
2 何燕生译注：《正法眼藏》（修订版），宗教文化出版社，2017年，第387页。
3 同上，第382页。

喻品》。[1]因此可知，这里所说的"此经"即指《法华经》，道元反复强调的佛经自然也就是《法华经》了。

通过以上的考察，我们确认《佛经》卷中所见的道元关于三教一致说的批判与前述《诸法实相》卷相同，强调佛道修行中以对《法华经》的理解作为焦点，即强调作为佛经的《法华经》的正当性。然而，与此同时，我们又产生了这样的疑问：道元批判三教一致说，在将先师如净的思想作为其批判的依据的同时，为何又将《法华经》的思想与儒、道相对峙，以强调对《法华经》的理解呢？三教一致说是围绕儒、释、道三教之优劣的问题，并非以《法华经》的优劣作为问题。即便将《法华经》与儒、道相对比，承认其具有优于儒、道的思想内涵，但被批判的对象并非儒、道，而是"大宋国之诸僧"。因此，如果说道元在批判三教一致说时不得不强调对《法华经》的理解自有其理由，那么我们有必要对其理由做一番探讨，其中或许蕴含着某些意味深长的议题和背景。

第三节　三教一致说批判的背景
——以道元强调对《法华经》的理解为线索

道元在批判三教一致说时，为何强调对《法华经》的理解呢？关于这个问题，《永平广录》中如下一段文字或许给我们提供了一

---

[1] 如"佛智""自然智""无师智"语出《法华经》之《譬喻品》。

些思考的线索：

> 勿见孔子、老子之言句，勿见楞严、圆觉之教典。<u>时人以楞严、圆觉教典多谓禅门所依。师常嫌之。</u>专学从七佛世尊至今日佛佛祖祖因缘。……如来世、迦叶祖师、西天廿八祖、东土六代、青原、南岳等，何祖师用楞严、圆觉而为正法眼藏、涅槃妙心？又何祖师尝孔子、老子之涕唾而为佛祖之甘露者欤？今大宋之诸僧，频谈三教一致之言，最非也。苦哉！大宋之佛法，拂地而衰也。[1]

下划线文字是由《永平广录》的编者添加进去的。我们分析这些文字便可发现当时有许多人倡导以《楞严经》和《圆觉经》为禅门之所依的说法，并且提倡三教一致说，道元常嫌弃之。因此我们可以推测，道元对《法华经》的尊重，其实是以针对倡导以《楞严经》和《圆觉经》作为禅门所依经典的三教一致论者的经典观为背景的。

其实在佛教史上，推崇《楞严经》和《圆觉经》不仅仅是《永平广录》的编者所指出的限于当时的人。在此之前，在中国倡导三教一致说的禅僧当中，有许多人亦曾推崇这两部经典。比如曾经活跃在唐代后半期的圭峰宗密便是其中一人。宗密留下了大量关于《圆觉经》的注释书籍，而且他解释《圆觉经》时经常以《楞严经》

---

[1] 大久保道舟编：《道元禅师全集》下卷，筑摩书房，1970 年，第 94 页。

为经证。[1]再如，曾继承宗密学风，同样倡导三教一致说的五代永明延寿（904—975）对《楞严经》也同样给了莫大的关注。据曾对延寿所著《宗镜录》与《楞严经》之间的密切关系进行过细密查对的明末清初文人钱谦益的《楞严经疏解蒙钞》，延寿的《宗镜录》"会归心要，多取证楞严"[2]。另外，在《正法眼藏·四禅比丘》卷中，作为三教一致说论者之一，遭到道元指名道姓批判的宋代临济宗雷庵正受（1146—1208）也对《楞严经》抱有浓厚的兴趣。他曾整理德洪觉范（1071—1128）关于《楞严经》的注释著作《尊顶法轮》，并加以补注，成《楞严经合论》10卷行世。大慧宗杲[3]、无准师范（1178—1249）也频繁采用《楞严经》或《圆觉经》，以说禅论道。[4]无准师范的弟子，后来赴镰仓弘法的无学祖元（1226—1286）也同样推崇过这两部经典。[5]因此，在禅宗史上的所谓三教一致论者间推崇《楞严经》《圆觉经》是常见的一个现象，特别是到宋代，这种现象则主要反映在临济宗的一些禅僧身上。

---

1 参见荒木见悟译注《佛教经典选14·中国撰述经典2·楞严经》（筑摩书房，1987年）"解说"。宗密关于三教一致的言说，如《原人论》序说："孔老释迦，皆是至圣，随时应物，设教殊途。内外相资，共利群庶。策勤万行，明因果始终。推究万法，彰生起本来。"

2 "儒佛仙家，皆是菩萨，示助扬化，同赞佛乘"；"三教虽殊，若法界收之，则无别原。若孔老二教，百氏九流，总而言之，不离法界，其犹百川归于大海"。（《万善同归集》卷下，《卍续藏》第110册，第946页）

3 《大慧普觉禅师法语》卷二十二中有"三教圣人立教虽异，而其道同归一致，此万古不易之义"（《大正藏》第47册，第906页）。

4 《无准师范禅师语录》卷六有"三教圣人，同一舌头，各开门户，鞠其旨归，则无二致"（《续藏经》，第2—26、483页）。

5 荻须纯道：《日本中世禅宗史》，木耳社，1965年，第123—126页。

三教一致论者推崇《楞严经》和《圆觉经》是有其原因的。比如《圆觉经》说：

> 一切障碍即究竟觉，得念失念无非解脱，成法破法皆名涅槃，智慧愚痴通为般若，菩萨外道所成就法同是菩提，无明真如无异界，诸戒定慧及淫怒痴俱是梵行，众生国土同一法性，地狱天宫皆为净土，有性无性齐成佛道，一切烦恼毕竟解脱。[1]

《圆觉经》站在本觉思想的立场，强调烦恼与解脱、众生与菩萨、无明与真如之一致与调和。该经的这一基本观点不仅为如何理解佛法与世间法的关系提供了一个线索，而且也为倡导三教一致说提供了极为有力的经典性依据。这就是《圆觉经》受到青睐的理由之所在。所以，倡导三教一致的论者在佛教内部提倡禅教一致说时，以《圆觉经》经文作为其依据的理由也同样在于这一点。然而事实上，《圆觉经》的这种思想对于持不同见解的人来说，同时又带有负面的因素。比如万庵（1094—1194）在《禅林宝训》卷三中说：

> 丛林所至，邪说炽然。乃云：戒律不必持，定慧不必习，道德不必修，嗜欲不必去。又引《维摩经》《圆觉经》为证，

---

[1] 柳田圣山：《中国撰述经典1：圆觉经》，《佛教经典撰13》，筑摩书房，1987年，第133页。

赞贪、嗔、痴、杀、盗、淫为梵行。[1]

丛林之中，所到之处，邪说蔓延，说什么不必持戒律，也不须修定慧，更不须修什么道德，嗜欲也不须除；又有的甚至引用《维摩经》《圆觉经》，以为依凭，赞叹贪、嗔、痴、杀、盗、淫为梵行。万庵是生活在南宋中叶的人物，因此这很可能是基于其本人当时所见到的实际情况而提出如此批判的。总之，我们依照万庵的这段文字可以了解到，《圆觉经》的思想在当时同时又成为否定戒律、轻视修行的主要依据。

《楞严经》在阐说佛教修行三昧的同时，还论述道教的神仙方术、服饵、炼丹等，这也为倡导三教一致的论者们提供了有利的依据。而且，该经与《圆觉经》一样，强调融合、调和；认为众生皆有本觉之真心，此本觉之真心又称"本妙圆妙之明心""真精妙觉之明性""菩提妙明之心"。《楞严经》试图依据此本觉之真心，强调"和合性"和"本然性"。这种观点也为强调佛教内部中的"禅"与"教"的调和提供了一定的帮助。[2] 关于《楞严经》的思想特色，近代佛学大师吕澂（1896—1989）在《楞严百伪》中曾做过非常客观明了的概括，指出《楞严经》在中国，"贤家依其解缘起，台家引其说止观，禅家依其证顿悟，密宗又取其通显教。宋明以后，释子谈玄，儒者批佛，无不皆触楞严"。[3]

---

1 《大正藏》第 48 册，第 1034 页。

2 关于这一点，吕澂撰《楞严百伪》详细地进行了论述。《吕澂佛学论著选集》（齐鲁书社，1991 年）卷一所收。另外，可参见前述荒木见悟《楞严经》"解说"。

3 吕澂：《吕澂佛学论著选集》卷一，齐鲁书社，1991 年，第 370 页。

正因为《楞严经》《圆觉经》是具有如此特性的经典，所以历代倡导三教一致的论者都给予其特别的重视，将这两部经典视为经典依证的三教一致说到宋代依然长盛不衰，而且主要见于临济宗的禅僧之间。因此道元所谓"今大宋诸祖，频谈三教一致之言"，的确是有其根据的。而且如果结合《办道话》中"现在大宋国，独临济宗遍天下"[1]的记载来理解，那么我们可以承认所谓"频谈三教一致之言"的其实就是指当时临济宗的一些门人。

关于《楞严经》和《圆觉经》的思想所带来的负面影响，如上所述，曾遭到过万庵的批判，万庵列举了不守戒律、轻视修行等例子。道元则从另一个角度进行批判。道元的批判极其明快，他指出西天二十八祖、东土六代，甚至在青原、南岳等列祖之中，有哪位祖师视《楞严经》《圆觉经》为正法眼藏、涅槃妙心？

> 拜问："《首楞经》《圆觉经》，在家男女读之以为西来祖道。道元披阅两经，而推寻文之起尽，不同自余之大乘诸经。未审其意。虽有劣诸经之言句，全无胜于诸经之义势耶？颇有同六师等之见。毕竟如何决定？"
>
> 和尚示曰："《楞严经》自昔有疑者也。谓此经后人构欤。先代祖师，未曾见经也。近代痴暗之辈读之爱之。《圆觉经》亦然，文相起尽颇似也。"[2]

---

1 何燕生译注：《正法眼藏》修订版，宗教文化出版社，2017年，第3页。
2 大久保道舟编：《道元禅师全集》下卷，筑摩书房，1970年，第375页。

这是见于道元入宋求法记录《宝庆记》一书中道元与如净之间的一段对话。道元指出，这两部经的内容颇似"六师外道"的见解，对其真实性表示怀疑。如净回答说，《楞严经》自古以来被怀疑是后人之作，历代祖师都不读它，唯独痴暗之辈读之、爱之；而且，《圆觉经》在文体上也与《楞严经》相类似。从这段对话我们知道，如净对这两部经典也是持否定态度的；道元对这两部经典的批判，或许是受到如净观点的启发。既然被当作伪经，有人却称它是"禅门之所依"，道元当然不能接受。

然而，道元虽对视此两部经典为"禅门之所依"持否定态度，但在《正法眼藏》的《都机》卷、《陀罗尼》卷、《安居》卷、《全机》卷、《观音》卷中，我们同时可以发现许多引自这两部经典的语句；[1]而且，在《如净语录》中我们也可以发现引自《楞严经》的文字。因此，可以想见，如净也曾使用过《楞严经》。[2] 对于这一问题，我们应该如何理解呢？《如净语录》中不见如净对此问题所做的解释，但在道元的著作中则有说明：

> 今此所举之"一人发真归源，十方虚空悉皆消殒"者，是《首楞严经》中之所道也。此句曾被数位佛祖同所举，由此可知，此句诚是佛祖之骨髓也，佛祖之眼睛也。然则，《首楞严

---

1 参照镜岛元隆《道元禅师と引用经典・语录の研究》之《道元禅师の引用经论一览表》。
2 《大正藏》第48册，第128页。

经》一部拾轴[1],有谓之伪经,有谓之非伪经。两说已往有之而至今。虽有旧译,有新译[2],然所疑着者,即怀疑神龙年中之译也。然则,而今五祖演和尚、佛性泰和尚、先师天童古佛,既皆举此句。所以,此句已被佛祖之法轮所转,佛祖法轮转也。所以,此句已转佛祖,此句已说佛祖。以是被佛祖所转,转佛祖故,设是伪经,佛祖若转举,则是真个之佛经、祖经也,是亲曾之佛祖法轮也。[3]

这段文字见于《正法眼藏·转法轮》卷。据道元解释,"一人发真归源,十方虚空悉皆消殒"一语虽出自伪经《楞严经》,但是一旦经过佛祖之手,则具有深长的意味,即转成为"正法"了。道元对自己承认的祖师关于《楞严经》《圆觉经》的引用表示肯定,而对其他禅僧的引用则予以否定,这似乎是道元对以前禅僧的理解中所持有的一贯立场。这一情况,我们可以透过他对玄沙师备的理解了解。玄沙师备是生活在唐末的禅者,据《景德传灯录》记载,玄沙因"阅览《楞严经》而发明心地"[4]。道元则将玄沙的"一颗明珠"一语作为《正法眼藏》的卷名,对玄沙的行迹大加赞扬。总之,道元所反对的是针对主张将两部经典"谓禅门所依"的三教

---

[1] 传说唐神龙元年(705),由中印度沙门般刺密帝翻译。据道元入宋求法时的笔记《宝庆记》载,如净曾向道元谈及《楞严经》的真伪问题。

[2] 一般将玄奘以后翻译的佛经称"新译",将在此之前鸠摩罗什、真谛等人的翻译称"旧译"。

[3] 何燕生译注:《正法眼藏》(修订版),宗教文化出版社,2017年,第494—495页。

[4] 《景德传灯录》卷一八《福州玄沙宗一大师》章。

一致论者的经典观，这里我们暂且将焦点放在这一问题上继续进行讨论。

那么以前的佛祖们是以何种经典作为正法眼藏、涅槃妙心的呢？对此，道元紧接着是这样叙述的：

> 兄弟若要看经，须凭曹溪所举之经教。所谓法华、涅槃、般若等经乃是也。曹溪未举之经，用不何为。[1]

道元指出，"东土六代"祖师之一的曹溪惠能所推崇的经典是《法华经》《涅槃经》和《般若经》，因此，凡是坐禅之人，都应依据曹溪惠能所推崇的经典，而不可依据其他经典。关于曹溪惠能对《法华经》的推崇，我们可以从《坛经》中得到确认，有名的"法华转法华"的故事，便是其例。至于对《涅槃经》的推崇，《坛经》中虽不见记载，但见于《曹溪大师别传》，此《曹溪大师别传》早在平安时代由最澄传到了日本。[2] 其次，关于《金刚般若经》，传说惠能曾经因听《金刚般若经》而皈依佛门。而且，被看作是惠能所撰的《金刚般若经义解》至今流传。根据这些事实，曹溪惠能的确用过《法华经》《涅槃经》《般若经》；而认为曹溪惠能所推崇的经典是《法华经》《涅槃经》和《般若经》的道元的见解，也是合乎客观事实的。道元很可能是根据上述这些文献而提出如

---

[1] 大久保道舟编：《道元禅师全集》下卷，筑摩书房，1970年，第94页。
[2] 《传教大师将来越州目录》，《大正藏》第55册，第1059页。

此说法的。[1]

道元在《正法眼藏》各卷中频繁引用这些经典以论述禅思想，特别是在仁治二年示众的《看经》卷中，列举了惠能"法华转法华"的故事；紧接着在同年示众的《法华转法华》卷将其作为卷名，详细论述了"法华转法华"的含义。因此，道元对《法华经》的强调其实依据了惠能对《法华经》的推崇。同时我们还可以知道，道元对那些将《楞严经》《圆觉经》视为"禅门所依"的三教一致论者的经典观持否定态度，除前述如净的观点外，惠能的经典观也同时起到了重要的作用。

我们还可以从道元关于《法华经》的引用中进一步证实他是针对三教一致论者的经典观而强调《法华经》的事实。据镜岛元隆的研究，在《正法眼藏》中，《法华经》被引用的卷数有27卷之多，依年代顺序，分别排列如下：

仁治元年（1240）：《溪声山色》《诸恶莫作》

仁治二年：《行佛威仪》《法华转法华》《神通》

仁治三年（1242）：《海印三昧》《恁么》《梦中说梦》《佛教》《阿罗汉》《授记》

宽元元年：《三界唯心》《诸法实相》《无情说法》《法性》《洗面》《十方》《见佛》

宽元二年（1244）：《菩提分法》《发无上心》《光明》

---

[1] 道元很可能见到的是兴圣寺本或大乘寺本，因为这两个版本都说惠能是因听《金刚经》而发心出家。

宽元四年（1246）：《出家》

建长七年（1255）：《发菩提心》《优昙华》《如来全身》

撰述年代不明：《供养诸佛》《归依三宝》（被视为道元最晚年作品的12卷本第5、6卷）

如前所述，其实宽元元年撰述的前述《佛经》卷曾引用《法华经》经文，镜岛元隆似乎遗漏了这一点。如果把此《佛经》卷加在一起，那么《正法眼藏》关于《法华经》的引用实际上有28卷。总之，我们一览便可知道，《正法眼藏》关于《法华经》的引用虽始于仁治元年，但其后则集中见于道元离开京都兴圣寺之后，即宽元元年赴越前以后撰述的作品之中。[1]

道元在仁治元年以前未曾引用《法华经》，从仁治年间（1240—1242）开始关注并强调《法华经》之重要。如果说自仁治年间开始，道元身边发生了什么情况变化，那么第一是接受了被称为达摩宗的禅宗教团门徒的集体皈依。据《三祖行业记》载，仁治二年春，达摩宗的怀鉴率领门人义介、义伊、义演、义准、义荐、义运皈依了道元。[2] 关于该达摩宗的思想之详细，因资料不全，我们不得而知。不过，据《三大尊行状记》中的《大乘开山义介和尚行状记》载，其中心人物之一的怀鉴曾对弟子义介讲授《楞严经》。[3] 因

---

1 河村孝道编著：《诸本对照〈永平开山道元禅师行状建撕记〉》，大修馆书店，1975年，第44页。

2 竹内道雄：《道元》（新版），吉川弘文馆，1992年，第205页。

3 河村孝道编著：《诸本对照〈永平开山道元禅师行状建撕记〉》，大修馆书店，1975年，第163页。

此可以认为，达摩宗曾重视过《楞严经》。另外，据考证，在被视为达摩宗文献的《成等正觉论》中，我们可以确认到许多引自前述《宗镜录》的文字，而且其观点多与《宗镜录》相同，即提倡所谓三教一致说。[1]因此，道元以仁治年间为界，频繁引用《法华经》，开始强调《法华经》的思想，其原因就是当时既重视《楞严经》又提倡三教一致说的达摩宗的存在。

第二是临济宗圣一国师来到京都传禅。我们知道，圣一同样具有入宋求法的经历，归国后曾住博多、镰仓。然而，就像与道元前往越前相交换一样，圣一于宽元元年二月来到京都，担任当时由摄政九条道家所建立的东福寺的住持。圣一的禅风之一，一般称为诸宗兼修。不过，据研究，圣一同时又提倡三教一致说；关于佛典，则推崇《楞严经》和《圆觉经》。[2]这里需要进一步指出的是，道元对临济及继承临济禅法的临济门人展开批判也正是始于这个时期。前述《诸法实相》卷和《佛经》卷即撰于宽元元年，而在《佛经》卷中所批判的"教外别传"的思想其实就可以从圣一的著述中找到。[3]关于前者，比如：

> 临济不曾有胜师之志气，不闻有过师之言；黄檗有胜师之道取，有过师之大智，道得佛未道之道，会得祖未会之法。黄檗者，超越古今之古佛也，比百丈亦尊长，比马祖亦英俊也。

---

1 参见石井修道《道元禅的成立史之研究》第九章。
2 荻须纯道：《日本中世禅宗史》，木耳社，1965年，第195—197页。
3 关于此问题，古田绍钦曾进行过探讨，见《古田绍钦著作集》（讲谈社，1981年）第1卷所收《宽元元年を境とする道元の思想》。

临济则无如此之秀气。何以故？古来未道之句，梦也未见言也。只如会多而忘一，达一而烦多，岂以四料简等中有道味而为佛法之指南哉？……是故，当知彼等屋里，佛家之道业不传也。[1]

道元批判临济，"不曾有胜师之志气，不闻有过师之言"，同时批判那些"以四料简等中有道味而为佛法之指南"的人，指出其"佛家之道业不传也"。而且，在同年撰写的《说心说性》卷中，指出"临济之尽力道取者，仅无位真人，而未道取有位真人"[2]，对被视为临济禅思想特色的"无位真人"进行批判。关于后者，在被看作是圣一所撰的《十宗要道记》有关"佛心宗"的文字中，我们同时还可以了解到圣一曾提倡过"教外别传"。比如：

问曰："佛心宗中，经几时节出离生死？何修行业证菩提耶？心解云本无烦恼，宗不用时节。元是菩提法，不修行业。爰以直指人心，见性成佛，不立文字。……今此佛心，教外别传，默示默契所悟所也。所谈之本无烦恼，元是菩提，所期是直指人心见性成佛也。"[3]

关于"见性"，道元也持否定态度。而且需要指出的是，道元就是在与批判三教一致说相关联的脉络中批判"见性"思想的。比如：

---

[1] 何燕生译注：《正法眼藏》（修订版），宗教文化出版社，2017年，第385—386页。
[2] 同上，第343页。
[3] 《禅宗》第210期《附录》，贝叶书院，1912年9月，第15、18页。

而今大宋国，寡闻愚钝之徒多，彼等曰："佛法与老子、孔子之法，一致而非异辙。"大宋嘉泰中，有僧正受，撰《进普灯录》三十卷云："臣闻孤山智圆之言曰：'吾道如鼎也，三教如足也。足一缺而鼎覆焉。臣尝慕其人稽其说，乃知儒之为教，其要在诚意。道之为教，其要在虚心。释之为教，其要在见性。诚意也，虚心也，见性也，异名体同。究厥攸归，无适而不与此道会。'"云云。

如此僻计生见之徒唯多，非但智圆、正受！此等人，其误之深，更胜于以得四禅为四果者。当是谤佛、谤法、谤僧也！已是拔无解脱，拔无三世，拔无因果也。无疑莽莽荡荡招殃祸！与以为无三宝、四谛、四沙门者相等！佛法其要者，非在见性。西天二十八祖、七佛，何处见有谈佛法但是见性而已？《坛经》有见性之言，彼书是伪书也，非付法藏之书，非曹溪之言句，是佛祖之儿孙全不依用之书也！正受、智圆以不知佛法之一隅，故作一鼎三足之计。

古德云："老子、庄子，尚自未识小乘能著所著，能破所破。况大乘中，若著若破，是故，不与佛法少同。然世愚者迷于名相，滥禅者惑于正理，欲将道德、逍遥之名齐于佛法解脱之说，岂可得乎？"

自昔惑于名相者，不知正理之徒，将佛法齐与庄子、老子也。于佛法聊有修习者，从昔以来，无有一人重庄子、老子。[1]

---

[1] 何燕生译注：《正法眼藏》（修订版），宗教文化出版社，2017年，第628—629页。其中，"古德云"以下文字见《止观辅行传弘决》卷三。

这段文字同时还涉及道元关于《坛经》真伪问题的看法。道元指出《坛经》中有"见性"之言句，所以它是一部伪书，并不是六祖自己的言句。至于其中道元对正受、智圆所谓三教一致说的批判，前面有所论及，兹不复述。

总之，如果说道元在宽元元年之后对临济及当时以临济之禅法为"学法之指南"的人进行批判，且对所谓"教外别传"思想的批判是在与主张三教一致说相关联的脉络中进行的，绝不是一件孤立发生的偶然性事件，那么我们可以认为道元在仁治年间之后频繁引用《法华经》经文，强调对《法华经》的理解，除了前述达摩宗的思想外，同时还与当时同样重视《楞严经》《圆觉经》并倡导三教一致说的临济宗圣一禅思想的流行有着密切的关系。因此我们可以说道元关于三教一致说的批判，其实是针对当时继承中国临济宗禅法的日本达摩宗和临济宗而展开的，带有浓厚的宗派批判的意味。

第四节　结语

尽管有人认为儒、道的地位远远不如佛教，但他们却将儒、道与佛教相提并论；同时，尽管有人认为"东土六代"祖师根本未将《楞严经》和《圆觉经》视为"禅门之所依"，但他们却将这两部经典尊为"禅门之所依"。这些都是道元所不能接受的。道元始终认为佛教比儒、道二教优越，强调应该依用"祖师"所依之经典。基于这样的立场，道元驳斥了三教一致说，并且用惠能的经典观否定了所谓主张以《楞严经》《圆觉经》为"禅门之所依"的三教一致论者的经典观。道元在批判三教一致说时所强调的对《法华经》的理解，目的在于对抗三教一致论者所提出的以《楞严经》《圆觉经》作为"禅门之所依"的经典观。

其实，《法华经》虽是天台宗所依的根本经典，但在佛教宗派中，重视《法华经》并非唯独天台一宗。如前所述，一些禅师也曾推崇过《法华经》，这在初期禅宗文献中便可得到确认。例如《历代法宝记》中如下记载便是一例：

> 绥州禅林寺僧兄弟二人并是持《法华经》。时人号史法华。兄法名一行师，弟名惠明师。来投和上，和上问："何处来？先学何教法？"惠明师云："绥州来，持《法华经》，日诵三遍。"和上问云："安乐行品，一切诸法，空无所有，无有常住，亦无起灭，是名智者亲近处。"惠明等闻说："小师迷没，只解依文诵习，未识义理。伏愿和上，接引盲迷。"和上即为说法："诸法寂灭相，不可以言宣。是法不可示，言词相寂灭。离相灭相、常寂灭相、终归于空。常善入于空寂行，恒沙佛藏，一念了知。若欲得住山中，更不诵习，常闲，能否？"惠明等兄弟知诵习是不究竟，故投和上。和上即为再说："无念即无生，无念即无死。无念即无远，无念即无近。无念即是史法华，有念即是法华史。无念即是转法华，有念即是法华转。正无念之时，无念不自。"惠明等闻已，心意快然，便住山中，

常乐作务。[1]

而且，在宋代禅语录类中，也常见有题《法华经》的偈颂，比如《无文和尚语录·题跋附》中就有所谓《题法华经》的偈句。因此，《法华经》对禅师们来说也是一部极其重要的经典。道元对《法华经》的重视可以说是对禅宗这一传统的继承，并不完全与道元当年在日本比睿山修行时受到天台宗的影响有关。

总之，通过以上的考察我们可以知道，主张三教一致既是"大宋国诸僧所盛谈之旨"，同时也是镰仓时代在日本禅僧中流行的思想。因此，所谓三教一致说，可以说是12—13世纪中日两国禅宗思想界所共有的一个"热门"话题。道元结合自己的亲身经历、所见所闻，对三教一致说予以强烈批判，认为其是一种"邪说"，言辞激烈，立场分明。道元在批判时所列举的大部分事例，我们今天可以从其他的文献中得到旁证。其中，关于道元本人当时留学南宋时所目睹、耳闻的事例，无疑具有重要史料价值。"旁观者清"，日僧道元对南宋禅林的观察为我们客观、全面地考察南宋禅宗提供了一个不可忽视的视角。透过道元，我们似乎看到了南宋禅一些不曾相识的面孔，尽管我们对南宋禅的研究尚未真正起步。

孔子说："君子和而不同。"如果说主张三教一致说在当时所代表的是"会通求同"的立场，那么，道元对他们的批判则反映了道元站在了"争辩求异"的另一立场上。这是道元禅在实现自我成长

---

[1] 柳田圣山：《禅の语录2：初期の禅史Ⅱ》，筑摩书房，1976年，第251页。

过程中所表现出来的一种价值取向，是"和而不同"的一种具体体现，尽管道元并不认同儒教的教义。道元所坚持的"求异"的价值取向，最终使他的宗教得以扎根于日本社会，并赋予其禅思想许多不同于其他的独特风貌。

结　章

我们应当如何理解道元禅思想的特征

　　道元禅思想是以中国禅思想为前提而形成的，与中国禅思想关系密切。然而，作为日本人的道元所接受的禅思想，必然有着道元个人的特色，与中国禅思想并不完全相同。本书基于这一观点，在下篇各章选定几个问题进行了具体讨论。本章将基于这些讨论，试图概括性论述道元禅思想的特征——我们应该如何理解道元禅思想的特征？

第一节　历来的观点

　　迄今为止，许多学者尝试解明道元的禅思想特征，并提出了一些结论性的观点，比如"身心脱落"便是其一。在《办道话》等著作中，道元视"身心脱落"为坐禅修行的最终立场，并强调其为"单传正直之佛法"。然而，在其师如净的语录中，我们只能找到"心尘脱落"一语，找不到"身心脱落"，这成为将道元的禅思想特征归结为"身心脱落"的论据。关于这一点，本书下篇第六章我们关注"只管打坐"这个词，将其视为道元修证思想的概念，将之与如净的修证思想相比较，并进行了讨论。虽然道元与如净在修证思想上有不同之处，但将《如净语录》中的"心尘脱落"与道元的"身心脱落"相对应，并不完全合理。原因在于，如前面我们所指出的，道元提出"身心脱落"并非将如净的"心尘脱落"作为问题，而且《如净语录》中"心尘脱落"一语只在称赞佛祖的偈文中出现过一次，并不是经常出现。这个偈文是在赞美观音的"妙相"，将观音的"妙相"分为头、脚、体、心四个部分，并强调观音的"妙相"遍布于整个身心之中，其中着重从"身"和"心"两个方面强调观音的"妙相"。虽然不能立即断定这个偈文表达了"身心脱落"的思想，但我们需要考虑这样的语境，结合这样的语境来理解如净"心尘脱落"的含义。迄今为止的研究似乎缺乏这种角度的考察。

在下篇第六章中，我们还指出"脱落"一词在《朱子语类》中也经常出现，宋代儒者们也常常将其用作表示极致意义的词语，因此我们需要从中国传统思想，比如从"坐忘论"角度理解道元"身心脱落"的含义。换言之，将禅者的觉悟境地也用"脱落"来表达，并且将"身心脱落"视为道元禅思想的特征，未免欠妥。

许多学者主张道元禅思想的另一个特征是道元将坐禅视为"佛行"和"正法"，拒绝用"坐禅宗"或"禅宗"等术语来表述它。道元将坐禅称为"正法"或"佛行"的言论，我们可以在《办道话》和《永平广录》等文献中找到，与前面提到的"身心脱落"一样被道元所强调。其中，道元拒绝用"坐禅宗"或"禅宗"等术语来表达坐禅的言说，可以具体从假字《正法眼藏·佛道》卷等找到，我们可以认为这是道元各种言论中令人印象最为深刻的言说。然而，笔者认为，基于这些言论就立即断定它们是道元禅思想特色的一种表达，未免过于仓促。将不同学派或宗派的观点、教义称为一种"邪见""邪法"，将自己传授的教义称为"正见""正法"，这在佛教各宗各派中广泛存在，当然也见于禅宗内部。例如，禅宗曾分为南北两派，南宗的一部分人认为自己传承的禅法是直接从释迦牟尼佛"嫡嫡相传"而来的，批判北宗"师承是傍，法门是渐"[1]；南宋时代临济宗大慧也斥责曹洞宗禅僧为"默照邪师"[2]。因此，并非只见于道元一人，而且道元也非最早的例子。道元对将坐禅称为"禅宗"持否定态度，可能受到了大日房能忍的所谓达摩宗思想的影响。具体来说，我们可以从当时日莲对"禅宗"的批判[3]，以及莹山将达摩宗的传承物如六祖舍利埋葬在五老峰以扫除达摩宗的痕迹等情况推断，道元的这些言说是针对当时的达摩宗而提出的，自有其背景[4]。也就是说，早在道元之前就已经存在一派被称为"禅宗"

---

1 石井修道：《真福寺所藏〈裴休拾遗问〉的翻刻》，《禅学研究》第60期，京都禅文化研究所，1981年。

2 《大慧普觉禅师法语》卷二一《示吕机宜》、卷二六《答陈少卿》。(《大正藏》第47册，第901、923页)不过，其批评对象应该是指福州雪峰山宏智的师兄长芦清了。(柳田圣山：《看话と默照》，《花园大学研究纪要》第6期，1975年)

3 日莲：《开目抄》："建仁年中，法然、大日二人出来兴念佛宗、禅宗。法然云'《法华经》，入末法时代，未有一人得者，千中无一'云云。大日云'教外别传'云云。此两义，充满国中。"(兜木正亨校注：《日莲文集》，岩波文库，1968年，第287、232、252、256页。第276页也有批评"禅宗"称谓的言说)

4 关于该问题，可参见石川力山《达磨宗の相承物について》，《宗学研究》第26期。道元在世时与达摩宗门徒之间就已出现裂痕，《御遗言记录》中记载了这方面的情况，也可参考。

的教团，其中一部分人在加入道元门下后，仍然保持着师资相承的正统性意识，这引起了道元的注意，遭到道元的批评，其目的很可能是为了改变他们的宗派信仰。关于这一点，我们在本书下篇第九章和第十章进行了具体考察。总之，我们需要结合禅宗的历史及道元所处的时代背景综合考察该问题。然而，迄今的研究在这些方面的探讨似乎还很不够。

关于道元禅思想的特征，还有一些学者列举道元对三教一致说的批判、对"见性"说的批判、对"灵知"说的批判，以及对《法华经》的强调，等等。关于这些问题，正如我们在本书下篇第九章和第十章中所讨论的那样，同样与当时的达摩宗或圣一的临济宗相关，有着一定的历史关联，并不能视为道元禅思想特征的一种表达。将这些看作是道元试图强调自己宗派的正统性（"正法"）所进行的一种宗派批判，似乎更合乎事实。

第二节　汉语禅学的日语转换
——道元禅思想的特征

如上所述，对于迄今有关道元禅思想特征的言说，当我们基于新的观点重新对其进行审视，不难发现这些观点并不具有一定的妥当性，值得商榷的地方不少。那么，道元禅思想的特征究竟表现在哪里呢？换言之，我们应当从什么地方寻找道元禅思想的特征呢？对此，这里拟举数例进行考察，以求教于方家。

首先，让我们来看一看道元对"即心是佛"的理解。

"即心是佛"一词，最初由马祖道一提出，此后在中国的禅僧中被频繁使用。在《碧岩录》和《无门关》等文献中，它被作为公案来使用。纵观不同禅僧对该词的理解，我们可以发现，关于其中的"心"，有的将其视为一种实体；有的持否定的态度，如"心不是佛"或"非心非佛"；有的认为"即心"就指当下现在的心；也有人则把它视为一种本来应有的心，大家在理解上存在着分歧，并且互相批评。不过，大家基本上都将"即心是佛"理解为"心即是佛"，遵循汉文的原意。[1] 那么，道元是如何理解的呢？

"佛"拈却，打失百草。然不得说似丈六之金身。

"即"有公案，非相待见成，非回避败坏。

"是"有三界，非退出，非唯心。

"心"有墙壁，不曾拖泥带水，不曾创作。

或参究"即心是佛"，参究"心即是佛"，参究"即心佛是"，参究"是佛心即"。如是参究，当为即心是佛，如是举之，则于即心是佛是正传也。[2]

也就是说，道元将"即心是佛"分解成即、心、是、佛，并且

---

[1] 详细内容可参考铃木哲夫《唐五代禅宗史》（山喜房佛书林，1985年）后编第一章第二节《马祖教团の禅思想的展开》。此外，末木文美士《佛教一言葉の思想史》（岩波书店，1996年）第六章《即心是佛》，也从宽泛的视野论述了该问题，可一并参考。

[2] 何燕生译注：《正法眼藏》（修订版），宗教文化出版社，2017年，第54页。

分别赋予它们各自以含义，将它们作为一种绝对的东西进行理解，并不像中国禅僧一直以来的那样，只是将"心"作为问题。而且，关于"心"，道元还指出"心者，山河大地，日月星辰也"，也并不像中国禅僧那样，将其理解为"心不是佛"和"非心非佛"。这样的理解，无疑完全忽视了汉文本来的意思，是一种随意性的理解。然而，道元却认为，这样的理解才是"于即心即佛是正传也"。也就是说，不以汉文本来的意思去理解"即心是佛"，与汉文的语境保持一定的距离，只有这样才能理解其真实的含义，这是道元的观点。

那么，道元所理解的"即心是佛"到底是何含义呢？

> 然则，谓即心即佛者，乃发心、修行、菩提、涅槃之诸佛也。未发心、修行、菩提、涅槃，不是即心是佛。设于一刹那中发心修证，亦是即心是佛也……设于无量劫中发心修证，亦是即心是佛也。[1]

也就是说，道元所关注的问题不在于"心"到底是不是"佛"，"心"到底指的是现在的心还是本来的心，而是将它理解为修行有无的问题。这样的理解，无疑突破了一直以来作为一种单纯的观念论式的"即心是佛"论，使其作为一种实践论式的"即心是佛"论，刷新了以前的理解方式，可以说是道元独有的一种新观点。

接下来我们看一下道元对"诸恶莫作"的理解。关于"诸恶莫

---

[1] 何燕生译注：《正法眼藏》（修订版），宗教文化出版社，2017年，第55页。

作"，道元的理解见于假字《正法眼藏·诸恶莫作》卷。正如道元自己所指出的，这一句话作为"佛说"最早见于佛经，也见于唐代白居易（772—846）和道林禅师（741—824）之间的问答，意思指不要做各种恶事。白居易和道林之间的问答主旨在于强调"诸恶莫作"这一句话的本来含义，意思是说，想不做恶事容易，但是执行起来并不容易。道元虽然肯定了道林的理解，"道林以此道理之道取而有佛法也"，但他也从另外的角度出发，尝试理解"诸恶莫作"的含义：

> "诸恶"非无，只是"莫作"也。"诸恶"非有，只是"莫作"也。诸恶非空，莫作也。诸恶非莫作，只莫作也。譬如，春松非无非有，不作也。秋菊非有非无，不作。诸佛非有非无，莫作也……恁么之参学，是见成之公案也，公案之见成也。[1]

也就是说，道元将"诸恶莫作"分解为"诸恶"和"莫作"，使它们各自作为拥有单独含义的词语，即从"现成公案"的角度来尝试理解它们的含义。正如"所谓诸恶莫作者，非但驴之见井，亦井之见井也，驴之见驴也，人之见人也，山之见山也。以是有说个应底道理，故诸恶莫作也"[2]所说，真正理解"诸恶莫作"的意义，是对一切存在保持一种随顺的态度，以这种态度去接纳它们的真实

---

[1] 何燕生译注：《正法眼藏》（修订版），宗教文化出版社，2017年，第264页。
[2] 同上。

本质。"诸恶"不是有也不是无，它超越有无之境界，成为一种"莫作"的状态。

这种对"诸恶莫作"的理解，与前文提到的"即心是佛"一样，完全颠覆了原本的含义，赋予"诸恶莫作"以一种新解，可以说建构了一种新的"诸恶莫作"论。

这样的例子也可见于本书下篇第八章和第十章关于"悉有佛性"和"诸法实相"的理解，可以说是道元理解禅思想的一种基本态度。当然，这种态度，同时可以认为继承了公案禅的传统。公案禅的特征在于否定固定化的禅语理解，将语言的内容进行一种无意义化，即去意义化，力求"道得"潜藏在语言背后的深层意蕴。对所有的言说质问，都回答"无"的所谓"无"字公案，很明显其实就是表达这一含义的典型例子。然而，对道元而言则更进一步，如上所述，他破坏了汉语的语言结构，即"破坏"汉字的含义，并赋予其崭新的含义，在此基础上试图"道得"语言所蕴含的更深层的含义。这也是造成道元的语言难以理解的一个原因吧。道元巧妙地活用了在语言构造上存在着差异的汉语和日语之间的不同特点，将历来的禅思想置于日语的文脉中进行理解，从而形成了自己的禅思想。但这里值得注意的是，道元基本上是以历来的禅语作为前提，以对此应该如何理解作为问题的，并不是在没有任何前提的情况下随意提出一种新的词汇，围绕它而展开自己的理解。我们可以从他将汉语的"现（见）成公案"解读为"见成

结　章　我们应当如何理解道元禅思想的特征·313

之公案"[1]"见成公案"[2]"使其见成公案"[3]"公案之见成"[4]"现成公案"[5]"公案现成"[6]等例子得到了解。

如果说道元是在继承传统禅语的前提下，以自由多样的解读方式展开其独特的禅思想，那么这种情况其实贯穿道元所有的著作，以上的考察只是其中的几个例子。道元将传统的汉语禅思想引入日语语境，并在破坏传统汉字、词语的意义结构的基础上，使用一种自己的新词汇自由自在地表达其意义，道元这种独特的禅思想理解方式，颇富意味；而通过道元对禅思想富有特色的理解方式考察道元禅思想的特征，是我们今后应该重视的工作。这里把它指出来，供有志研究道元禅思想、研究中国禅思想在日本的新发展的学人参考，本章不做深入讨论。

---

[1] 何燕生译注：《正法眼藏》（修订版），宗教文化出版社，2017年，第264页。
[2] 同上。
[3] 同上。
[4] 同上。
[5] 同上，第20页。
[6] 同上，第500页。

余论

一、拈花微笑的思想史——从中国禅到日本道元禅

（一）

禅的目的在于对"悟"的体验。禅师们为了表达自己所体验到的悟境，除了使用语言问答外，还经常使用扬眉、瞬目、弹指、微笑、棒喝等身体行为，或者借用拄杖、拂尘、圆相、袈裟、图画、花鸟、山水等种种物象，形式多样，内容丰富。可以承认，禅的特征就表现在对象征、比喻、体验和直观的强调上。禅并不追求那些理论、观念、思量和逻辑的东西。

关于禅宗中的各种象征物，在禅宗内部，既有倍受重视、被优先看待者，当然也有完全相反的情况。而且，从其发展的历史来看，这些象征物并不是突然地出现在禅宗舞台，而是伴随着禅思想的不断演变逐渐地被使用起来的。总之，禅宗的这些象征物在禅宗中已构成了丰富多彩的内容，笔者在此姑且称其为禅的象征体系。

在禅的象征体系中，关于花的运用，尤其引人注目。相传世尊

与摩诃迦叶之间所进行的有名的"拈花微笑"公案问答就是其例。被视为东土第一祖的菩提达摩,乃至二祖慧可、三祖僧粲、四祖道信和五祖弘忍,他们之间师资相传的"传法偈"也都是以花为主题的。[1] 正如"一花开五叶""花开世界起"这些禅言法语所表达的意思那样,禅的历史可以说就是一部围绕花而发展起来的历史。日本曹洞宗的开山祖师道元禅师对于花也给予了甚深的关切,他在其主要著作《正法眼藏》中,频繁地引用禅师们有关花的禅话机语,并试图对它们做独自的解释和理解。所谓"花于爱着而凋落,草于嫌弃而丛生"一语,被视为道元禅师的名句之一。

禅宗如此重视花,当然有其缘故。花在禅宗中不仅仅被看作是一种纯粹的植物,它超越了作为植物的意义,象征着禅试图追求的"悟境"。花在禅宗中的象征意义就在于此。

关于禅宗中的各种象征物,学术界以往对公案语言、袈裟的象征作用等做过一些研究,但对花的考察则不多见。本书拟对花在禅宗中的象征意义进行探讨,其中具体以"拈花微笑"公案故事为话题。笔者认为,禅宗史上围绕"拈花微笑"公案故事有两种不同的

---

[1] 初祖达摩说:"吾本来兹土,传法救迷情。一花开五叶,结果自然成。"(《指月录》卷四,《卍续藏》第143册,第84页)

二祖慧可说:"本来缘有地,因地种花生。本来无有种,花亦不曾生。"(同上,第86页)

三祖僧粲说:"花种虽因地,从地种花生。若无人下种,花地尽无生。"(同上,第87页)

四祖道信说:"花种有生性,因地花生生。大缘与性合,当生生不生。"(同上,第90页)

五祖弘忍说:"有情来下种,因地果还生。无情既无种,无性亦无生。"(同上,第91页)

理解方法，它们逐渐形成了两大思想流派，在禅宗史上影响深远。然而，在迄今的禅宗研究中，尚不见有对这一现象的深入研究。因此，本书在探讨过程中，拟同时对该问题做考察。

（二）

"拈花微笑"的故事作为象征禅宗的开端，在佛教尤其是在禅宗中特别有名。一提到禅宗有关花的话题，一般都会立即想到"拈花微笑"的故事。该故事出自《大梵天王问佛决疑经·拈花品》，内容如下：

> 尔时，娑婆世界主大梵天，名曰方广，以三千大千世界成就之根，妙法莲金光明大婆罗花，捧之上佛。……尔时，如来坐此宝座，受此莲花，无说无言，但拈莲花，入大会中，八万四千人天。时大众皆止默然。于时，长老摩诃迦叶，见佛拈花示众佛事，即今廓然，破颜微笑。佛即告言，是也。我有正法眼藏，涅槃妙心，实相无相，微妙法门，不立文字，教外别传，总持任持，凡夫成佛，第一义谛，今方附嘱摩诃迦叶。言已，默然。[1]

大意是说，一天，释迦牟尼佛在灵鹫山说法时，一位名叫方广的大梵天捧来一朵莲花献佛，释迦牟尼佛将此莲花出示给会场的人看，众人不解其意，独摩诃迦叶一人破颜微笑。释迦牟尼佛见此后

---

[1]《卍续藏》第87册，第976页。

说:"吾有正法眼藏,涅槃妙心,实相无相,微妙法门,不立文字,教外别传,总持任持,凡夫成佛,第一义谛,今方附嘱摩诃迦叶。"

关于《大梵天王问佛决疑经》,有许多问题尚不明确,而且关于此"拈花微笑"故事的真伪问题,古来禅林中也曾有过一些争议。比如,据宋代智昭(生卒年不详)所撰《人天眼目》卷五《宗门杂录》记载,王荆公(王安石)与佛慧泉禅师的对话中曾涉及此问题:

> 王荆公问佛慧泉禅师云:"禅家所谓世尊拈花,出在何典?"泉云:"藏经亦不载。"公曰:"余在翰苑,偶见《大梵天王问佛决疑经》三卷。因阅之,经文所载甚详。梵王至灵山,以金色婆罗花献佛,舍身为床座,请佛为众说法。世尊登座拈花示众。人天百万,悉皆罔措。独有金色头陀,破颜微笑。世尊云:'吾有正法眼藏,涅槃妙心,实相无相,吩咐摩诃大迦叶。'此经多谈帝王事佛请问,所以秘藏,世无闻者。"[1]

当问到"拈花微笑"公案出自何处时,佛慧禅师回答:"藏经亦不载。"对此,王安石说:"余在翰苑,偶见《大梵天王问佛决疑经》三卷。因阅之,经文所载甚详。"至于该经因何不广为世人所知的问题,王安石解释说:"此经多谈帝王事佛请问,所以秘藏,世无闻者。"

宋代契嵩(1007—1072)也在其《传法正宗记》中提到此"拈花微笑"的故事,并说"世皆以是为传授之实,然此自始未见其出

---

[1]《大正藏》第48册,第325页。

所。吾虽稍取，亦不果敢以为审"，同样提出了质疑。

基于上述情况，在日本，也有学者对这一公案故事的真实性表示怀疑。江户时代的曹洞宗学者面山瑞方公然批判"拈花微笑"故事是一种"妄说"。关于《大梵天王问佛决疑经》的版本问题，日本《禅学大辞典》所录该经词条说，现存有2卷本和1卷本两种版本。不过，据上述《人天眼目》的记载，王安石所见的则是3卷本。原来也许就是3卷本吧！

总之，通过上述的事例我们知道，关于《大梵天王问佛决疑经》的形成和"拈花微笑"故事的真伪，有许多问题尚未得到明确。然而，与此同时，翻开禅宗的历史可知禅宗的主流则将此"拈花微笑"故事视为实际发生的事情。事实上，禅宗的历史及其思想是以此"拈花微笑"故事作为重要依据的。这是一个颇富趣味的问题，值得深入探讨。鉴于此问题与本文的主旨没有多大关系，这里不予探讨。

值得我们留意的是该公案故事所传达的内容：第一，该公案故事中的花被看作是莲花；其次，莲花在这里被视为表达禅的核心——正法眼藏。为何是莲花？莲花为什么具有这种含义？这是问题的关键。为了弄清这些问题，我们有必要确认一下莲花在佛教中到底具有何种特征。

在佛教中，谈及莲花的经典很多，其中还有以莲花为经名的经典，比如《妙法莲花经》《华严经》等。在这里，我们姑且看一看与禅宗有密切关系的《维摩经》对莲花的解释吧！

《维摩经·佛道品》解释莲花说："譬如高原陆地莲花不生，卑湿淤泥乃生此花。"高原、陆地生长不出莲花，莲花只能生长在污浊的泥土中,这是《维摩经》的解释。换句话说,莲花只有在泥土中才能开放出鲜艳的花朵,没有泥土也就不可能有莲花;莲花以泥土为根本,有泥土才有莲花。《维摩经》如此解释的意图,即在于试图通过强调"淤泥"的重要性以说明莲花的圣洁性。如果用宗教学的"圣"与"俗"的概念来说明,那么莲花在这里可以说是属于"圣"的领域,被视为神圣之物。

此外,在《法华经》《华严经》等经典中,我们也能看到有关莲花的论述。不过,它们与《维摩经》的情况基本相同,旨在强调莲花所具有的象征意义。

因此,我们知道,作为植物的莲花之所以被视为象征禅佛教最高真理的正法眼藏,是因为在佛教中莲花具有象征最高境地、最高真理的思想根据,可以说它是对佛教传统思想的一种继承。而《大梵天王问佛决疑经》将"拈花微笑"的花不只是看作为花,还特定为莲花,则具有与一般大乘经典相通的内容,让人感到有一种印度教义佛教的味道,尽管我们没有足够的理由可以否认它是一部造于中国的伪经。

(三)

那么,一般的禅师们究竟是如何理解此"拈花微笑"故事的呢?翻阅禅宗文献,我们知道在现存的中国禅宗文献中,论及"拈花微笑"故事的有《人天眼目》(1188年序刊)、《无门关》(1229年刊)、《五灯会元》(1253年刊)、《六祖大师法宝坛经序》(德异撰,1290年撰述)、《禅宗颂古联珠集》(1392年重刊)、《释氏稽古略》(1544年序刊)、《佛祖历代通载》(1576年刊)、《佛祖统记》（1641年刊）等。其中,《禅宗颂古联珠集》卷五叙述如下：

> 西天初祖摩诃迦叶者，见世尊在灵山会上，拈起一枝花，以青莲目普示大众，百万圣贤，惟迦叶破颜微笑。世尊乃曰："吾有正法眼藏，涅槃妙心，实相无相，微妙解脱法门，附嘱于汝，汝当护持流通，无令断绝。"[1]

在这里，"拈花微笑"被理所当然看作是与摩诃迦叶相关的机缘故事而加以叙述的。接下来收录有佛印了元（1032—1098）、佛慧法泉（生卒年不详）、白云守端（1025—1072）等宋代禅林36人的偈颂。此36人在宋代禅林中具有一定的代表性，可以看出宋代禅宗对"拈花微笑"故事的重视。

不过，依笔者来看，在禅宗史上，唐代云居道膺（？—902）对"拈花微笑"故事的理解特别值得注意：

> 荆南节度使成汭遣大将入山送供，问曰："世尊有密语，迦叶不覆藏，如何是世尊密语？"师召曰："尚书。"其人应诺。师曰："会么？"曰："不会。"师曰："汝若不会，世尊密语；汝若会，迦叶不覆藏。"[2]

云居呼尚书，尚书应诺；云居问会吗？尚书答不会。云居试

---

1 《卍续藏》第115册，第58、59页。
2 《景德传灯录》卷一七《云居道膺》章。

余论 · 321

图用问答的手法来解释世尊的"拈花"和迦叶的"微笑"中所蕴藏的深刻的意义。在问与答之间,我们根本看不到有丝毫的思量和分别。说明真正的佛法是超越思量与分别的直截了当的世界。

并非关注于作为神圣物象征的"莲花",而是关注于作为身体行为的世尊的"拈花"和迦叶的"微笑",并以此来把握佛法世界,这在禅宗思想上不得不说是一次革新。笔者将云居道膺的这种具有革新意义的理解方法称之为"非莲花现象",认为它标志着禅宗又一新的突破,是禅宗试图摆脱印度教义佛教束缚的重大思想转变,值得重视。

云居道膺的这种理解方法在禅林中得到了许多人的赏识。比如,传说五祖法演就是因参云居道膺的这一问答而开悟的。而且,值得注意的是,它还与《妙法莲华经》,即《法华经》的经文有关。

宋代雪窦智鉴也作诗,以表达自己的理解:

世尊有密语,迦叶不曾藏。一夜落花雨,满城流水香。[1]

世尊的"密语"被迦叶全部泄漏了,就像盛开的鲜花,在一夜的大雨中洒落满地,流向全城,满城芳香一样。雪窦智鉴试图用比喻的手法,指出世尊的"拈花"所要表达的佛法世界通过迦叶的"微笑"全部变得明明白白,毫无保留。

有名的《无门关》的作者无门慧开(1183—1260)也做了如下的偈颂。

---

[1] 《嘉泰普灯录》卷一七《雪窦智鉴》章。

> 拈起花来，尾巴已露。迦叶破颜，人天罔措。[1]

所谓"尾巴已露"，意指佛法世界的"开显"，说明佛法世界是透明且直截了当。面对如此佛法世界，迦叶只有"微笑"，再没有别的办法可行。当然，试图用语言来说明也无济于事，因为它本身就足够了。换句话说，佛法是超越圣与俗、悟与迷等二元相对的直截了当的世界的。无门慧开与云居道膺一样，他留意的是世尊与迦叶的身体行为，抹杀了以前的教义佛教中所见到的莲花的象征意义。这是无门慧开的"非莲花现象"。

日僧道元深解其意，在主著《正法眼藏》中特设《密语》卷，并做如下解释：

> 而今道取之世尊有密语，迦叶不曾藏者，虽四十六佛相承，然以四十六代之本来面目，则匪从人得也，不从外来也，不是本得也，未尝新条也。[2]

道元认为，世尊以来第四十六代祖师云居道膺对"世尊有密语，迦叶不曾藏"一语所表示的佛法世界，绝不是由人所得的，也不是由外而来的，更不是此身本来具有的，也不是一时新得的。

那么，究竟是怎样得到的呢？道元指出："逢人之时节，当闻密语，当说密语。"道元强调"逢人"。也就是说，世尊与迦叶之间

---

[1] 《大正藏》第48册，第293页。
[2] 何燕生译注：《正法眼藏》（修订版），宗教文化出版社，2017年，第369页。

的"拈花微笑"只有在"逢人之时节"才有可能；云居道膺与尚书有关"世尊有密语，迦叶不曾藏"的问答，同样是在"逢人"的时节中得以进行的。

"逢人之时节"，用道元的语言来说，即"面授"。《正法眼藏·面授》卷以"拈花微笑"为主题，卷末总结：

> 释迦牟尼佛不胜庆幸附嘱面授迦叶尊者，曰："吾有正法眼藏，附嘱摩诃迦叶。"嵩山会上，菩提达磨尊者正示二祖曰："汝得吾髓。"
>
> 当知面授"正法眼藏"，"汝得吾髓"之面授者，唯此面授也。此正当恁么时，汝透脱日常之骨髓时，即有佛祖面授也。面授大悟，面授心印者，亦是一隅之特地也。虽非传尽，然未参究欠悟之道理。
>
> 大凡佛祖大道者，唯面授面受，面受面授也，更不有剩余之法，亦无欠缺。亦当随喜欢喜，信受奉献能遭遇此面授之自己之面目。
>
> 道元于大宋宝庆元年乙酉五月一日，始礼拜先师天童古佛，（得其）面授，略听许其（佛法）堂奥，才脱落身心，保任面授，返回日本国。[1]

道元在这里将释迦牟尼佛对摩诃迦叶的"付法"，不用"拈花微笑"来理解，而是用"付法面授"来理解，颇富新意，同样值得

---

[1] 何燕生译注：《正法眼藏》（修订版），宗教文化出版社，2017年，第412页。

重视。而且，道元还强调"唯面授面受，受面授面也"。

总之，从以上的文字中我们可以看到，道元是站在佛法的本来面目在于"逢人之时节"的立场上强调"面授"的。从道元的思想中，我们同样可以看到莲花所具有的象征意义并未被重视。

不仅如此，更加值得我们留意的是，道元在其著作中虽然经常提及"拈花微笑"的故事，但是他并不是将世尊所拈的花理解为莲花，而是理解为优昙花。比如：

> 灵山百万众前，世尊拈优昙花瞬目。于时，摩诃迦叶破颜微笑。世尊云："我有正法眼藏，涅槃妙心，附嘱摩诃迦叶。"[1]

> 世尊（于）灵山百万众前，拈优昙花瞬目，众皆默然，唯迦叶尊者，破颜微笑。世尊云："吾有正法眼藏，涅槃妙心，并以僧伽梨衣，附嘱摩诃迦叶。"[2]

> 尔时，释迦牟尼佛（于）西天竺国灵山会上，百万众中，拈优昙花瞬目。于时，摩诃迦叶尊者，破颜微笑。释迦牟尼佛言："吾有正法眼藏，涅槃妙心，附嘱摩诃迦叶。"[3]

笔者尚未详细查阅所有的禅宗文献，不敢断言，不过将"拈

---

[1] 何燕生译注：《正法眼藏》（修订版），宗教文化出版社，2017年，第485页。
[2] 同上，第356—357页。
[3] 同上，第408页。

花微笑"的"花"理解为优昙花，在禅宗史上，道元恐怕是第一人吧！而且，道元在其主要著作《正法眼藏》中撰《优昙花》1卷，以表达他的观点。道元不强调"莲花"，而强调"优昙花"是有其道理的。

我们知道，所谓"优昙花"，梵语 udumbara，又译作"灵瑞花"或"瑞应花"，传说三千年开花一次，是传说中的花，多用于比喻极其稀罕的事情或预示有大吉大利的事情出现。道元在这里用它来理解"拈花微笑"时的花。更有趣味的是，在《优昙花》卷末，道元说：

> 先师天童古佛云："灵云见处桃花开，天童见处桃花落。"当知桃花开是灵云之见处也，直至如今更不疑也。桃花落是天童之见处也。桃花之开，乃春风之所催；桃花之落，乃春风之所憎。设使春风深憎桃花，然桃花落，则身心脱落也。[1]

灵云志勤与天童如净分别依桃花之"开"与"落"而开悟。道元认为它们的解释充满诗意。他用"催"与"憎"二字予以表述，置感觉作用于自然春风之间，试图生动地把握"桃花"在这里所具有的不同含义，颇富新意。

总之，我们在道元的思想中，同样可以确认道元自身的"非莲花现象"。据道元的各种著作，道元对《法华经》有甚深的信仰，在其思想中，天台宗的法华思想对其影响较大。从这一点来看，道元

---

[1] 何燕生译注：《正法眼藏》（修订版），宗教文化出版社，2017年，第487页。

的"非莲花现象"也许让人感到有些意外。不过,依笔者来看,这并不意外,倒是一件理所当然的事情。因为道元的这种"非莲花现象"正意味着道元禅的自立,可以说是道元禅思想颇富特色的一个具体例证。关于此问题,笔者将在其他文章中再做详细考察。这里,我们来看一看道元在《正法眼藏·梅花》卷中的叙述吧!

> 雪里梅花者,一现之昙花也!日来几回拜见我佛如来之正法眼睛,空蹉过瞬目而不破颜。而今既正传,承当雪里梅花正是如来眼睛,拈之作顶门眼,作眼中睛。更参到梅花里,究尽梅花,则不应有疑着之因缘前来。此已是天上天下唯我独尊之眼睛,法界中之最尊也。
>
> 是故,天上之天花,人间之天花,天雨曼陀罗花、摩诃曼陀罗花、曼殊沙花、摩诃曼殊沙花及十方无尽国土之诸花者,皆是雪里梅花之眷属也。[1]受梅花之恩德分而花开故,百亿花者,梅花之眷属也,可称之小梅花。乃至空花、地花、三昧花等,同是梅花之大小眷属群花也。花里作百亿国,国土开花,皆是此梅花之恩分也。梅花之恩分外,则不更有一恩之雨露。命脉皆由梅花成也。[2]

从此一段文字中我们可以知道,道元是通过其师如净而强调

---

[1] 曼陀罗花,梵语mandara,译作天妙;曼殊沙花,梵语manjusaka,译作柔软,指天花,或指天上的花。"摩诃",即"大"的意思。

[2] 何燕生译注:《正法眼藏》(修订版),宗教文化出版社,2017年,第421页。

梅花，并以此来建立自己富有特色的禅思想的。在道元看来，所谓花，其实就是"梅花"。道元之师如净确有许多关于梅花的言辞，如净对梅花寄予了特别的感情。但是，正像如净自己所说的"天童见处桃花落"一样，在如净看来，所谓花，其实也就是指"桃花"。这也许反映了《诗经》中所说的中国人的理想世界"桃之夭夭"或"桃花源"的观念和意识吧！

结　语

在禅的象征体系中，花占有重要地位，这说明禅继承了佛教的传统教义。关于"拈花微笑"的故事，尽管我们承认它是后人编造的，但是从强调花的象征意义这一点来看，仍然具有传统的"教义佛教"的特色。《大梵天王问佛决疑经》将"拈花微笑"时的花指定为"莲花"，可以说同样具有传统的"教义佛教"的特色。

然而，到了云居道膺，情况为之一变。云居道膺对于"拈花微笑"故事的理解则留意于世尊与迦叶的身体行为。这是云居道膺的"非莲花现象"，同时也意味着云居道膺一派的禅的自立是"经验性佛教理解"的范例之一。见桃花而开悟的灵云志勤的故事和见桃花落而开悟的如净思想，以及通过如净而强调"梅花"的道元宗教等，我们可以认为它们同样是"经验性佛教理解"的实例。当然，这里所谓的"非莲花现象"，并非意味着对花的否定。在这里笔者想指出的是，在禅宗史上，围绕"拈花微笑"故事的理解，的确有一派在继承以"莲花"为象征的传统教义的同时，又不囿于"莲花"的象征意义，不被其束缚，试图从"莲花"以外的花或事物中体悟佛法世界，并强调它们的象征意义，形成了独特的思想流派。

而且，这一思想流派在整个禅思想中构成了一个重要的脉络，而道元对"拈花微笑"的理解与诠释，既有传统的特色，同时也有道元的新解。

本文原由日文写成，载于《日本佛教学会年报》第 68 期，2002 年；中文载于《萧萐父教授八十寿辰纪念文集》，湖北教育出版社，2004 年。

二、从道元看禅宗的人间佛教思想[1]

（一）前言

在"全球化"急速推进的当今世界，宗教应该如何发展？为了创造一个"和谐的社会"，为了世界的和平，宗教到底能够发挥什么样的作用？这可以说是当今世界各宗教所共同关心的重要问题。基督教神学界提出"公共神学"的说法，对神学的"公共性""应用性"和"公共地位"等问题进行热烈讨论。他们认为，宗教并不完全属于"私人领域"的内心信仰，同时还应该拥有"公共性层

---

1 本文的主要内容曾在 2005 年 3 月 24 日至 30 日在日本东京召开的 The 19th World Congress of the International Association for the History of Religions 上宣读。在大会专题组 Dōgen（道元）and Contemporary Thought 上宣读论文，论文题目为 "*Dōgen's*（道元）*Zen as a Public Philosophy*"。中文版全文收录于《禅宗与人间佛教》(中国台湾佛光山文教基金会出版，2006 年)。

面"的内涵。近年来,佛教倡导所谓"Engaged Buddhism",强调佛教对社会的积极参与,引起学术界的广泛关注。2005年3月在日本东京召开的"国际宗教学宗教史协会"(The International Association for the History of Religions,简称IAHR)第19次世界大会,以"宗教——对立与和平"为主题,来自70多个国家和地区的1700名学者参加或宣读了论文。[1] 从大会的主题我们可以知道,此次大会就是一次试图从正面探讨当前宗教所面临的各种问题的大会,可以说是近年来最大规模的一次国际性学术盛会,充分展示了各国学者对该问题的关注。

禅宗在理念上极其重视个人层面的内在体验,在此意义上,禅宗是极富"个人层面"的一种宗教。但是,正如"以心传心"禅语所表达的那样,禅宗同时又强调超越"个人"层面和与"外部""他者"的关系。在这一意义上,禅宗又是一个特别强调"普遍性"的宗教。正因为如此,我们可以从"人间佛教"的角度探讨它所具有的思想资源。同时,从广义上讲,"人间佛教"与海外的"Engaged Buddhism"之间具有许多相通之处。

基于这一思考,本文拟以道元禅师为对象,试图从道元的思想立场探讨禅宗的人间佛教思想。选择道元是因为第一,道元思想本身具有丰富的"人间佛教"思想资源。道元强调人的自我觉悟,认为禅具有"普遍性""生活性"和"对话性",这对我们思考"人间佛教"的意义不无参考价值。第二,道元撰写的主要著作《正法眼

---

[1] 详见大会网站:http://www.l.u-tokyo.ac.jp/iahr2005/j_top_frame.htm(2005年3月31日阅览)。

藏》是日本佛教史上第一部用日文撰写的佛教思想专著。道元在该著作中对禅宗的一些重要思想做了不少创造性的阐释，反映了道元是如何吸收中国禅思想并进行日本化的情况。

（二）道元禅思想的"人间佛教"性格

道元的禅思想有许多新的发展，富有特色。在近代，道元的禅思想得到复兴，尤其受到"京都学派"学者的推崇和研究，在欧美也受到广泛的推崇和研究。其主要著作《正法眼藏》已被翻译成各种文字，受到广泛研读。从"人间佛教"思想角度来看，笔者认为，道元禅思想的"人间佛教"思想性格具体表现在三个层面，即"普遍性""生活性"和"对话性"。以下分别进行简要叙述。

1. 禅的普遍性

75 卷本《正法眼藏》的第 1 卷卷名为《现成公案》。道元在《正法眼藏》中，基于自己独特的理解方法，试图对禅宗史上的各种公案做深入解释。在解释过程中，他使用最多的词语也是"现成公案"。75 卷本《正法眼藏》最古的注释书《正法眼藏御闻书抄》（由道元的弟子诠慧笔记整理而成）记载："而今七十五帖相贯，列举一一卷子之名字，亦可云现成公案。"较早时期撰写的《现成公案》卷即以此语为题目，而且《古佛心》《全机》《溪声山色》《山水经》《柏树子》《三界唯心》《说心说性》《诸法实相》《无情说法》《梅花》《十方》等各卷，可以说基本上是为试图阐明"现成公案"的禅理而撰写的。因此笔者认为，"现成公案"一词可以说表达了道元禅佛教的根本思想，探讨其思想的普遍性时，我们首先有必要注意道元对"现成公案"一词的理解。

我们知道,"公案"一词原指"官府之案牍",即法规和条款。禅宗借其来表达事物的绝对性或佛祖开示的道理、语录、问答。所谓"现成公案",意指现前的一切事物和语言、行为等都表达着佛祖开示的道理,凸现着该事物的绝对性和真实性。佛教称现前的一切事物现象为"诸法"或"万法"。禅宗尤其是唐五代以后的禅宗,强调从从前的"诸法"或"万法"中体悟佛法的真谛,认为它们的存在其实就是一种佛法存在。道元也继承了这一思想,比如《现成公案》卷中所说的"修证万法""为万法所证""辨肯万法"等,就是这一思想的表白,意指在从前的万事万物中体悟佛法真谛。《古佛心》卷则说,春来万木百草花开,它们是古佛的问候,是古佛的问话。所谓古佛的问候、问语,其实就是禅宗常讲的"无情说法",也可以把它看作是一种公案话头,将其作为参禅引路的标志,我们同样可以感悟到佛法的真谛。据载,中国禅宗史上,灵云志勤因见桃花而悟道,香严智闲因闻小石击竹之声而开悟。佛教居士苏东坡(1036—1101)说"溪声便是广长舌,山色清净无非身",也表达了这一思想。道元在《溪声山色》卷中引用这些悟道机语时,一方面要求应对以前的禅师们的说法、问答进行参究,另一方面同时反复强调应该将现前的一切事物和客观世界作为"公案"去参究。因此,主张"公案"存在于客观世界的一切处这种观点,既是中国禅宗尤其是唐五代以后的禅宗的重要思想之一,同时也是构成道元75卷本《正法眼藏》的基本思想。

收入《正法眼藏》卷首的《现成公案》卷,着重论述了禅真理的普遍性、人类自我的有限性和人与真理相遇的重要性。试举一节说明:

> 人乘舟而行，举目视岸，误以为岸移；俯视舟时，即知舟行。如是之理，乱想身心而辨肯万法，则误执自心自性为常住。如能亲归行李于个里，则可知万法不属我之道理。[1]

所谓"辨肯"，即思辨首肯的意思。所谓"行李"，同"行履"，指修行生活和行为轨迹。所谓"个里"，是俗语，在这里可解释为"当下"或"本来面目"。此段短文告诉我们，我们的视野和见解常常是狭隘和有限的，觉悟到自己本身的有限性至关重要。换言之，这段短文所强调的是，以自我为中心看待客观世界之狭隘。自己正是世界之中的一个微小的存在，只不过是世界运作和世界历史中的一个场面而已。我们必须认识到，有限的自我意识和认识是一种相对性的东西，绝不是绝对的。

所谓摆脱自己狭隘的观点或有限性而站在更为普遍性的观点，用道元的话来说，即从"万法"的角度观察自己和世界。从"万法"看"自己"，而不是从"自己"看"万法"。

道元深信人人都能成佛，人只要抛弃自我中心主义（egocentrism），即可与佛相同。道元认为，要想达到这一点，必须坐禅。坐禅是释迦牟尼佛开悟时的形象，我们通过专心于坐禅可以与佛同等。他从中国留学回国后不久，即撰《普劝坐禅仪》一文。该文是道元的处女作，从其书名我们可以知道，它是一部阐说禅的普遍性的著作。他在该文中指出，"道本圆通""宗乘自在""大都不离当处兮"。强调真实的佛法（禅）的普遍性，禅遍于一切地方，不离

---

[1] 何燕生译注：《正法眼藏》（修订版），宗教文化出版社，2017年，第19页。

当下。对道元来说，禅不关乎人之贤愚，禅通于一切人类。禅宗一般讲"坐禅仪"，但是道元则在"坐禅仪"之前特别加上了"普劝"二字。我们可以从这二字中窥知道元试图强调禅不限于出家，同时还通于一般在家者的意图。

2. 禅的生活性

禅宗在中国的兴起，是本土化极其强烈的一种思想运动，其特征主要表现在探求丛林修行与现实自我生活的一体化，也是佛教中国化的重要标志。禅宗提出通过问答形式探究问题的方法，其问答的内容始终以现实性课题为主。也就是说，佛教的教义与现今生存在此的自我问题之间的关系，在禅宗中常常作为课题被提出来。为了解决此课题，禅僧们所采用的手法之一就是语言。他们巧妙地使用语言，试图通过语言以寻找自我解释的线索。

在这一思想运动中，禅僧们同时还将日常生活本身视为一种禅思想，形成了强调劳动之重要的"作务"思想。百丈怀海禅师所讲的"一日不作，一日不食"，可以视为这一"作务"思想的具体表现。

道元在入宋求法之初，通过与阿育王山广利寺的老典座的相遇，对禅与"作务"的关系这一重要课题开始产生兴趣；一直到晚年，寄予强烈的关注，以至于形成了被称为"道元禅"的独自思想体系。道元禅的"生活性"层面，即表现在这里。而他的著作《典座教训》和《赴粥饭法》主要反映了这方面的思想。

道元在《典座教训》中强调指出，掌管丛林厨房典座之职的重要性与典座工作本身，其实不外乎是自我修行。对"典座"的作用、"典座"的用心、"典座"一天工作的内容、"典座"工作的实际、工作顺序和食器类的整理、爱惜物品、珍惜时间、食事供养的功德、不用分别心看待食物、不用分别眼看待人、"喜心"、"老心"、"大心"等，进行了详细具体的论述。尤其给人以深刻印象的是对天童山一位典座在酷暑中翻晒海苔情景的记述。总之，道元自始至终认为，典座在丛林生活中占有重要地位，这是他一生中未曾改变的主张。

与此相比，道元《赴粥饭法》中则强调了丛林斋时、粥时的仪礼和心得。比如，听到用斋的打板声后如何进入僧堂，如何入座，如何摆设碗钵，饭前的祈愿，如何接受饭菜，对鬼神的供养，如何吃粥，如何吃饭，如何洗碗钵，如何处理洗碗水，饭后的祈愿，如何出堂，等等。其中，尤其值得注意的是，道元在该书中特别强调食事作法与佛法相等。比如说：

> 方令教法而等食，教食而等法。是故，法若法性，食亦法性。法若真如，食亦真如。法若一心，食若一心。法若菩提，食亦菩提。名等义等，故言等。[1]

由此可知，丛林中的食事与只是为了滋养身体的饮食具有完全相异的含义。换言之，道元在这里所强调的，不仅仅是食事的作法和意义，而是将食用一方的伦理进一步上升到佛道实践这一宗教层面，视食事为佛法的宗教意味值得重视。

对人的生活来说，食物摄取这一行为是不可或缺的重要部分。

---

[1] 中村璋八等译注：《典座教训·赴粥饭法》，讲谈社学术文库，1991年，第141页。

在此意义上，它是极其日常的事情。然而，道元不仅仅将食物视为一种"食品"，更重要的是将其视为养育人的"身"与"心"，养育人格的"法"。用道元自己的话说就是"食即佛法"。为此，道元强调敬仰食物、用心去做、用心去食，认为调理饭菜和其食用方法就是佛道中的重要修行。

困扰当今人类的全球性疾病皆与"食"有关，如疯牛病、"非典"（SARS）和禽流感等。当我们思考这些与食物有关的问题时，道元的思想极富启示意义。道元所强调的禅的"生活性"特点，在于他既不把食物当作追求经济利益的手段来考虑，也不只是将其理解为营养资源，而是视其为养育人的身心两面，具有形成更为完全人格机能的"法"，即将食物的伦理学内涵和道德性、宗教性、哲学意味提示给我们。

3. 禅的对话性

探讨道元禅的"对话性"时，我们有必要留意《正法眼藏》中所强调的"面授面受"思想和"道得"的主张。

道元认为，"正法"（真理）的授受，必须通过师与弟子的直接交流。即便是自己对教法有所体会和理解，但它并不能意味着佛法（真理）的"正传"，必须要有"正师"的印可。作为具体的实践模式，道元强调"面授"和"道得"。本文所说的道元禅的"对话性"，即指其"面授"的思想和"道得"的主张。

道元提出的"面授"这一互动交流方式，是以释迦牟尼佛在灵山会上向摩诃迦叶附属"正法"（拈花微笑）作为基调的。他认为，释迦牟尼佛至其师如净禅师之十七代的"面授"是"正传"。从《面授》卷中所见的"亲见""亲切"或"面受于面授"等语言我们知道，道元所说的"面授"，即师与弟子之间直接面对面所进行的所谓相互凝视，而且还是通过面、心、眼，即通过身心全体所进行的"授"与"受"。这种人之全体的授受，也只有通过面与面的相对才能实现。所谓全身心的授受，即在"自我的面目"上受领"如来的面目"，也就是说，它是"学道者"与"真理的获得者"如来之间的相互交流。道元常常强调学人不只是学习祖师的说法，还更应该学习祖师的态度和行为，也就是基于这一观点的。

下面看一下关于"道得"。

道元在《道得》卷的开头叙述："诸佛诸祖者，道得也。所以，佛祖之选佛祖时，必问取'道得也未'。"[1]

道元认为，佛祖是否佛祖，在于"道得"之与否。

那么，所谓"道得"指的是什么呢？道元虽未明确叙述，但是，我们从以下一段话多少可以窥知其大概：

> 证究时之见得，其当真实也。以彼时之见得真实故，而今之道得即不疑也。故而今之道得，乃备彼时之见得也；彼时之见得，则备而今之道得也。所以今有道得，今有见得。[2]

这段话告诉我们，所谓"道得"，即被表达的"见得"。如果认为"见得"是一种对真理把握的"学道"，那么"道得"则是通过这种"学道"而得到的真理体验，我们可以将它表达为一种"学

---

[1] 何燕生译注：《正法眼藏》（修订版），宗教文化出版社，2017年，第283页。
[2] 同上，第283页。

道"成就后的语言表达。也就是说,业已体得的真理得到显现时即"道得",言说化即"道得"的意味内涵。

然而,作为真正的"道得"而得以言说化,道元都是以"所以"来叙述的。所以,两者之间有着必然性的关系。也就是说,言说化与学道人的意图毫无关系,是两者通过各自的作用所进行的。关于这一点,道元指出:"其道得者,非从他人得,非自之能;唯当有佛祖之究辨,即有佛祖之道得也。"[1]由此可知,真理的表达不关乎自他,是真理自身的自我表现。佛祖并非作为表现的主体,而是作为表现的本身,用本文笔者的话来说,即"对话性"("道得")。

道元将真理的显现体用"道得"一词表达。所谓"道得",在道元看来,就是终极者的自我显现。这是因为,道元认为真实的悟并非停留在知识和愿望层面上,必须是在现实的存在层面实现。若用形象和语言表达心中内在具有的真理(佛性),那么理所当然是"面对面的相互凝视"(面授面受)和"相互道得"的直接对象。"面授"或"面受"和"道得"是一种感觉性的体验,强调在感觉上知觉有形无形的东西,尽管形式朴素,但正因如此,可以说它带有一定的普遍性意义。

(三)结语

> 所谓学佛道者,即学自己也。学自己者,即忘自己也。忘自己者,为万法所证也。为万法所证者,即令自己之身心及他

---

[1] 何燕生译注:《正法眼藏》(修订版),宗教文化出版社,2017年,第283页。

人之身心脱落也。[1]

这是见于《现成公案》中有名的一段话。所谓忘却自己而被万法所证即学习自己，这表明了我们自己在根源上是建立在与外部"他者"发生关系的一种开放性机制的因缘关系中而存在的。换句话说，这是一种主张超越"自我"，与"他者"成为一体，自他不二的立场。"自我"不能只是作为"自我"而存在，必须建立在与"他者"相对之中、与"他者"成为不可分割的一体，这就是道元禅思想的基本立场。而基于此基本立场所强调的禅的"普遍性""生活性"和"对话性"，我们可以说，道元的禅思想同时又带有浓厚的"人间佛教"性格。

三、当禅佛教遇到哲学家
——田边元《〈正法眼藏〉的哲学私观》读后

（一）前言

田边元作为日本京都学派哲学的学者，其哲学轨迹特异。田边早年研究数理哲学，在担任东北帝国大学讲师期间主要讲授《科学概论》等课程，后以《数理哲学研究》一书而获得博士学位。著名的《〈正法眼藏〉的哲学私观》一书，是田边从德国留学归国之后撰写的著作。当时田边任职于京都帝国大学哲学系，与西田几多郎

---

[1] 何燕生译注：《正法眼藏》（修订版），宗教文化出版社，2017年，第21页。

共事，但在哲学问题和对禅的理解问题上，田边始终与西田有意见分歧，对西田哲学及西田用临济禅解释哲学的方法提出批判，毫不隐瞒自己的态度。日本侵略战争期间，田边提出"种"的理论，并试图将"种"与国家相关联，表示出强烈的国家主义思想倾向。晚年，田边结合自己的战争体验，撰《作为忏悔道的哲学》一书，以亲鸾的净土教作为自己的哲学归宿。因此，从其与佛教的关系看，田边元早年重视禅，特别是道元的禅思想，晚年则转为净土教，特别是亲鸾的净土教。

《〈正法眼藏〉的哲学私观》一书反映了田边对道元禅思想的理解。首先，田边视道元为日本历史上超越传统宗教的杰出哲学先驱，认为从道元的主要著作中可以发现哲学的真理，这无疑为我们了解禅与现代性的问题提供了重要线索。其次，田边试图从曹洞宗的道元禅探索一条哲学与禅调适会通的路径，以解救近代日本由现代性所带来的思想困境，与西田试图从临济禅所摸索的路径形成鲜明的对比，颇富特色。本文将对《〈正法眼藏〉的哲学私观》一书的思想特色进行介绍，以此来了解一下禅佛教在京都学派哲学中是如何被理解、被受容、被转化的一个侧面。

（二）道元禅是解决现代性的哲学资源

田边元在《〈正法眼藏〉的哲学私观》一书的序文中对自己研究道元的动机进行了叙述。他说他研究道元，第一是受到了和辻哲郎所著《沙门道元》[1]一书的启发，他认为通过从道元《正法眼

---

[1] 岩波书店1925年版。

藏》中发现哲学真理，可以将宗教家道元从传统宗教的界域解放出来，而将其作为日本哲学的先驱，作为强韧的行而上学的思索者来理解。第二，他认为研究道元具有现实性意义。田边认为，了解自己祖先中曾有道元这样的杰出人物，可以增强日本人对自身思索能力的自信。进一步地，在解决哲学的现代性课题时，道元的思想被视为唯一有效的资源。如他说："其实，我被道元的思辨之深邃和绵密所打动，对于提高日本人的思维能力和增强民族自信心具有强大的鼓舞作用。我感到，道元的思想，早已洞察并道破了当今哲学的体系性思维的必然进路"[1]；"作为辩证法思辨的一个活生生的宝库，（道元的思想）与西方哲学的辩证法思想具有许多相同之处"；"《正法眼藏》的哲学，不仅仅是日本哲学的先驱，在对于当今理应调和东西方思想负有责任的日本哲学方面，具有指导性意义"[2]。

其实，通读《〈正法眼藏〉的哲学私观》一书我们可以知道，此第二点是促使田边元研究道元最主要的动机。在该书第一章《日本思想的传统与使命》中，田边元用较大的篇幅论述了自己对日本文化、日本思想传统的理解。田边元认为，日本文化的特点在于其强韧的同化性和不被外来文化所压倒的包容性。与此相对，儒教和佛教则都在各自发祥的本国基本失去了作为文化传统的力量，在面对建设新的历史、新的文化时，只有业已同化于日本思想之中的儒教思想、佛教思想仍然维持着现实性意义，这"完全依赖于日本精神的强韧性、包容性"。所以，田边元指出，"所谓东洋思想，在

---

[1] 田边元：《〈正法眼藏〉的哲学私观》，岩波书店，1939年，第11页。
[2] 同上，第101页。

现实之中，唯独作为日本思想拥有具体的实在性"[1]。据田边元的理解，经过禅和净土二宗传入日本之后，"发现了日本精神中固有的超越性与内在性直接融合的恰当基础，使日本佛教的发展获得了新生命"[2]。田边元认为，亲鸾、日莲和道元生长在此"日本精神"传统之中，基于其天才性的创造力，使佛教得以日本化。"日本佛教既是佛教的发展，同时也是日本思想的发展"[3]。然而，明治时期，日本在吸收西方先进思想的过程中，佛教并未发挥应有的作用。也就是说，明治时代日本对西方思想的吸收完全是作为历史性、社会性的必然，是单方面的和被动的，并未与业已渗透于日本的精神风土、历史文化之中的佛教发生任何思想性的关联。对此，田边元认为，应该从日本精神的传统深处去发现"个人的创造力"，而这种"创造力"是推动日本同化外来文化，使其成为"无限发展的主体"，进而使日本文化得以形成和发展的力量。如他说："所谓日本精神，并不是离开日本人的个别性创造之外被固定的客体性存在，而是通过个人的创造，无限发展的主体。"[4] 基于这样的认识，田边元强调自己对道元的研究并不是将道元作为日本曹洞宗开祖的形象，而是视为"一个伟大的形而上学的思索者""日本哲学的先驱"。[5] 田边认为："从当今的哲学立场来看，诠释最具重要意味的道元的思索内

1　田边元：《〈正法眼藏〉的哲学私观》，岩波书店，1939年，第3页。
2　同上。
3　同上，第6页。
4　同上，第9页。
5　同上，序。

容，其不朽的创见和深意，足可以引导现在的我们。"[1]

田边元所谓的"当今的哲学立场"，并不是指由康德及费希特所发展的自然存在论形而上学，而是指基于实存的自由意志发展起来的自觉存在论，这是西方哲学给现代哲学提出了形而上学的要求。田边认为，实存哲学是将拥有身体、受着生死之苦的具体个人作为实存的自我来把握，而实存自我是"与作为自我否定根据的绝对之间，常常处于一种对决的、断然拒绝的主体"。田边元对于兴起于欧洲的实存哲学并不完全认同，作为主体的决断契机，他提出了"无的媒介"说。针对康德的人格主义将绝对理解为相对的本质，田边元则试图将绝对与相对对立，并将其对立矛盾通过以"辩证法的无"作为媒介，置于"自我限定即非限定""非限定即自己限定"的相关之中。田边元认为他提出的这种哲学要求，在基督教是不能得到调适与满足的。因为作为"启示宗教"的基督教毕竟是将上帝视为创作者、绝对者的一种宗教，而且基督教还倡导"末世论"，裁断与现实的关联。

田边元认为，西方哲学在近代处于历史的转折点时，所面临的课题是必须超越内在于西方哲学中的"有"的思想，需要建立一个基于哲学与宗教的否定性媒介（即对立统一）的哲学，这种哲学与只是阐说人类存在的实存性自觉的实存哲学相异。它是一种作为"历史性、社会性存在的，绝对性、现实性的实践哲学"。田边元称这种哲学为"现实哲学"，并认为在道元的思想之中，可以发现这种哲学与宗教对立统一的媒介辩证法的逻辑，而且它还包摄着

---

[1] 田边元：《〈正法眼藏〉的哲学私观》，岩波书店，1939年，序。

西方哲学的逻辑,并超越西方哲学,从"无"的立场展开辩证法的思索,道元的这种哲学是回应西方近代形而上学所提出要求的唯一有效的资源。田边元在其《哲学入门——哲学的根本问题》一书中曾说:"在柏拉图主义以来的西方思想中,类似于佛教的'绝对无'的性格,并没有得到充分的展开,这是不得已的,因为它本来是发源于希腊'有'的存在论,这可以说是理所当然的事了。相反,禅在这方面显得更加透彻一些。"[1]田边元深信,只有道元的《正法眼藏》中所论述的绝对无的辩证法立场,才能对近代哲学的历史性发展提供有效的方向。

(三)"道得"的哲学意蕴

田边元在《〈正法眼藏〉的哲学私观》一书中,主要围绕"道得"概念进行哲学解读。所谓"道得",是一句方言,在现代汉语里即"说得"的意思,指可以用语言表达。但在禅宗中,特别是进入宋代,语言成为重要的课题,禅师们常常要求弟子用语言说出自己所体悟到的境界,所谓"道!道!"或者"速道!速道!"便是其例。田边认为,道元的"道得"不仅限于宗教信仰含义,还与哲学的绝对媒介相契合。他引用道元《正法眼藏·道得》卷中"道得此道得时,则不道得之不道得也"[2];指出道元一方面明确承认"不道得",同时又说"莫言不道得,不道是道得头正尾正也"[3];"道得之良

---

[1] 田边元:《哲学入门——哲学的根本问题》,筑摩书房,1966年,第449页。
[2] 何燕生译注:《正法眼藏》(修订本),宗教文化出版社,2017年,第284页。
[3] 同上,第285页。

友，则有不期而访之道；道不得之友，不期而有知己之心。若是知己之参学，则有道得之现成也"[1]。因此，我们可以理解道元的"道得"所讲的是指"交互媒介性发展即还归，即是道不得的绝对统一的溯源性发展之现成"[2]这样的道理。田边还引用道元所说的"以道不得，十年五载，功夫修行，已是道得也"，指出我们如果被不可得不可道的绝对转换性无的力量摄受而功夫办道，这便是"得道之现成"，这正可谓一种"绝对道得即绝对媒介"[3]的东西。因此，田边认为，道元在《普劝坐禅仪》中所讲的"思量个不思量底！不思量底如何思量？非思量。此乃坐禅之要术也"，其实也就是关于绝对媒介的一种极致的表达。坐禅与辩证法、宗教与哲学其实都是相同的。所以，道元讲："思量之现前，直下非矣不矣；非不者，不言除却，即是思量之真实体也（指月《〈普劝坐禅仪〉不能语》）。"[4]

然而，因为绝对媒介性的统一是一种行为性的，即超逻辑性的逻辑性，以逻辑的否定作为逻辑的媒介，所以所谓媒介其实常常又是无媒介性的，即对媒介的否定。换句话说，同一的反面当即又是对立的。它绝不同于以直观主义的立场直观全体、超越相对而归入绝对的所谓直接绝对的同一。因为是绝对媒介以绝对现成的媒介去媒介绝对自身，因此归根结底，是一种绝对与相对之间的交互媒介，绝不可能是两者的同一，即相对的绝对化。基于这样的理解，

---

[1] 何燕生译注：《正法眼藏》（修订版），宗教文化出版社，2017年，第286页。
[2] 田边元：《〈正法眼藏〉的哲学私观》，岩波书店，1939年，第34页。
[3] 同上，第35页。
[4] 同上。

田边指出，道元排斥这样的观点，站在了行为性媒介的立场。绝对即绝对，因此它常常是一种"道不得"的超越者。而且，作为超越者，同时又在行为性、自觉性之中无限地"现成"，得以内在化，由"相对"所媒介，所以同时又是绝对的。离开此媒介之外，不存在所直观的绝对。然而，田边指出，通过行为性来"信证"这种绝对相对的对立统一的，即宗教。在宗教中，对超越的信仰和内在的证悟与行为相即，并以此建立一种超越即内在的原理，即内在超越原理。[1]

与此同时，田边还从时间论角度对道元的"道得"进行论述，认为道元的"道得"具有"绝对的历史性"含义。虽然绝对的佛在相对的层面是一个完全不可知不可得的存在，然而佛在相对层面通过"现成"自我，在佛祖嫡嫡相承的发展过程中，从根源上深化自我。田边引用道元《正法眼藏·唯佛与佛》卷所谓"佛法者，非人之可知。是故，昔来无以凡夫悟佛法，无以二乘悟佛法，独佛所悟故，云：唯佛与佛，乃能究竟"，指出成佛是对佛的否定性媒介的一种自觉，绝对相对的辩证性媒介即构成佛的内容。[2]因此，佛并不是以众生的可能性而存在的，而是作为一种绝对媒介的行为性自觉而存在，即"信""行""证"。道元称此为"佛之向上事"，是一种动态的溯源发展，并不是一种静态的回归。如道元说："谓佛向上

---

[1] 这里的几段引文见田边元《〈正法眼藏〉的哲学私观》。（岩波书店，1939年，第36、37页）

[2] 田边元：《〈正法眼藏〉的哲学私观》，岩波书店，1939年，第47页。何燕生译注：《正法眼藏》，宗教文化出版社，2017年，第657页。

事者,谓到佛后,进而更见佛也"[1](《佛向上事》卷);"学释迦佛嗣法于迦叶佛,迦叶佛嗣法于释迦佛"[2](《嗣法》卷)。在田边看来,道元所谓的"佛向上事",不单单是朝向佛法的顶点而参究,而且是在佛祖的教诲指导下,通过"发展即溯源"的转换而作佛、回归于自我的根源,进而追溯"深邃无底"的深渊,而这时是一种"溯源即发展"的行为,成为一种向下即向上、向上即向下的圆环状态,这才是寻求绝对统一的"佛向上事"。田边特别强调这种向下即向上、向上即向下的圆环状态,认为它表达了一种历史性。田边认为,因为此圆环状态是绝对媒介的圆环,意味着它并不只是朝向同一根源回归,还是令根源得到深化、发展的一种"溯源即发展"的图式,田边称其为"无限的动态漩涡",可以看出历史的具体形态;又称其为"历史的辩证法"。佛作为一种绝对性,对于相对性来说,虽然是不可测知的"静一者",但同时在"媒介性"上又是一个无限地"发展即回归"的向上向下的过程。田边认为,道元本人虽然没有将佛的绝对性与媒介性从宗教问题的立场展开讨论,但"开拓了将历史性现实的无限行为发展与宗教的统一回归相即不二的途径",这也是田边元所谓的历史辩证法的理论。

我们知道,道元将汉语"有时"的意思读成"时既是有也,有皆时也",与海德格尔的"存在即时间"的存有论之间具有异曲同工之趣。道元发现了日常的"现存"与"自觉存在"之间的相即。田边认为道元"唯正当恁么时故,有时即尽时也,有草有象皆是时

---

[1] 何燕生译注:《正法眼藏》,宗教文化出版社,2017年,第226页。
[2] 同上,第327页。

也，时时之时，当有尽有尽界也"[1]，表达了"时间的相对与绝对之间的媒介相即"的道理。道元同时还说"三头八臂即一经我之'有时'，似在彼方，然是而今也"，或说"有时有经历之功德"等。[2]因此，道元的时间论具有时间的连续性与非连续性两层含义。田边认为，道元的这种"存在即时间"的时间论，表达了通过与"世界即自己"的行为性自觉的相即、互为媒介而向着相对的"发展即究竟"进行溯源、回归的逻辑。

田边还认为道元的思想是"绝对现实的立场"，《〈正法眼藏〉的哲学私观》对此专章进行了论述。田边指出：

> 道元的绝对媒介的思想，其实可以说将大乘佛教的具体思想几乎贯彻到了一种极限。如果我们将此时空世界的相对性与国家现实的历史相结合而加以具体化，对于所谓众生即自己的全体即个体的统一，从学问上阐明种的媒介的社会基体，此（道元的）绝对媒介的宗教思想，真正能够发挥其含蓄的哲学性，不止停留在传统，还会媒介到现代的哲学。而推行此媒介，应该成为我们的真正的任务。只有这样，我们才可以期待道元的思想从教团中得到解放，走出僧堂，成为国民的哲学。[3]

由此我们可以看到，田边的道元论带有很浓厚的国家主义意

---

[1] 何燕生译注：《正法眼藏》，宗教文化出版社，2017年，第186页。

[2] 同上，第187页。

[3] 田边元：《〈正法眼藏〉的哲学私观》，岩波书店，1939年，第79页。

味。这也是田边元的道元研究一直以来不被学术界看好的主要原因。比如同为"京都学派哲"人物的高山岩男就曾批评田边的这种做法有点牵强附会。[1]杉尾玄有则对田边"发展即溯源"的动态性绝对媒介的说法予以驳斥，认为田边并没有抓住道元禅的真髓，也不会得到道元本人的认可。日本学界基本上一致认为，田边元在发现道元是日本历史上的伟大哲学家、形而上学的思想家方面做出了重要贡献，但田边元的"国家论"，即"种的逻辑"有问题，特别是将道元禅与自己所倡导的"种的逻辑"相结合，不符合道元禅的精神，其各种解释不免过于主观。

晚年，田边元的思想发生了转向，从道元的"自立圣道门"转向亲鸾的"他力易行道"，撰写了《作为忏悔道的哲学》（岩波书店1945年版），后来又出版了《基督教的辩证》（岩波书店1948年版）。关于这些，容今后专文介绍，此不详述。

然而，当我们细读京都学派的著作，不难发现，京都学派的哲学与禅的关系尽管密切，但在论述的路径和思想的向度上，却各有侧重，并非一般所想象的那样一脉相承，具有严密的"连续性"。大体说来，西田和久松真一基本上偏重于临济禅；田边元和西谷启治、阿部正雄等基本上偏重于曹洞禅，特别是日本曹洞宗开祖道元的禅思想。正因为他们各有偏重，向度不尽相同，所以他们的哲学思想的内涵也应该不尽一致，这也是不难想见的；而在探讨他们的哲学思想与禅的关系时，我们有必要区别对待，不能一概而论。

---

[1] 高山岩男：《正法眼藏の哲学私观を読みて》，岩波书店，1939年，第80页。载《思想》第206期。

有鉴于此，接下来讨论"京都学派"的代表人物西田几多郎对禅的理解。

（四）西田几多郎对禅的理解

与田边元出生于东京的知识分子家庭不同，西田几多郎出生于日本石川县的一个农民家庭，父亲曾任村长，但因事业失败，家境一直贫寒。西田在石川县专门学校学习期间，同学中有铃木贞太郎（即铃木大拙）、藤冈作太郎。西田在故乡读完高中后，作为选科生，进入东京帝国大学哲学系学习。毕业后，他回到故乡，成为母校的一名教师。在这期间，据《西田几多郎全集》第19卷所收的西田几多郎年谱记载，西田常到邻近的禅寺参禅打坐，并得"寸心居士"之号。其处女作《善之研究》就是在这时开始执笔，并不断发表在杂志上。明治四十二年（1909），成为学习院大学的教授，翌年正式成为京都大学的副教授。

其实，西田的家庭生活并不是那么美满幸福。少年时代，西田的姐姐因病去世。西田结婚后，与妻子生有二男六女，但在40岁那年，二女和刚出生的第五个女儿相继去世。西田的弟弟也在此之前死于日俄战争中。西田迁居京都后不久，长男因病死亡，其妻子也因病卧床五年后死亡。

也许是由于这些家庭上的原因，基于对生命的感悟，西田很早就对禅产生兴趣。大学期间，他常到镰仓的建长寺、圆觉寺等著名禅寺参禅，并开始与铃木大拙交流学禅的心得，切磋禅学问题。因此可以想见，禅对于西田几多郎的人格形成和哲学创造产生过不小的影响。

其实细读西田的处女作《善之研究》我们不难发现，禅很早就已经在西田的哲学中产生着积极影响。该书的中心概念"纯粹经验"，明显地带有浓厚的禅意。比如他说，所谓"纯粹经验"即"如同见色、闻声的一刹那"，在这一刹那，"不仅尚不存在所谓这是外物的作用，是我在感受它之类的想法，甚至对此色、此音是什么之类的问题，也不加以判断"。所谓"纯粹经验"就是"尚无主客之分，知识与对象完全合一"的原始的直接经验。[1] 这种论述，我们可以认为它完全是禅宗所谓的"柳绿花红"思想的翻版。

对于禅，西田有独到的理解。西田是这样理解禅的：

> 所谓禅，并不像大多数人所认为的那样，是神秘主义。所谓见性，即是指深入地彻见我们自己的根源。我们自己，是绝对者以其自我否定而成立的。我们自己则是以绝对性一者的自我否定，作为个物性的多而成立的。所以，我们自己，在根本上是自我矛盾性的存在。所谓自己知自己本身，这件事本身就是自我矛盾。是故，我们自己，毕竟是在自己的根底，通过超越自己而拥有自己，通过自己之否定而肯定自己自身。如此彻见矛盾性的自我同一之根源，称之为见性。我们必须深深地把握其间所谓的背理之理。禅宗所谓的公案，不外乎是令我们会得这个道理的手段。首山一日举竹篦曰："唤作竹篦则触，不唤作竹篦则背。唤作什么？"所谓背理之理，并不是说非合理，是以亲鸾所谓的无义为义。是理与事，知与行的矛盾性自

---

[1] 西田几多郎：《善之研究》(修订版)，岩波文库，1979年，第13页。

我同一。[1]

西田在这里对禅的理解，可以说基本上合乎禅的原意。我们是存在于绝对者的自我否定之中的，所以，我们自己通过超越自己而拥有自己。自己只是自己，并不彻底，只有通过否定自己，即以其超越自己之自己，才能成为自己。彻见于此自己赖以存在的根源，即所谓的见性。在禅宗之中，特别是临济宗强调公案，视公案为彻见自己根源的手段。

对于禅宗的见性成佛，西田在另一个地方这样解释：

> 禅宗称见性成佛，但是我们不能误解此语。虽说见，并不是指向外客观地说见何物。也不是向内内省性地指见自己自身。自己不能见自己自身，如同眼不能见眼自身一般。然则，也并不是说超越性地见佛。如果说那些东西可以见的话，那他是妖怪。所谓见，是指自己之转换，与皈依相同。无论何种宗教，必须有所谓自己之转换，即必须有回心。没有这个，则不是宗教。所以，宗教在哲学上只有通过场所逻辑才能得到把握。[2]

在西田看来，所谓见性成佛，即自己之转换，从客观性的自己

---

[1] 《西田几多郎全集》编辑委员会编：《西田几多郎全集》第11卷，岩波书店，1946年，第445—446页。

[2] 同上，第424—425页。

转换为场所性的自己。因此见性与皈依相同，即彻见自己赖以成立的根源。

在禅宗之中，除临济宗的见性成佛外，西田还对日本曹洞宗开祖道元禅师的思想有独到的理解。其实，"京都学派"的大多数学者对道元都情有独钟。田边元的成名作《〈正法眼藏〉的哲学私观》一书，就是以探讨道元的禅学为内容的专著。该书对西田和"京都学派"第二代、第三代学者都产生了积极的影响。西田对道元的禅学产生兴趣，其实是以田边元的《〈正法眼藏〉的哲学私观》的出版作为契机的。西田对田边元的《〈正法眼藏〉的哲学私观》认真地进行过研究，但对田边的见解并不完全赞同。他在给铃木大拙的书信中说："田边君的那个道元论，我觉得难以接受，不知尊意如何？若按他那样理解，则完全是有分别的立场，难道不是反而与道元的立场相反吗？"并在信中希望铃木大拙写书评。[1]

从已经出版的《西田几多郎全集》看，涉及道元的著述，主要集中在昭和十四年（1939）前后的论著《哲学论文集第三》（1939年）、《日本文化的问题》（1940年）及《哲学论文集第七》（1946年）等。这一时期，正是西田展开所谓"绝对矛盾性自我同一"和"行为性直观"等哲学思辨的重要时期；道元的"身心脱落""柔软心"，特别是《现成公案》的思想，成为西田展开自己思想建构的重要依据之一。学术界通常的观点认为，西田哲学的形成过程一般分为四个阶段，即"纯粹经验"阶段、"自觉"阶段、"场所"阶段和"辩证法世界观"阶段。然而，认为事物一体不二、相即不离的

---

[1] 见《西田几多郎全集》第19卷所收1939年6月13日西田给铃木大拙的书信。

主张,可以说贯穿着每一个时期,成为西田哲学最基本的观点。比如在《图式性说明》一文中,西田论述"自己"与"客观"的关系问题时,引用道元《现成公案》的思想而予以说明:"所谓宗教的修行,并不是说建立行为主体,依据其媒介……而是真正地作为矛盾性自我同一,立足于事物而想,立足于事物而行。所以说,万法进前修证自己为悟。"[1]这里所谓"万法进前修证自己为悟",即道元《现成公案》的语言。原文全文是:"强运自己修证万法为迷,万法进前修证自己为悟。大悟迷者为诸佛,大迷悟者为众生。更有悟上得悟之汉,迷中又迷之汉。"[2]大概意思是说,自己与万法为一体不二,我们不能视"人"与"法"为对立的两个存在,如果视为对立就是"迷",反之则是"悟"。

西田好像特别喜欢道元的这句话。西田在《场所的逻辑与宗教性世界观》一文中再一次引用它,并解释说,所谓"迷","是因为我们把被对象化的自己看作自己而产生出来的"。所谓悟,即"彻见自己自身作为'无'的根源,彻见罪恶的本源"。真正的自己,是决不被对象化的,在其根本上,它是"无"。为了说明这个道理,西田引用了道元《现成公案》中有名的一段文字:"所谓学佛道者,即学自己也。学自己者,即忘自己也。"对自己的绝对否定就是"忘自己"。通过"忘自己"达到"被万法所证",由"被万法所证"从而彻见真实的自己。西田认为,这也就是"彻见科学的真",

---

[1] 《西田几多郎全集》编辑委员会编:《西田几多郎全集》第9卷,岩波书店,1939年,第332页。

[2] 何燕生译注:《正法眼藏》(修订版),宗教文化出版社,2017年,第18页。

与他所谓的哲学相吻合,特别是与他自己所提出的"绝对矛盾性同一""行为直观"的思想相吻合。

将禅与哲学相结合是西田长年来的愿望。西田在给学生西谷启治的信中说:

> 我当然不了解禅,因为人们常常完全误解了禅,所以我认为,所谓禅,是真正地以现实把握作为生命的东西。我认为这种事情尽管不太可能,但努力希望与哲学相结合,这是我三十岁以来的愿望。[1]

在给同辈学者务台理作的信中说:

> 以我的场所逻辑作为媒介,将佛教思想与科学性的近代精神相结合,是我最大的愿望。[2]

西田之所以有这样的愿望,是因为他认为,"在东方思想中,佛教在哲学上最为深邃"[3]。因此,在西田的哲学中,禅佛教一直处于中心位置。被称为西田哲学核心概念的"绝对无",可以说是佛教思想特别是禅思想的哲学化的产物。

---

[1] 见《西田几多郎全集》第19卷所收1943年2月19日西田给西谷启治的书信。
[2] 《西田几多郎全集》编辑委员会编:《西田几多郎全集》第19卷,1966年,第249页。
[3] 同上,第269页。

余论 · 355

（五）什么是"京都学派"——代结语

最后谈一下"京都学派"哲学的定义。

所谓"京都学派"，一般指曾执教于京都帝国大学哲学学科的西田几多郎、田边元和继承他们学说的弟子们。因他们以哲学的建构为目的且形成了富有特色的哲学流派，所以一般又被称为"京都哲学"或"京都学派哲学"。

严格地说，所谓"京都学派"，其实是一个颇为含糊的概念。首先，对于哪些学者应该包括在"京都学派"之内，目前学术界并未得到共识。比如，岩波书店出版的《岩波哲学思想辞典》所收的"京都学派"词条，将高坂正显、高山岩男、西谷启治、下村寅太郎、铃木成高等人列为西田几多郎和田边元的门下，并指出在广义上还应该包括三木清、户坂润及其周围的和辻哲郎、九鬼周造等人。与此相对，《京都派的哲学》（2001年，昭和堂出版）一书只收录了西田几多郎、田边元、三木清、户坂润、木村素卫、久松真一和西谷八人，而高坂正显、高山岩男和铃木等人的名字则不见收录。

欧美的情况似乎也一样。在欧美学者之中，有学者提出用六个标准来界定"京都学派"的范围：1. 与西田的关系；2. 与京都大学的关联；3. 对日本和东洋知识传统的态度；4. 对马克思主义、国家主义及太平洋战争这三个相关事物的态度；5. 对佛教传统和宗教一般的态度；6. 对绝对无概念的态度。[1]但同样在欧美学者之中，有学

---

1 见藤田正胜编《京都学派的哲学》所收 John C. Maraldo 的论文。

者却提出相反的意见,认为应该限定在西田、田边和西谷三人,理由是此三人的哲学可以视为西方语境中的哲学问题,有利于考察世界哲学。[1]

其次,在围绕如何评价"京都学派"的问题上,学术界也观点各异。我们知道,"京都学派"所涉及的问题层面较为广泛,特别是在日本侵略战争期间,以西田为首的学者曾发表过一些配合国家主义的言论,对于其哲学思想,目前学术界可以说批判与反批判两种观点并存。一般说来,研究日本思想史的学者,比较注意结合近代日本的历史背景,从思想史的角度看待"京都学派"的哲学。因此,"京都学派"与战争的关系问题、"京都学派"的国家主义倾向,自然不可回避地成为他们讨论和批判的焦点。[2] 与此相对,研究哲学的学者,一般比较注意结合西方哲学的发展,从哲学研究的角度看待"京都学派"哲学的来源和内涵。因此,"京都学派"和西方哲学与宗教特别是佛教、基督教的关系问题,自然地成为他们研究"京都学派"的主要课题,容易忽略或有意识地回避思想史上的一些问题,甚至对来自思想史方面的批判表示反对。[3]

---

[1] James W. Heisig, *Philosophers of Nothingness: An Essay on the Kyoto School*, University of Hawaii Press.

[2] 见末木文美士著《明治思想家论》(《近代日本の思想再考1》)、《近代日本と佛教》(《近代日本の思想再考2》,トランスビュー出版,2004年),以及石井公成所著论文《大东亚共荣圈の合理化と华严哲学(一)》(《佛教学》第42期,2000年、《赞仰亲鸾的超国家主义者们(一)》(《驹泽短大佛教论集》第8期)、《大东亚共荣圈への华严哲学》(《思想》第943期,岩波书店,2002年11月)等。

[3] 持这种观点的学者,大多是"京都学派"学统的晚辈学者。这方面的著述很多,例如藤田正胜已经出版的一些著作基本持这类观点,在此不一一列举。

欧美学界曾做过将两种观点结合起来的尝试，以解救"京都学派"所面临的处境。比如 1994 年出版的 *Rude Awakenings: Zen, the Kyoto School, and the Question of Nationalism*(ed. by J. W. Heisig and J. C. Maraldo. University of Hawaii Press)，就是一个典型的例子。该书收录了日本和欧美学者批判和反批判两种观点。

那么，"京都学派"的哲学到底是一个什么样的哲学呢？日本和欧美的宗教学界，一般都倾向于将"京都学派"哲学视为宗教哲学，认为"京都学派"的哲学与宗教有密切的关系。西田、田边、久松、西谷、阿部正雄、武内义范、上田闲照等这些被视为京都学派的代表学者，在欧美甚至被看作是现代的佛教哲学家。"京都学派"在欧美受到瞩目，这在很大程度上与"京都学派"将佛教传统当作其精神土壤有一定的关系。

如前所述，"京都学派"的确与宗教，特别是与佛教的关系极为密切。西田试图发明一种逻辑和概念来表述东方思想、佛教或禅，其所谓的"场所"逻辑、"绝对无"的思想，主要来自他对禅的理解。但值得注意的是，这些概念并不是禅的哲学化，而是将禅拿到哲学的层面，使其脱胎换骨而形成的概念，其根本立场依然是哲学。西田的目的在于对抗西方哲学"有"的立场。其后的田边元、久松真一和阿部正雄等人，继承西田的思想，展开对"绝对无"的思索。田边元将"绝对无"把握为一种"爱"的作用；阿部正雄认为它是"自我无化"的作用；久松真一倾向于从宗教层面把握，提出"觉的哲学"或"觉的宗教"概念；西谷启治用"空"的概念替代"无"，其宗教意味更加浓厚，可以说是对西方虚无主义的一个直接性的回应，目的更为鲜明。西谷特别指出，尽管"禅的本质存在于一切哲学的彼岸",但是"将禅反映在所谓哲学立场的同时,加深对禅思想的探究,并非完全不可能,也不能说毫无意义或者说有害,我认为不能这样单纯地进行判断"。[1]

至于"京都学派"的出发点,如前所述,主要在于试图调和东方与西方之间的矛盾与冲突;面对西潮的冲击,他们强调对东方传统的自觉,其间所表现出来的对宗教特别是对佛教传统的关注,正是在这一历史背景下的产物。

本文部分内容原载《汉语佛学评论》(第 7 辑,2021 年,上海古籍出版社),此次收录略有改动。

---

1 见西谷启治 1986 年发表的《禅の立场》。(《西谷启治著作集》第 11 卷,创文社,1995 年,第 3 页)

附录

一、道元和日本曹洞宗

中国佛教自公元6世纪中叶经由朝鲜半岛移植到日本以后，逐渐在日本社会流传开来。隋唐时期，中日两国通过海路开始直接往来，两国间的文化交流日趋频繁，中国佛教的主要宗派三论宗、法相宗、华严宗、律宗、成实宗和俱舍宗也相继传到了日本，因这些宗派均以国都奈良为传教中心，故史称"奈良六宗"。之后，日本遣唐僧最澄、空海入唐求法，归国后分别开创了日本天台宗和真言宗。因这两个宗派均形成于日本平安时代（793—1184），故史称"平安二宗"。它们分别以比睿山、高野山为弘法据点。在古代日本，佛教被看作是大陆先进文化的复合体，曾被最高统治者当作施政的指导理念而加以提倡。

道元是在日本镰仓时代入宋将中国佛教曹洞宗传入日本的僧侣。道元生活的时代，日本政治、经济、历史、文化发生了空前巨变，一方面，原来的贵族阶级支配的政治体制开始走向崩溃，取而代之的是以代表一般庶民立场的新兴武士阶级为中心的新政治体制，随后，日本朝廷迁都镰仓。另一方面，继荣西从中国传入临济宗之后，当时的一部分知识僧侣对中国佛教已由原来的单纯移植、介绍而逐步向主动消化、吸收和重建的高度拓展。这些僧侣从未到过中国，他们通过业已传入日本的中国佛教祖师撰述的经疏论著的"吟味""咀嚼"，在思想上、信仰上与中国佛教祖师遥相默契，于日本本土分别创立了净土宗、净土真宗、日莲宗和时宗。因这些宗派的开创者在立宗开教的同时，为适应时代的嬗变，对传统佛教的思想内容和修行方法做了某些重大调整与改革，力求赋予佛教以新意而适于日本社会，并使佛教流行于日本民间，故一般称之为"镰仓新佛教"。这些新兴的宗派，是中国佛教传入日本后经数百年与日本固有民族文化、社会习俗相互碰撞、激荡、冲突、融合，最后成为日本化的产物，是古代中日文化得以在深层领域交融的重要标志。随着这些宗派势力在日本民间的不断增强，当时的统治者对它们实行限制、统制政策；以比睿山为首的传统佛教势力也采取排斥态度，甚至视它们为"异端邪说"。与此同时，由荣西、道元分别传入日本的临济宗和曹洞宗，尽管也曾不同程度地受到过传统佛教的排挤，但在统治者的积极支持下，得到了长足的发展。

曹洞宗由道元传入日本后，在长期的历史发展过程中，对日本的历史、文化产生过深远影响。而且道元本人，基于自己对禅的深刻体验，撰写了90余卷的巨著《正法眼藏》等，对通过历史的积淀而形成的禅宗独特的修行理论和思维模式进行过不少创造性阐释，并形成了自己的禅学风貌。道元被誉为日本历史上唯一具有独创思想的哲学巨人，在中日古代佛教文化交流史上亦占有重要地位。

（一）

道元，又名希玄，京都人，出身于贵族家庭。父亲名久我通亲，为当时内大臣。母亲名伊子，为当时摄政太政大臣松殿基房之女，亦系贵族出身。道元自幼聪颖，相传4岁时读《李峤百咏》，7岁时读《毛诗》《左传》，9岁时能背诵世亲的《俱舍论》。不幸的是，道元3岁时丧父，8岁时丧母，使他在幼小时就尝尽了人生无常的痛苦，面临坎坷的人生维艰之途。前任摄政关白是道元的舅父，将道元收为养子，寄希望于道元将来能继承松殿家族的荣华富贵。可是，道元于日本建历二年（1212）逃到另一舅父良显法眼驻锡的比睿山麓一寺庵，请求赐许出家。经再三哀求，道元于翌年依当时天台宗座主公圆僧正正式剃度，法名"佛法房道元"。当时道元13岁。

此后，道元在比睿山广读佛教经典，对"天台宗风，兼南天（高野山）秘教，大小义理，显密奥义，无不习学"（《三祖行业》）。可是，聪颖的道元不久便对当时比睿山天台宗风靡一时的"本觉思想"产生了怀疑。"本觉思想"源于《涅槃经》"一切众生，悉有佛性"一语。此语原意是：一切众生皆有成佛的可能性。然而，到日本天台宗却发展为"众生本来觉悟，不须再修行"。对此，道元发出质问："宗家之大宗，法门之大纲，本来本法性，天然自然身，显密两宗，不出此理。大有疑滞。若本法身法性者，诸佛（为）什么更发心修行？"为解决此"疑团"，道元于建保二年下离比睿山，投京都园城寺座主公胤僧正门下，乞求示教。"公胤示曰：'吾宗之至极，今汝疑处也，为传教（最澄）、慈觉（圆仁）累代口诀所传来者也，皆不解此疑（团）。遥闻西天达摩大师来东土，正传持佛印。其宗风今流行于天下，名曰禅宗。若欲抉择此事，汝须入建仁寺荣西僧正之室，寻其故实，遥访道于异朝。'"（《传光录》）于是，依照公胤的指点，道元于建保三年（1215）叩开了荣西驻锡的京都建仁寺大门。

荣西为日本临济宗始祖，曾两次渡宋。南宋绍熙二年（1191）第二次渡宋时，再度师事天童山虚庵怀敞（生卒年不详），相依四载。后蒙赐临济宗黄龙派法脉而回国创建仁寺。荣西不仅将中国临济禅，而且还将中国茶文化传到了日本，并撰有《吃茶养生记》行世。据《建撕记》载，道元"入建仁寺开山千光禅师（荣西）之室，始闻临济之宗风"。但同书又载"荣西七十五岁而寂"，故从年代推算，多数学者怀疑道元是否曾见到过荣西，而认为道元实际谒见并师事的是荣西的高足明全。明全是荣西第二次入宋回国后投荣西门下的。道元师事明全先后约十载，广学台、密、禅、律。其后，二人订立入宋求法计划。二人于贞应二年（1223）离开京都到达博多，遂乘坐商船于同年4月抵达中国宁波。当年是南宋宁宗嘉定十六年。

二人抵达宁波后，明全因带有戒牒，很快办完了上陆手续。而道元因未携带戒牒，南宋政府拒绝其上岸，只许在船上逗留。道元乘坐的商船上载有日本土特产。相传，一天，一位来自阿育王山的老典座到道元乘坐的船上买蘑菇，道元问老典座："座尊年，不坐禅办道看古人话头？烦充典座，只管作务，有甚好事？"典座回答："外国好人，未了得办道，未知得文字在。"道元又问："如何是文字？如何是办道？"典座遂回答："若错过问处，岂非其人？"

在当时道元看来，佛道修行是看经、参禅，而炊事之类的日常作务则与佛道修行无关。后来道元撰《典座教训》，力说日常作务之重要，并强调自己通过与阿育王山老典座邂逅，"始知文字、办道之真谛"(《典座教训》)。

道元在船上逗留三个月后，终于获准上陆。先登礼天童山的住持为临济宗大慧宗杲法孙无际了派禅师。道元在此修行一年，其间蒙阅览龙门佛眼派嗣书和云门系嗣书。道元后来撰《嗣书》1卷，记述此段因缘。之后，因了派示寂，道元离开天童山，前往江浙各寺寻访"正师"，终不得如愿。当道元绝望，正欲归国之际，忽闻如净新任天童山住持，于是以一线希望再登天童山，师事如净。时为南宋宝庆元年（1225）五月一日。

如净，又名长翁或净长，越州（今浙江绍兴）人。如净生来"岐嶷，非常童"，性格"欣然豪爽"。(《枯崖和尚漫录》) 19岁出家，师事足庵（雪窦）智鉴而了悟人生大事。其后，历任建康（今江苏南京）清凉寺、浙江台州黄岩县瑞岩净土寺、杭州净慈寺、明州庆元定海开业寺住持。嘉定十七年（1224，一说宝庆元年），蒙敕晋住天童山，成为曹洞宗第五十世传人。如净与其后辈虚堂智愚、无门慧开被称为南宋末期弘扬"古风禅"的复古革新派人物。他否定当时盛行的三教一致说，试图以禅为基石确立"全一佛法"。这在当时带有贵族化、官僚化倾向的大慧派全盛的宋朝禅林，可谓别具一格。(《枯崖和尚漫录》、《正法眼藏·行持》卷、《如净和尚语录》序)

道元在拜谒如净之前，曾撰有一篇请愿文，叙述自己发心修行的经过及入宋求法的目的。全文是：

道元，幼年发菩提心，在本国访道于诸师，仅识因果之所由。虽然如是，未明佛、法、僧之实旨，徒滞名相之怀标。后入千光禅师（按：荣西）之室，初闻临济之宗风，今随全法师（按：明全）而入炎宋。航海万里，任幻身于波涛，遂达大宋。得投和尚之法席，盖是宿福之庆幸也。和尚大慈大悲，外国远方人所愿者，不拘时候，不具威仪，频频上方丈，欲拜问愚怀。无常迅速，生死事大，时不待人，去圣必悔。本师堂上和尚大禅师，大慈大悲，哀悯许听道元问法。伏翼慈照。小师道元百拜叩头上覆。如净展阅此文，为道元热心求法之志所感动，遂复书说："元子参问，不拘昼夜时候，著衣袒衣，而来方丈问道无妨。老僧一如亲父，许无礼也。"（《宝庆记》）

如净如此优遇道元，许其随时上方丈参问，一方面说明了如净的慈悲护爱之心，另一方面也表达了二人以心传心的禅机巧合。后来道元回忆这段因缘时说：

大宋国宝庆元年乙酉五月一日，道元始于妙高台烧香礼拜先师天童古佛先师古佛，亦始见道元。尔时，指示面授道元曰："佛佛祖祖，面授之法门现成；是即灵山之拈花也，嵩山之得髓也。……唯吾屋里有，余人梦也未见闻也。"[1]

如净将自己与道元的见面喻为释迦与迦叶、达摩与慧可之师

---

[1] 何燕生译注：《正法眼藏》（修订版），宗教文化出版社，2017年，第408—409页。

资邂逅,高度评价了道元的器量。道元在其《正法眼藏·行持》卷中也说:"面对先师,适逢其人也。"这表达了与如净相见的喜悦之情。自此以后,道元师事如净前后约两载。其间,据《宝庆记》载,道元得以向如净参问禅者一切"疑团",如教、禅之区别,佛性是否超越善、恶、无记三性,禅院、教院、律院及徒弟院的区别和其规则如何,等等。其中最为重要的莫过于道元自己在比睿山修行时提出的修证"疑团"。

据《宝庆记》载,一天,如净入堂,见一禅徒未坐禅而瞌睡,于是如净呵斥:"参禅者,只管身心脱落。只管打盹者,堪为什么?"坐在一旁的道元闻及此语而豁然大悟。随后,道元赴方丈拜谒如净。如净问其来由,道元答曰:"身心脱落来。"如净说:"身心脱落,脱落身心。"遂授道元以印可。道元谦逊地说:"这个是暂时伎俩,和尚莫乱印某甲。"如净说:"吾不乱印汝。"道元继续质问:"如何是莫乱印底?"如净答道:"脱落脱落。"对于此次的一问一答,道元在其《永平广录》第2卷中记述为"由闻得天童脱落话而成佛道""了却一生参学大事"。道元自比睿山出家修行以来的"疑团"终于在如净的指导下而获解决。如净"只管打坐,身心脱落"的修证思想,成为道元尔后参禅打坐的究极关键和建构自己修证理论的主要依据。

南宋宝庆三年秋,道元手捧客死于宋土的明全的遗骨踏上了归国之途。相传,在道元归国之前,如净曾训示道元:"尔虽后辈,颇有古貌,直须居深山幽谷,长养佛祖圣胎,必致古德之证据。"(《宝庆记》)回到日本后,道元先住九州。不久,道元撰《普劝坐禅仪》,作为他立教开宗的宣言。在该著中,道元在总结入宋求法时说："只是等闲见先师天童，当下认得眼横鼻直，不被人瞒，即空手还乡。所以无一毫佛法。"这表达了道元对如净禅法的体认。道元后上京，住建仁寺。不久因见建仁寺僧团腐败，并遭比睿山天台宗排斥，又闻先师如净示寂之噩耗，于是于宽喜三年春移到远离京城的深草安养闲居。至此，道元终于得以将如净生前的遗训付诸实现。以后，地方武士、豪族为道元在深草建立寺舍，取寺名为兴圣寺。道元于天福元年正式移锡此寺。《正法眼藏》亦系道元于此时开始执笔的。文历元年（1234）冬，道元收怀奘为弟子。怀奘原系日本达摩宗僧侣，精通佛教，比道元长两岁。道元命其为兴圣寺首座。怀奘为辅佐道元的僧团建设和禅法弘扬，贡献良多。著名的《正法眼藏随闻记》就是由怀奘笔录而成的。

之后，兴圣寺因失火寺舍全遭破坏。道元受在家弟子、当时有名的地方武士波多野义重的邀请，于宽元元年7月末迁居越前吉田郡吉峰。道元后来对此次迁居越前进行记述："我先师天童如净古佛，大唐越州人也。闻越国之名，是我所望也。"（《建撕记》）这表明他赴越前对出生于中国越州的先师如净的怀念。后得波多野义重、左金古禅门觉念等人资助，道元于越前建寺舍，命寺名为大佛寺。宽元四年，大佛寺更寺名为永平寺。关于"永平寺"名之由来，据《永平寺梵钟铭》记载："夫永平者，佛法东渐之历号也。扶桑创建之祖迹，鹫峰一枝，于是密密；少林五叶，至今芬芬。"可见，道元是以佛教东传中国的永平年号而起永平寺之名的。这表明了道元对中国佛教的尊崇，同时也透露出道元不仅将中国曹洞宗，而且还将中国的正统佛教真正传入日本的自信。

道元住锡永平寺期间，一方面同弟子怀奘一道立禅堂，建僧院，整理丛林清规，致力于僧团建设；另一方面，他自己继续致力于《正法眼藏》的撰写，积极阐扬入宋所学禅法。经道元及其弟子们的辛勤努力，永平寺在当时的日本佛教界有"天上天下，当处永平"之盛誉。而且，"当山（永平寺）初有僧堂，是日本国始闻之"；"日本国人，闻上堂之名，最初永平所传也"，使永平寺成为当时日本禅林僧堂之示范，而且当时不毛之地的越前也一跃成为"佛法总府"（《永平广录》），道元自己被誉为"佛法房上人"（无住《沙石集》）。

随着道元名声的高扬，当时实权派和豪门贵族对道元颇为器重。相传，宝治元年，道元48岁时，身为当时执政者的北条时赖曾下敕诏请道元赴国都镰仓弘法。建成二年后嵯峨上皇闻道元之道誉，遂赐道元以紫衣。因传如净生前曾拒绝宋宁宗皇帝赐以紫衣和师号，故道元为忠实地遵循其师反抗权势的精神，于是作偈以辞谢，偈曰："永平谷虽浅，敕命重重重，却不笑猿鹤，紫衣一老翁。"（《永平广录》）这表现了道元秉承如净的超俗风格。

建长四年秋，道元患病。在家弟子波多野义重和觉念遣使邀道元上京都疗养。建长五年（1254）八月二十八日夜半，道元于觉念私宅示寂，享年54岁。相传，道元入寂前遗偈一首，曰："五十四年，照第一天；打个踍跳，触破大千。浑身无觅，活落黄泉。咦！"道元火化后，弟子怀奘将其遗骨送到永平寺埋葬。道元示寂六百年后的嘉永七年（1854），孝明天皇追赐"佛性传东国师"谥号。明治十二年（1879），明治天皇又加赐"承阳大师"谥号。

道元留下的著作有《正法眼藏》95卷，其中用纯汉文撰写的有《〈正法眼藏〉三百则》、《普劝坐禅仪》1卷、《学道用心集》10卷、

《永平清规》2卷、《宝庆记》1卷、《永平广录》10卷。诗偈集有《伞松道咏集》1卷（共收诗偈六十首）。由弟子怀奘编纂的著作有《正法眼藏随闻记》6卷。

（二）

中国曹洞宗自唐代洞山良价、曹山本寂创立以来，通过宋代宏智正觉阐扬"默照禅"而确立其禅风宗旨，与以大慧宗杲力说"看话禅"而奠定其禅法基石的临济宗并驾齐驱，构成为唐代以后中国禅宗的两大流派。道元入宋时，曹洞宗在全国势力已趋衰弱，仅在浙江、江苏等地维系着宗嗣法脉，其中最为活跃的是天童山的足庵（雪窦）智鉴和被道元称为"古佛"的如净。他们都阐扬"古风禅"，对道元的禅法建构产生过一定影响。不过，从道元后来围绕修行与证悟的关系问题而确立"修证一等"的理论来看，道元并不囿于中国曹洞一宗，他站在"正法"的立场，拒绝使用"曹洞宗"的称谓，因而形成了中日两国在曹洞宗的传承世系上的乖离。他以"入宋求法沙门"自居，声称自己所传为正法真传，对广义上的禅宗的主要教理进行颇富创造性的论证，并加以哲理化，从而提出了以"修证一等"或"本证妙修"为其禅法核心的修证理论，发展了中国曹洞宗的修证观。下面仅做概要介绍。

1. 传承世系

禅宗最重视师资相承。中国历代曹洞宗学人普遍尊洞山良价、曹山本寂为其开祖，故一般认为其宗名来源于洞山的"洞"和曹山的"曹"。对此，日本学者则认为，如果按中国的说法，应是"洞曹宗"，而不应是"曹洞宗"。他们认为，曹洞宗的"曹"与"洞"，实际应看作是来源于曹溪惠能的"曹"和洞山良价的"洞"。这一主张在日本尽管到近代才被明确提出来，但它与早期道元对其所传禅法的认识有直接关系。道元虽未对自己所传禅法的传承世系像其他宗派的开创者那样有过明确的界说，不过在《正法眼藏》中，一方面他极力强调自己的禅法是师承中国如净，甚至自己所传如净禅法为"正法佛法"，并撰《嗣法》《佛道》《面授》等，以说明师传弟受的重要性；另一方面，他又恭称中国禅宗惠能为"古佛"，并对宋代篡改《坛经》的事件加以批驳，认为是"篡改祖意"，甚至对五宗分派及由洞山良价、曹山本寂提出的"正偏五位说"严加指摘，因而间接地透露了他对自己所传禅法世系的观点。鉴于这些事实，当今日本曹洞宗学人提出了道元的禅法是借用中国曹洞宗的宗名，将曹溪惠能及其以后的禅法加以统一整合，使其成为日本化产物的主张。由道元传入的曹洞宗的传承世系也由此而重新做了界定：曹溪惠能……洞山良价→云居道膺→丹霞子淳→长芦清了→大休宗珏→足庵智鉴→长翁如净→永平道元。日本曹洞宗作为宗旨的创立者，尊道元为高祖，作为教团的实际开创者，又尊莹山绍瑾（1268—1325）为太祖，两祖并立。这种两祖并立的做法在日本从中国传入的诸宗派中尚属异例。

2. 基本禅风：修证一等

中国早期曹洞宗的基本禅风是"正偏五位"说，这"正偏五位"是：正中偏、偏中正、正中来、偏中至、兼中到。其后又出现了默而常照的"默照禅"风。道元深受"默照禅"的影响，但也有新的拓展，这就是他提出的"修证一等"的禅风。道元在其《正法眼藏·办道话》卷中说：

> 佛法之中，修证是一等也。即今亦是证上之修故，初心之办道即是本证之全体。是故教授修行之用心，谓于修之外不得更待有证，以是直指之本证故也。既修是证，证无际限；已是证而修，修无起始。[1]

道元认为，坐禅修行与证悟解脱并非前为因、后为果的因果关系，而是与彼此等同的"直指"性统一。坐禅实践的本身就是证悟解脱的全体。他劝诫人们不要为求得证悟而去参禅打坐，应为坐禅而坐禅。而且他还指出，这种坐禅是一种超越时空的证悟，当下"直指"，即"本证"全体。道元这种无所得无所悟的禅风，近似于中国早期禅宗"不图作佛"的禅风，但与曹洞宗的"默照禅"相异，与如净"只管打坐，身心脱落"中所表明的禅风也并不一致——尽管道元是因闻如净此语而获证悟的。

道元这一禅风，还反映在他对中国南岳怀让"磨砖作镜"公案的理解上。如此则公案中，怀让有"若执坐相，非达其理"一语，意思是说：如果执着坐禅的事相，则不能获得证悟的道理。对此，道元则理解为"不得不执（着）坐相也"。与原意完全相反。道元把它理解为劝诫人们不要"成佛"，把它当作劝人坐禅的故事来把握。这种故意误读机锋术语的事例，散见于道元的一切著述之中。如他在《正法眼藏·佛性》卷中，将《涅槃经》"一切众生，悉有佛性"一语，解释为"悉有即佛性"；又在《有时》卷中，理解汉语"有时"为"有与时"，等等。因而，近代日本学者称赞道元是

---

[1] 何燕生译注：《正法眼藏》（修订版），宗教文化出版社，2017年，第9页。

"误读天才"。道元正是基于这种故意误读而确立其禅学风貌的。

道元强调"修证一等"的禅风，甚至不惜"误读"祖师的机关术语，因为他认为"坐禅"是佛祖的"迹""踪"，是"单传直指之佛法"，是"最上中之最上"。如他说：

> 释迦老子之为生知，已在六年端坐之迹。达磨大师之传心印，更贻九岁面壁之踪。古圣既然，今人盖办。所以翻寻言逐语之解行，须回光返照之退步。自然身心脱落，本来面目现前。欲得恁么，急务坐禅。……谓坐禅，则大安乐法门也。已能发明，可谓如龙得水，似虎靠山。（《普劝坐禅仪》）

他又说：

> 此单传正直之佛法，最上中之最上也。自参见知识始，勿须更烧香、礼拜、念佛、修忏、看经，只管打坐，得身心脱落。[1]

道元深信坐禅悟道是释迦、达摩的"迹"与"踪"，它可以替代甚至胜过烧香、礼拜、念佛、修忏、看经等其他佛事修行。他认为，在打坐之中"自然身心脱落"，因而"只管打坐"。道元以强调坐禅修行的殊胜性而建构的"修证一等"的禅风，确立了日本曹洞宗的修证观，并规范着尔后日本曹洞宗学人的禅林生活，同时也使

---

[1] 何燕生译注：《正法眼藏》（修订版），宗教文化出版社，2017年，第3页。

中国曹洞宗在日本得到了新发展。此外，道元还对历来禅宗的主要概念，如"即心是佛""平常心是道"等做过新的阐释。因篇幅所限，这里不再详细介绍。

道元的弟子不多，嗣法弟子只有怀让一人。戒弟子有诠慧、僧海、怀鉴、觉心等。日本曹洞宗在道元示寂后在教理方面没有多大发展，而在修行方法方面却出现过改革。这改革出现在道元的法孙彻通义介晋住永平寺第三代住持的时候。相传，义介曾试图将密教的修行方法导入曹洞宗内，以改革历来的修行方法。这一做法很快遭到宗门其他僧侣的反对，于是发生了"三代相论"事件，结果导致曹洞宗僧团破裂。约半世纪后，莹山绍瑾继任曹洞宗第四祖，并于能登（今石川县）建总持寺。他为将道元禅法推向日本民间，相继成立了"江湖会""腊八摄心会"等，使日本曹洞宗教团得以中兴。现在，日本曹洞宗以永平寺、总持寺为大本山，拥有700多万信徒，是日本佛教最大宗派。日本曹洞宗的主要仪礼是二祖三佛忌。二祖忌是高祖、太祖忌日。近代以来，还创办了驹泽大学、爱知学院大学和东北福祉大学等，在日本的教育、科研和社会福利事业方面发挥着积极作用。

本文原载《法音》（中国佛教协会会刊）1993年第5期。此次收录，引文出处略做了调整与规范。

二、道元《正法眼藏》及其思想特色

（一）前言

道元一生著述宏富，除代表作《正法眼藏》外，还著有《普劝坐禅仪》（1卷）、《学道用心集》（1卷）、《永平清规》（2卷）、《宝庆记》（1卷）、《伞松道咏集》（1卷）、汉文本《正法眼藏》（3卷，俗称真字《正法眼藏》或《〈正法眼藏〉三百则》）等；由弟子笔录编集的著作有《正法眼藏随闻记》（6卷）和《永平广录》（10卷）。其中，《正法眼藏》可谓道元的毕生之作。道元从32岁时开始执笔，直至去世前，从未间断。晚年，道元还改写已完成的部分稿卷，对每一个用词，他都反复推敲、细心琢磨。据载，道元原打算写100卷，后因患病，未能实现。《正法眼藏》倾注了道元的毕生精力。

《正法眼藏》95卷，洋洋50余万字，是一代高僧道元禅思想的集大成之作。道元在《正法眼藏》中对禅宗的一些重要思想做了不少创造性的阐释，反映了道元是如何吸收中国禅思想并进行日本化的情况。而且道元的《正法眼藏》是日本佛教史上第一部用日文撰写的思想专著，在日本佛教史上占有重要地位。我们知道，禅宗史上，被称为《正法眼藏》的著作还有一部，由中国南宋时期著名禅师大慧宗杲撰著，共3卷，撰于南宋绍兴十七年（1147），比道元的《正法眼藏》要早半个世纪行世。两部同名的禅宗著述先后出现在12世纪的中日两国佛教舞台，当然不是历史的巧合，两者有着重要的思想联系。总之，道元的《正法眼藏》对于我们今天了解中国禅思想在日本的发展和12世纪中日两国禅思想的交流情况，具有重要的参考价值。

以下拟对道元《正法眼藏》的版本情况、道元禅思想的主要特征等略做叙述。

（二）版本情况

一般说来，道元的《正法眼藏》有95卷。然而，严格地说，这种说法并不妥当。拥有95卷的版本，其实是始于江户时代永平寺编辑出版的版本。后来还相继发现了75卷本、12卷本、60卷本、28卷本、84卷本（又称《秘密正法眼藏》）等，并且这些版本是在更接近道元生存的时代编辑而成的。75卷本与12卷本之间没有重复，且75卷本早于12卷本成书，是了解道元壮年时期思想具有重要价值的资料。因此，《正法眼藏》的卷数依版本而有不同。此次中译的底本，是依据水野弥穗子校注的《正法眼藏》。该校注本由岩波书店出版，共4册，收入岩波文库。据该校注本的"凡例"中的说明，此校注本收录的是75卷本、12卷本和被视为遗漏的《法华转法华》卷、《菩提萨埵四摄法》卷、《生死》卷、《道心》卷、《唯佛与佛》卷，再加上《办道话》，共计93卷。此前，水野曾与寺田透合作校注出版了《正法眼藏》，书名为《道元》，共2册，由岩波书店出版，收入"日本思想大系"之中（其实，其底本是依据大久保道舟编的《道元禅师全集》）。

95卷本《正法眼藏》的第1卷为《办道话》，但此《办道话》不见于早期成书的版本中。据载，它撰于宽喜三年8月，属于道元较早时期的作品。一般将《办道话》视为具有类似于《正法眼藏》绪论性质的作品，所以往往将其置于《正法眼藏》之首，水野校注本也采用了这一形式。最后1卷为《八大人觉》，撰于建长五年（1253），道元于这一年去世。至于撰述的场所，据卷末的跋，它们依次是山城深草的安养院、兴圣寺、京都六波罗蜜寺侧的波多野出云守义宅、六波罗蜜寺、越前的吉峰寺、禅师峰和大佛寺（今永平寺）七处，涉及道元一生活动过的每一个场所。因此，说《正法眼藏》是道元的毕生之作，并不夸张。

（三）思想特征

"正法眼藏"一语，属禅宗特有，原出"拈花微笑"公案。据载，释迦牟尼佛在灵鹫山说法时，拈起一瓣莲花示与众弟子，在场的众弟子无一人理解其意，唯独摩诃迦叶一人发出了会心一笑。于是，释迦牟尼佛将蕴藏着佛法真谛的禅法传给摩诃迦叶。"正法眼藏"是禅宗为了强调自家教义的传统性而独创的词语，意指禅宗才是释迦牟尼佛"以心传心"而传下来的佛法，佛法的真髓蕴藏在禅宗之中。它具有与所谓"教外别传""不立文字""以心传心""见性成佛"相近的含义。道元将其书命名为《正法眼藏》，可以说也是基于这一意思，即强调该书各卷所叙述的禅理，直承释迦牟尼佛，是佛法的眼目，人们通过此书可以了解到佛法的真谛。《正法眼藏》的书名体现了道元对自己所传禅法的坚定信念。如果说其与大慧宗杲的《正法眼藏》同名是道元有意之为，那么我们可以承认，它同时反映了道元欲与大慧宗杲一比雌雄的意识。道元在《佛道》卷、《优昙花》卷、《面授》卷中分别探讨了"拈花微笑"公案。比如在《面授》卷中，他引用"拈花微笑"公案之后，说"正法"自释迦传至摩诃迦叶，其后二十八传，至菩提达摩；达摩亲自将其传入中国，并面授于二祖慧可，经五代相传，至六祖惠能；再经十七代相传，至天童如净。最后，他强调说，自己于天童寺妙高台礼拜天童如净，得如净"面授"，并保任其"面授"而回到日本。

基于自己所传的禅法是"面授"于佛祖相承的中国天童如净这一坚强信念，道元对禅宗其他流派的一些思想，一般都持批判态度，常斥之为"邪见""邪说"。《办道话》和《即心是佛》卷中所见的对"心常相灭论"的批判，《佛经》卷中所见的对三教一致说的批判，《四禅比丘》卷中所见的对"见性"说的批判等，可以说基本上是基于这一主旨而展开的。在《正法眼藏》中，我们虽能看到道元对"禅宗"或"曹洞宗"的称呼持批判态度的言辞，但是从《佛祖》卷中道元强调曹洞宗的师资才能称作"佛祖"，《办道话》中他强调"宗门之正传"，《坐禅箴》和《坐禅仪》卷他说中国曹洞宗宏智正觉撰著的才称得上《坐禅箴》等事例来看，我们不难发现，道元的确是站在对自己所传禅法思想正统性（"单传正直之佛法"）的确信的立场上撰写《正法眼藏》一书的。强调"单传"和"面授"的重要性，强调对"正法"的体悟须依赖"单传"和"面授"，可以说是《正法眼藏》一书中所反映的较为显著的思想特征。

如前所述，在《正法眼藏》的各种版本中，一般认为较为接近道元本人思想意图的是75卷本。此75卷本《正法眼藏》，其实是一部以解释禅宗公案为主的著作。道元在本书中基于自己独立的理解方法，试图对禅宗史上的各种公案做深入解释，在解释过程中，他使用最多的词语就是"现成公案"。75卷本《正法眼藏》最早的注释书《正法眼藏御闻书抄》（由道元的弟子诠慧笔记）记载："而今七十五帖相贯，列举一一卷子之名字，亦可云现成公案。"较早时期撰写的《现成公案》卷即以此语为题目，而且《古佛心》《全机》《溪声山色》《山水经》《柏树子》《三界唯心》《说心说性》《诸法实相》《无情说法》《梅花》《十方》等各卷，可以说基本上是试图阐明"现成公案"的禅理而撰写的。

"公案"一词原指"官府之案牍"，即法规和条款。禅宗借其来表达事物的绝对性或佛祖开示的道理、语录、问答。所谓"现成公案"，意指现前的一切事物和语言、行为等都表达着佛祖开示的道理，凸现着该事物的绝对性和真实性。佛教称现前的一切事物现象为"诸法"或"万法"。禅宗，尤其是唐五代以后的禅宗，强调从现前的"诸法"或"万法"中体悟佛法的真谛，认为它们的存在其实就是一种佛法存在。道元也继承了这一思想，比如《现成公案》卷中所说的"修证万法""为万法所证""肯辨万法"等，就是这一思想的表白，意指从现前的万事万物中体悟佛法真谛。《古佛心》卷则说，春来万木百草花开，它们是古佛的问候，是古佛的问话。所谓古佛的问候、问话，其实就是禅宗常讲的"无情说法"，也可以把它看作是一种公案话头，将其作为参禅引路的标志，我们同样可以感悟到佛法的真谛。据载，在中国禅宗史上，灵云志勤因见桃花而悟道；香严智闲因闻小石击竹之声而开悟；佛教居士苏东坡说"溪声便是广长舌，山色清净无非身"，也表达了这一思想。道元在《溪声山色》卷中引用这些悟道机语时，一方面要求应对以前的禅师们的说法、问答进行参究，另一方面反复强调应该将现前的一切事物和客观世界作为"公案"去参究。因此，主张"公案"存在于客观世界的一切处这种观点，既是中国禅宗尤其是唐五代以后的禅宗的重要思想之一，同时也是构成道元75卷本《正法眼藏》的基本思想，表现了道元对中国禅思想的继承。不过，同时我们又不得不承认，在90余卷的《正法眼藏》中，我们确实可以发现许多不同于中国禅思想的一些特点。道元毕竟是一位身着日本僧衣、讲日本话、生长在日本文化氛围中的日本禅僧，他在理解、接受中国禅思想的过程中，自然有他自身的特色。译者认为，道元的这些特色鲜明地表现在他用自己的母语解释汉文"公案"中，而用日文撰著的75卷本《正法眼藏》则集中又具体地反映了这方面的情况。这里我们试举两例，并略做分析，以窥其一斑。

先来看一看他对"即心是佛"的解释。我们知道，"即心是佛"作为禅宗的问题，由马祖道一提出以来，受到许多禅师的引用或提倡，《碧岩录》和《无门关》则把它作为一种公案而予以采用。细读禅师们的解释，我们可以发现，在围绕是否应该视"心"为有实体之物的问题上，有的持否定意见，比如"心不是佛"或"非心非佛"；在围绕是否应该将"即心"视为"现在之心"，还是应该视为"本来之心"的问题上，存在意见分歧且相互批判。尽管这样，我们还是可以承认，中国的禅师们在解释"即心是佛"时，基本上是以"心就是佛"这一汉文意思来展开的，没有抛离汉文的原意。然而，道元则不同，他解释：

"佛"拈却、打失百草，然不得说似于丈六金身。
"即"有公案，非相待见成，非回避败坏。
"是"有三界，非退出，非唯心。
"心"有墙壁，不曾拖泥带水，不造作。

> 或参究"即心是佛",参究"心即佛是",参究"佛即是心",参究"即心佛是",参究"是佛心即"。如是参究,当是即心是佛;如是举之,则于即心是佛正传。[1]

道元将"即心是佛"拆开,从"佛""即""是""心"四字来理解,使每个汉字具有独立的含义,并未像中国禅师那样只是讨论"心"之为何物的问题。而且,关于"心",道元说"心者,山河大地也,日月星辰也",也未像中国禅师那样理解为"心不是佛"或"非心非佛"。道元的这种理解,我们也许会把它视为一种完全无视汉文通常含义的肆意性理解,是一种"误读"。不过在道元看来,这样理解才能真正把握"即心是佛"的真实含义,"于即心是佛是正传也"。道元拒绝用汉文通常含义去理解,不拘泥于汉文的语法习惯,可谓自由自在。道元接着说:

> 所以,谓即心是佛者,乃发心、修行、(证)菩提、涅槃之为诸佛也,未曾发心、修行、(证)菩提、涅槃者,不是即心是佛。设于一刹那中发心修证,亦是即心是佛。……设于无量劫中发心修证,亦是即心是佛也。[2]

从这一段文字我们可以得知,对道元来说,修行的有无是理解"即心是佛"的关键;不强调修行,单纯地从观念上去理解"即

---

[1] 何燕生译注:《正法眼藏》(修订版),宗教文化出版社,2017年,第54—55页。
[2] 同上,第55页。

心是佛"，不可能把握其真实意思。道元并未像中国禅师们那样从"心"是不是佛或将"心"究竟是否应该视为"现在心"或"本来心"等思路去理解，而是结合修行有无的问题来把握，这不得不说是一种突破。它刷新了以前带有观念论倾向的"即心是佛"论，确立了以强调修行为特色的道元自身的"即心是佛"论。强调修行的重要，结合修行论来解释和理解"即心是佛"，是道元禅思想富有特色的一例。

下面再举一例，看一看道元对"诸恶莫作"的解释。"诸恶莫作"一词最早见于佛经，全文是"诸恶莫作，众善奉行；自净其意，是诸佛教"，称为"七佛通戒偈"。传说，唐代白居易向道林禅师请问"如何是佛法大意"时，道林禅师用此偈予以回答。白居易反问道："若是怎么，三岁孩儿亦道得也。"道林禅师说："三岁孩儿纵道得，八十老翁行不得。"白居易闻后，便拜谢。道林与白居易的问答遵循了"诸恶莫作"作为汉文的原意，强调口头上说"诸恶莫作"虽简单，但在实际行动中要做到它却不容易。道元在《诸恶莫作》卷中引用了二人的问答，说"道林以道取此道理，故有佛法也"，对道林的理解予以积极评价。同时，他从另一角度解释"诸恶莫作"。他说：

诸恶非无，唯莫作也。诸恶非有，唯莫作也。诸恶非空，莫作也。诸恶非色，莫作也。诸恶非莫作，唯莫作而已也。比如春松，非无非有，非造作也；秋菊非有非无，不造作也。诸佛非有非无，莫作也。……怎么参学，是现成之公案也，是公案之现成也。[1]

也就是说,道元将"诸恶莫作"分成"诸恶"和"莫作"来解释,将它们看作各具独立意思的词语,并结合"现成公案"的禅理去理解它。道元的解释尽管有点难解,不过,在《诸恶莫作》卷中他同时叙述道:"诸恶莫作者,非但驴之见井,亦井之见井也,驴之见驴也,人之见人也,山之见山也。以是有说个应底道理,故诸恶莫作也。"可知道元如此解释的意图即在于强调对一切存在"莫动着",应该如实地去接受它,这就是"诸恶莫作"所要表达的真正含义。道元对"诸恶莫作"的这种理解,与前述"即心是佛"一样,未拘泥于汉文的原意,完全破坏了该词语的本来意思,其解释可谓颇具新意。因此,从"现成公案"禅理的角度解释"诸恶莫作",可以说是道元禅思想颇富特色的又一具体例子。

类似的例子还见于他对"悉有佛性""诸法实相"等词语的理解中,可以说它们是构成道元禅思想的一个基本形态。我们承认,道元对"公案"的理解,有踏袭以前"公案禅"传统的一面。我们知道,"公案禅"同样拒绝对那些被形式化、概念化的禅宗机语进行理解,力求语言的无意义化,以此来体悟隐藏在语言背后的更深层的意思。对一切言说问答,它们皆回答曰"无"。"无"字公案典型地说明了这一点。但是,如上所述,道元则更进一步,他打破构成语言赖于形成的文字——汉字的原意,赋予每一个汉字以新的意思,试图以此来解释蕴藏在该语言中更为深层的含义。道元的

---

[1] 何燕生译注:《正法眼藏》(修订版),宗教文化出版社,2017年,第264页。

语言被认为难解的原因就在这里。在日本，一般都公认道元的语言难解。翻读《正法眼藏》的文字，相信中国的读者也不难发现这一点。道元就是这样巧妙地运用汉语和日语语言结构的不同，用日语的文脉，自由自在地理解禅宗的"公案"机语，并赋予其禅思想以种种不同于中国的新特征的。有学者说，道元是一位"误读天才"，道元禅思想的特点可以说就表现在他对禅宗"公案"机语的种种"误读"之中。因此，仔细研究道元的这些所谓的"误读"，对于我们把握道元禅思想的特色具有重要意义，同时，对于我们了解中国禅思想是如何日本化的问题也具有重要的参考价值。

（四）研究情况

如前所述，在道元的著作中，还有一部用汉文撰著的《正法眼藏》，为了与日文本相区别，一般称其为真字《正法眼藏》，称日文本即此次翻译的《正法眼藏》为假字《正法眼藏》。关于《正法眼藏》与真字《正法眼藏》的关系问题，目前日本学术界一般都认为《正法眼藏》是以真字《正法眼藏》为主要底本撰写的，持这一观点的学者较为普遍。其根据是，《正法眼藏》中所见的一些禅师的语录和公案，可以确认它们直接引自真字《正法眼藏》。

真字《正法眼藏》收录了三百则公案，是一部纯粹的公案集。道元在收录这些公案时，似乎进行过一些筛选，其多为中国唐代的公案。关于此真字《正法眼藏》，江户时代日本曹洞宗内有学者曾对其是否真由道元自己撰著的问题提出过质疑。不过，昭和九年（1934）发现了书写于弘安十年（1287）的《正法眼藏》一卷，以后又相继发现了一些古写本，它们为真字《正法眼藏》由道元自己所撰的说法提供了有力的依据。目前，对于真字《正法眼藏》由道元自己撰著的说法，学术界基本上意见一致，无人对其怀疑。

与此同时，我们还了解到真字《正法眼藏》中有十余则公案直接引自中国大慧宗杲的《正法眼藏》，与大慧宗杲的《正法眼藏》有一定的思想关系。基于这些事实，目前学术界一般认为，道元是参考大慧宗杲的《正法眼藏》而撰写真字《正法眼藏》，再在真字《正法眼藏》的基础上用日文撰写此次翻译的《正法眼藏》的。不过，道元对大慧宗杲《正法眼藏》的引用，并不说明他完全赞同大慧宗杲的所有观点。道元在《正法眼藏》中对大慧宗杲有关"说心说性"和"自证自悟"的理解提出了强烈的批评。对大慧宗杲的禅学，道元既有吸收，也有批判。

日本关于《正法眼藏》的研究始于江户时代，当时主要围绕75卷本究竟是否由道元亲自编纂的问题进行讨论。1927年，12卷本《正法眼藏》得以发现。这一发现为75卷本和12卷本均由道元亲自编纂的说法提供了有力的依据。1930年，大久保道舟编辑出版了《道元禅师全集》（春秋社出版）；后来，以此为基础，并网罗当时的研究成果，于昭和1969年大久保道舟主编了更为全面的《道元禅师全集》（共2册），由筑摩书房出版。大久保认为，75卷本是道元亲自编纂的旧草本，而12卷本则是道元的新草本。大久保还著有《道元禅师传之研究》（岩波书店出版，1953年）一书。该书后来经修订增补，于1974年由筑摩书房出版。该书是研究道元生平和思想方面的权威性著作。1972年，古田绍钦出版了《正法眼藏之研究》（创文社出版）一书，对75卷本由道元亲自编纂的说法提出了质疑。值得注意的是，古田绍钦同时还是调查和鉴定75卷本《正法眼藏》版本成书年代工作的实际参与者，他的观点自然引起了强烈的反响。与此同时，高桥贤陈发表了《正法眼藏编成上的问题》（载《金泽文库研究》杂志193期，1972年）一文，对12卷本所收的《八大人觉》卷末的跋文的理解提出了疑问。该跋文用"和式汉语"写成，晦涩难解。笔者中译时，完全从其原文，未做改动和润色。这里我们不妨引用来看一看。

> 仰以前所撰《假名正法眼藏》等皆书改，并新草具都卢一百卷可撰之云云。既始草之，御此卷当第十二也。此之后御病渐渐重增，仍御草案等事即止也。所以此御草等，先师最后之教敕也。[1]

所谓"以前所撰《假名正法眼藏》等皆书改"一语究竟是什么意思？所谓《假名正法眼藏》，指的是75卷本呢，还是60卷本？又，所谓"皆书改"，具体是怎样一个性质和程度的"书改"？所谓"新草"，意思是重新撰写呢，还是就是指的12卷本本身？高桥贤陈认为，从文字上，我们很难对这些问题做出明确的判断。

后来，裤谷宪昭相继发表了《道元理解的决定性视点》（载《宗学研究》28卷，1986年）、《十二卷本〈正法眼藏〉撰述说再考》（载《宗学研究》30卷，1988年）、《七十五卷本〈正法眼藏〉

---

[1] 何燕生译注：《正法眼藏》（修订版），宗教文化出版社，2017年，第643页。

编纂说考》(载《宗学研究》32卷，1990年)等一系列的论文，结合道元的思想变化，指出能真实反映道元撰写《正法眼藏》的真实意图的是12卷本《正法眼藏》。12卷本《正法眼藏》在道元的著作中占有重要地位，应重视对它的研究。袴谷的主张及上述高桥贤陈提出的对12卷本《正法眼藏》所收《八大人觉》卷末的跋文究竟如何理解的质疑，引起了一场激励的讨论，出版了不少这方面的成果，比较有名的是由镜岛元隆、铃木格禅主编的《十二卷本〈正法眼藏〉的诸问题》(大藏出版社，1991年)。这里，需顺便一提的是，袴谷宪昭同时还是日本佛教学术界近年来掀起的所谓"批判佛教"思潮的中心人物。袴谷认为，佛教的特征表现在它的"批判"精神上，而道元是最具"批判"精神的人物之一。以袴谷宪昭为中心掀起的"批判佛教"思潮，不仅在日本国内学术界产生了较大的反响，而且还受到欧美尤其是美国学术界的重视，成为20世纪末国际佛教学术界最为热门的话题之一。

在介绍有关道元《正法眼藏》的研究成果时，我们不能忘记河村孝道的《〈正法眼藏〉成立史的研究》(春秋社，1987年)一书。该书可以说是继大久保道舟的一系列研究之后，最为重要的研究成果。河村为了搜集和考察《正法眼藏》的古写本和新出的写本倾注了大量的精力，几乎走遍了日本全国，并且对收集到的每一写本都做了详细介绍和系统分析。河村的研究为我们了解《正法眼藏》的全貌提供了重要线索。河村认为，60卷本才是《正法眼藏》的最初形态，依次是75卷本和12卷本，它们都是依据道元的意图由道元亲自编纂的卷本。

总之，日本关于道元《正法眼藏》的研究著述，可谓"汗牛充栋"，不胜枚举；取得的成果尽管很多，但同时我们又得看到，仍有许多问题尚未解决，须待继续探讨。

本文原是《正法眼藏》（何燕生译注，宗教文化出版社，2003年）译者序。此次收录，引文出处略有调整与改动。

三、道元研究部分书目

1. 日文著作

木村卯之著《道元と日本哲学》，丁子屋书店，1941年

和辻哲郎著《日本精神史研究》，岩波书店，1926年

秋山范二著《道元の研究》（改订版），黎明书房，1965年

伊藤庆道著《道元禅师研究》第1卷，大东出版社，1939年

田边元著《正法眼藏の哲学私观》，岩波书店，1939年

卫藤即应著《宗祖としての道元禅师》，岩波书店，1944年

家永三郎著《中世佛教思想史研究》，法藏馆，1947年

大久保道舟著《修订·增补 道元师师传の研究》，名著普及会，1988年

镜岛元隆著《道元禅师とその门流》，诚信书房，1961年

镜岛元隆著《道元禅师の引用经典·语录の研究》，木耳社，1965年

高崎直道、梅原猛著《古仏のふねび道元》，角川书店，

1969 年

今枝爱真著《道元—その行动と思想—》，评论社，1970 年

山折哲雄著《道元》，清水书院，1978 年

镜岛元隆、玉城康四郎编《讲座道元》7 卷，春秋社，1979—1981 年

中世古祥道著《道元禅师传研究》，国书刊行会，1979 年

船冈诚著《道元と正法眼藏随闻记》，评论社，1980 年

春日佑芳著《道元の思想—"正法眼藏"の论理构造》(新装版)，ぺりかん社，1988 年

守屋茂著《道元禅师研究—京都周边における道元とその宗门—》，同朋舍出版，1984 年

河村孝道、石川力山编《道元禅师と曹洞宗》(日本佛教宗史论集 8)，吉川弘文馆，1985 年

镜岛元隆著《道元禅师とその周边》，大东出版社，1985 年

山内舜雄著《道元禅と天台本觉法门》，大藏出版，1985 年

森本和夫《道元を読む》，春秋社，1986 年

广濑良弘著《禅宗地方展开史の研究》，吉川弘文馆，1988 年

池田鲁参编《〈正法眼藏随闻记〉の研究》，北辰社，1989 年

河村道孝著《〈正法眼藏〉成立史的研究》，春秋社，1987 年

池田鲁参著《宝庆记—道元の入宋求法ノート》，大东出版社，1989 年

裤谷宪昭著《本觉思想批判》，大藏出版社，1989 年

裤谷宪昭著《批判佛教》，大藏出版社，1990 年

池田鲁参著《道元学の摇篮》，大藏出版社，1990 年

石井修道著《道元禅の成立史的研究》，大藏出版社，1991年

竹内道雄著《道元》（新版），吉川弘文馆，1992年

镜岛元隆等主编《十二卷本〈正法眼藏〉的诸问题》，大藏出版社，1991年

裤谷宪昭著《道元と佛教—十二卷本〈正法眼藏〉の世界》，大藏出版社，1992年

松冈由香子著《古仏道元の思惟》，花园大学国际禅学研究所《研究报告》第3册，1995年

镜岛元隆监修《道元引用语录の研究》，春秋社，1995年

末木文美士著《镰仓佛教形成论》，法藏馆，1998年

伊藤秀宪著《道元禅研究》，大藏出版社，1998年

何燕生著《道元と中国禅思想》，法藏馆，2000年

松本史朗《道元思想论》，大藏出版社，2000年

2. 日文以外著作

Takashi James Kodera: *Dōgen's Formative Years in China:Historical Study and Annotated Translation of the Hokyoki,* Great Eastern Book Co, 1980.

William R. LaFleur: *Dōgen Studies* (Studies in East Asian Buddhism, No. 2), University of Hawaii Press. 1985.

Steven Heine: *Existential and Ontological Dimensions of Time in Heidegger and Dōgen* (Suny Series in Buddhist Studies), State University of New York Press, 1985.

Carl Bielefeldt: *Dōgen's Manuals of Zen Meditation*, University of

California Press, 1988.

Francis H. Cook: *Sounds of Valley Streams: Enlightenment in Dōgen's Zen* (Suny Series in Buddhist Studies), State University of New York Press, 1989.

Joan Stambaugh: *Impermanence Is Buddha-Nature: Dōgen's Understanding of Temporality,* University of Hawaii Press, 1990.

Masao Abe, Steven Heine: *A Study of Dōgen: His Philosophy and Religion*, State University of New York Press, 1991.

Steven Heine: *Dōgen and the Kōan Tradition: A Tale of Two Shōbōgenzō Texts* (SUNY Series in Philosophy and Psychotherapy), State University of New York Press, 1993.

Kazuaki Tanahashi: *Enlightenment Unfolds: The Essential Teachings of Zen Master Dōgen*, Random House Inc., 2000.

Gereon Kopf: *Beyond Personal Identity: Dōgen, Nishida and a Phenomenology of No-Self* (Routledge Curzon Studies in Asian Religions), Curzon Press, 2002.

Michael Luetchford: *Between Heaven and Earth: From Nagarjuna to Dōgen*, Windbell Pubns Ltd., 2002.

傅伟勋:《道元》,(台北)东大图书公司, 1996 年。

Dōgen（道元）and Chinese Chan Thought

Dōgen (1200—1253) was a Japanese Zen monk of the Kamakura Era. Tradition has it that he was born into an aristocratic family, lost his father at age three, his mother at age eight, and became a monk at age fourteen. At age twenty-four he went on a pilgrimage to China and remained there for about four years. According to his diary, while in China he visited the monks Wujiliaopai（无际了派）and Zhewengruyan（浙翁如琰）of the Linji（临济）Sect as well as Mt. Tiantai（天台）, Mt. Yandang（雁荡）and Wannian（万年）Temple Pingdian（平田）. He later visited Rujing（如净，1162—1227）at Tiantong（天童）and "solved the great problems of life". Rujing was the thirteenth generation founder of the Caodong（曹洞）Sect. He stressed meditation and considered "casting off the body and mind" to be the ultimate purpose of meditation. Dōgen studied with Rujing for about two years and then returned to Japan in 1227. In his later writings Dōgen frequently and respectively referred to Rujing as "Old Master" or "Old Buddha", and considered the principles of Chan taught to him by Rujing to be the "orthodox transmission of the Buddhist Dharma".

When Dōgen first returned to Japan, he lived in Kyoto's Kennin Temple (建仁寺). Three years later he moved to Fukakusa Anyōin (深草安养院) in the southern part of the city. In 1232, he founded Kōshō Temple (兴圣寺) and began a true Zen life, taking priests into the meditation hall for meals, and recruiting disciples. His important work *Shōbōgenzō* (《正法眼藏》) was started during that time. In 1243, he left Kyoto and went to Echizen (越前) (in today's Fukui Prefecture). There he founded the Daibutsu Temple (大佛寺), later changing its name to Eihei Temple (永平寺). He then used Eihei Temple as his sanctuary, teaching and writing about Zen Buddhism until 1253, when he returned to Kyoto for medical attention. He died there on December twenty-eighth of the same year at the age of fifty-three.

Dōgen produced a very large number of writings in his lifetime. Important examples include his Japanese works *Shōbōgenzō* (ninety-five volumes), *Fukanzazengi* (《普劝坐禅仪》, one volume), *Gakudōyōjinshū* (《学道用心集》, one volume), *Eiheishōgi* (《永平清规》, two volumes), *Hōkyōki* (《宝庆记》, one volume) and *Sanshōdōkyōshū* (《伞松道咏集》, one volume), as well as a Chinese version of *Shōbōgenzō* (three volumes). His disciples compiled *Shōbōgenzōzuimonki* (《正法眼藏随闻记》, six volumes) and *Eiheikoroku* (《永平广录》, ten volumes). His Japanese *Shōgōbenzō* is the first work on Zen thought written in Japanese in the history of Japanese Buddhism. In it, he makes a large number of creative interpretations of certain aspects of Zen thought. It thus reflects how Dōgen absorbed Chinese Chan thought and Japanized it. It represents important and valuable material for investigating the development of Chinese Chan thought in Japan, as well as the exchange of Zen thought between the two countries.

The history of the study of Dōgen in Japan can be traced back to the pre-World War II era. Those who studied him at that time were primarily philosophers who did so using a "philosopher's methodology". In their study of the Japanese version of *Shōbōgenzō*, especially of the volumes which have an extremely rich philosophical content, such as "*Busshōmaki*" (佛性卷) and "*Ujimaki*" (有时卷), they made typical philosophical interpretations. They generally concluded that Dōgen's thought showed certain similarities with Western thought, deeply revealing Dōgen's philosophical implications, which were said to have benefited Japan both in absorbing Western concepts of thinking and in modernizing itself.

After World War II the Japanese study of Dōgen gradually became more diverse, with historians, philologists, and theologians becoming involved. The results of their various studies produced an enormous number of books which produced deep and detailed studies of his life, his writings, his pilgrimage to China, the relationship between his thought and Chinese Chan thought, and so forth. But at the same time we must acknowledge that the post-war study of Dōgen was centered at Komazawa University, and that the vast majority of those scholars studying him were also followers of his teachings, believers in Dōgen's Zen thought. Because of this fact, this research had its limits. Therefore, although their research methodologies were varied, it was difficult for their conclusions not to be influenced by their own beliefs, thus compromising their objectivity. This was especially true with regard to how they understood the relationship between Dōgen's Zen thought and that of Chinese Chan thought. The vast majority of these scholars argued that he established his own independent body of thought as a result of his criticism of Chinese Chan thought. Some even went so far as to say that Dōgen was unmatched in the history of Sino-Japanese Zen thought, excessively exaggerating the uniqueness of his ideas, ignoring altogether the vigorous influence that Chinese Chan thought played in the formation and development of his own ideas. The famous Japanese Chan/Zen scholar Seizan Yanagida (柳田圣山), when evaluating the state of Japanese scholarship on Dōgen, had said that "If we try looking at him from a completely new angle, and place his Buddhism at the source of Chinese Buddhism or Chinese Chan Buddhism, and carefully reread his *Shōbōgenzō* and *Eiheikoroku*, then we would discover a lot of problems. However, evaluating Dōgen's thought while grounded in the origins of Chinese Buddhist thought is the weakest link in previous studies." Yanagida's point here is quite apt, objectively pointing out both the major problem with Dōgen studies since the end of the War, and also indicating the research direction that should be undertaken in the future.

What exactly are the special features of Dōgen's Zen thought? What exactly is their relationship with Chinese Chan thought? If we want to answer these questions, all we have to do is placing his ideas within the background of Sino-Japanese Chan/Zen thought, and proceed using the methodology of the history of ideas. Only by specifically analyzing concrete problems can we obtain a complete and objective evaluation. This book is grounded in this principle, strongly revolving around the relationship between his Zen thought and that of China, the special features of his thought, etc., providing a systematic analysis. The entire book is divided into two parts with eleven chapters in total. The first part is entitled *The Life and Writings of Dōgen*. It contains three chapters and investigates his life, pilgrimage to China, and the content and compilation of his writings. The second part is entitled *Dōgen's Understanding of Chinese Chan Thought*. It is the central core of this book, with a total of eight chapters. The topics of these eight chapters are the life of Rujing and the compilation of his work *Rujingyulu* (《如净语录》), the authenticity of *Rujingxuyulu* (《如净续语录》), the relationship between Dōgen's Zen thought and that of Rujing, the understanding and absorption by Dōgen of Hongzhizhengjue's (宏智正觉的) thought, Dōgen's treatise on Buddha-nature, the background and Dōgen's criticism of the Chinese theory of Xinchangxiangmie (心常相灭), the background and Dōgen's criticism of the Chinese theory of the consistency among the three major religions, the problem of how to understand the special features of Dōgen's Zen thought, and respectively in this order. Each of these is introduced in more detail below.

Chapter I in Part I of this book systematically examines Dōgen's life experience, his achievements before his pilgrimage to China, the process of his seeking enlightenment after his pilgrimage, the time of his return to Japan, and his activities after returning. All of this is based on Dōgen's extant biographies and what has been said about his life, including the events of his time, events prior to his pilgrimage to China, the pilgrimage itself, and the times and events of Japan after his return. Generally speaking, any account of someone who is credited with founding a sect is bound to contain an element of myth. Over time, new items and content are added to these biographies. In biographies that chronicle Dōgen's life and achievements, it is also possible to find such occurrences. In the course of the investigation here, every effort has been made to pay special attention to the year that the biography was written and the standpoint of the author, in order to do everything possible to objectively reveal the image of Dōgen as a historical person. Certain questions about problems that cannot be clearly answered due to the limited nature of the materials used are raised, and these questions await future study.

Chapter 2 investigates the formation of Dōgen's thought, especially the influence from his pilgrimage to China. Generally speaking, the formation of a religious person's thought is intimately tied to their life experiences. If we are going to investigate the thought of a religious person from an academic standpoint then we must examine how experiences in their life came to shape his thinking. Compared with his contemporaries Nichiren (日莲) and Shinran (亲鸾), Dōgen is the only one to have embarked upon a pilgrimage to China. The influence that this placed on his Zen thought was extremely great, so much so that it could be said that there exists an indissoluble bond between Dōgen's Zen thought and China. Without a doubt, what influenced the formulation of his thought the most from that pilgrimage was Rujing. Dōgen himself said that because he had paid a visit to Rujing he had "solved the great problems of life". Rujing, as well, went down honored in history because of his fortuitous encounter with Dōgen. Additionally, Dōgen said about his four-year pilgrimage to China that he learned more from Rujing in his last two years than he did from all of the other Chan monks he had studied with in the previous two. It doesn't specifically matter that the names of these monks cannot be found in Chinese documents. We can say that they were an anonymous generation. Nonetheless, Dōgen frequently made reference to them in his writings produced after his return to Japan, devoting entire volumes to a certain few of them, recording the various conditions of his association with them and their influences upon his thinking. Previous research on the influence of his pilgrimage to China on the formation of his thinking has been too firmly oriented from the standpoint of the sect and only paid attention to Rujing, thus, totally ignoring the existence of this anonymous generation. This chapter stresses the influence on the formation of Dōgen's thought from this anonymous generation of Chan monks.

Chapter 3 provides a simple narrative of the conditions surrounding the writing, as well as the content of *Shōbōgenzō*, *Hōkyōki*, *Eiheikoroku* and *Shōbōgenzōzuimonki*. At the same time it investigates problems not yet solved in previous research. The special feature of Dōgen's thought is his insistence on just sitting (zazen-only), rejecting the use of Kōan (公案) language. However, his Japanese version of *Shōbōgenzō* is actually a book devoted to explaining Kōan. His Chinese version of *Shōbōgenzō* is comprised totally of Kōan of the Zen sect written between the Tang and early Song Dynasty. Furthermore, when Dōgen was collecting these Kōan, he even referred to Dahui's (大慧的) *Zhengfayanzang* (《正法眼藏》), such that his *Shōbōgenzō* has an intimate relationship with Dahui's work of the same name. *Hōkyōki* was a written record of questions and answers between him and Rujing, reflecting Dōgen's thinking at the time. At the same time, it is one of the most important works in helping us to understand Rujing's thought.

Some of Rujing's teachings are frequently quoted by Dōgen in his own writings. From this, we can come to know Rujing's influence on Dōgen. Most of what is collected in Eihei Seiki are the sayings of Dōgen in the meditation hall (上堂语), though according to our investigation, 41 of them come from *Hongzhiguanglu* (宏智广录), thus reflecting the influence of Hongzhi's thought on Dōgen. *Shōbōgenzōzuimonki* records some of the words and deeds of Dōgen in his days in Kyoto, and was written by his disciple Ejyō (怀奘, 1198—1280). Ejyō was originally a member of the Daruma Sect (达摩宗), later taking refuge with Dōgen and seeking instruction from him. However, even after taking refuge with Dōgen, Ejyō continued to be sentimentally attached to the Daruma doctrine and frequently raised questions based on it. This close interrogation of Dōgen can be detected within *Shōbōgenzōzuimonki*. The chapter here discusses the above question in detail, as well as issues of editions and circulation.

The first chapter of the second half of this book examines Rujing's life and the compilation and contents of *Rujingyulu*. Before beginning a study of Rujing's thought, it is first necessary to clarify what kind of person he was and what exactly was the content of his thought. As for Rujing's life, according to what is recorded in *Rujingyulu*, we know that he had practiced Chan at four different temples and that he had been an abbot six times. However, details of his life do not appear in any of the books on the history of Chinese Chan Buddhism. As for Rujing's thinking, five different editions exist of *Rujingyulu*, the work that most directly reflects his thinking. Of these, the forty-eight volume *Taishōzō* (《大正藏》) was rewritten by the Sōtō (曹洞) Sect monk of the Edo Period Manzandōhaku (卍山道白), while of the four remaining editions, some are incomplete and some have evidence of omissions or alterations. Therefore, the contents reflected in *Rujingyulu* is certainly not complete. Furthermore, it should be acknowledged that a certain discrepancy exists between the thought contained in the *Rujingyulu*, we have now and the Rujing thought transmitted by Dōgen. Previous scholars have already researched this problem systematically. This chapter investigates the question once again, using the previous work as a foundation, and proposes a different point of view for some of the questions. Additionally, we point out that we should not necessarily view the discrepancy between the thought contained in the *Rujingyulu* and the Rujing thought transmitted by Dōgen as a kind of contradiction. Rather, we should view it as reflecting different sides of the same Rujing's thought, so that when studying Rujing's thought, we should combine them together to carry out a synthesized examination, and not simply lay particular stress on one while ignoring the other.

Chapter 2 examines the question of the authenticity of the particular *Rujingxuyulu* that was included in the forty-eight volume *Taishōzō* that we have today. According to the introduction found in *Rujingxuyulu*, the *Tendoirakurokujo* (《天童遗落录序》) penned by Manzandōhaku is in fact the twenty omitted volumes from Jōdōgoroku (上堂语录) that Rujing's disciple Yiyuan (义远) compiled and edited before sending them off to Dōgen. Manzandōhaku discovered this fact in 1680, and so in 1715 he printed and published *Rujingxuyulu* as a means of supplementing the *Rujingyulu*. However, is the *Rujingxuyulu* really as Manzandōhaku says, that they are simply materials that Yiyuan compiled and edited, and not something he wrote himself? We undertook an examination which compared the two works and concluded that large discrepancies exist between them, both in terms of their language and in terms of their content. For example, in *Rujingyulu* Yiyuan calls himself 'shizhe' (侍者), but in *Rujingxuyulu* he calls himself 'sifaxiaoshi' (嗣法小师). This is but one example. Furthermore, the sayings of the Tang Dynasty monk Caoshanbenji (曹山本寂) found in the last portion of *Rujingxuyulu* are not found in either of the two works on the history of Chinese Chan Buddhism, *Caoshanyulu* (《曹山语录》) and *Zutangji* (《祖堂集》). In fact, it can only be found in the two versions of *Caoshanyulu* produced in Japan during the Edo period, and even in the Edo period, there were those who said that these two versions of *Caoshanyulu* were counterfeit. From these facts, and because of questions about its content, we have concluded that the so-called *Rujingxuyulu* was actually written by a later author pretending to be Yiyuan. We can estimate that it was written sometime during the Edo Period. Because of this background, we believe that its creation is related to the movement to restore the Caodong (Sōtō) Sect at the time, in an effort to emphasize the link between Rujing and Caoshanbenji's thought. As for the epilogue supposedly penned by Dōgen, we also believe that it was written much later by someone pretending to be Dōgen, and that it actually has nothing to do with Dōgen himself.

Chapter 3 examines the relationship between Dōgen and Rujing's thought, comparing the similarities and differences in their respective treatises on the practice of realization. Casually speaking, Dōgen's treatise advocates casting off the body and mind through meditation, in his words, "simply meditate and the body and mind will be relinquished". However, in *Rujingyulu*, one cannot find the expression "casting off body and mind". Therefore, some Japanese scholars believe that Dōgen's treatise represents original thinking that has nothing to do with Rujing. Chapter 3 addresses that opinion in detail. It is argued that one cannot simply stop with a comparison of the exact wording of terms. Rather, one must take the next step and look at the structure of their thinking. First, from the philosophical structure of *Rujingyulu*, with its emphasis on meditation and talk of the "six entrances", it can be said that Rujing is similar in his thinking to Dōgen's idea of "simply meditate and the body and mind will be relinquished". Second, the *Rujingyulu* has omissions of content and indications that later people either changed it or rewrote it, and therefore it does not properly reflect the original state of Rujing's thought. When examining Rujing's thought, one must at the same time place great value on the writings of Dōgen. For example, it is recorded by Dōgen in *Hokyoki* about his meeting with Rujing that Rujing instructed him on the idea to "simply meditate and the body and mind will be relinquished." Therefore, it is not appropriate to say that Dōgen's treatise is uniquely a product of his own thinking. However, it is not objective to say that Dōgen's treatise is merely a mechanical continuation of Rujing's treatise either, because Dōgen also stressed the oneness of the practice of realization, which is not found in Rujing's thought. Dōgen and Rujing's respective treatises have their similarities and differences. To push one viewpoint exclusively over the other does not give a complete picture of the situation.

Chapter 4 examines Dōgen's understanding of Hongzhizhengjue. Hongzhizhengjue was a person of the Caodong Sect of the Southern Song period. Dōgen referred to Hongzhizhengjue as 'Old Buddha', and when rating the various *Zuochanzheng* (《坐禅箴》) in the history of the Chan sect, he felt that only Hongzhizhengjue's version was worthy of serious attention, and accordingly copied the wording and structure when he wrote a similarly titled volume for inclusion in his *Shōbōgenzō*. The reason that Dōgen stressed meditation was not just because of Rujing's influence. To a large degree, it was also because of his understanding of Hongzhizhengjue's thought. Because of this, when examining Dōgen's thought we cannot ignore the existence of Hongzhizhengjue. Therefore, when Dōgen utilized Hongzhizhengjue's words he did not simply copy them verbatim. Sometimes he modified part of the wording, creating his own expressions. Some scholars believe that Dōgen did this because he was not satisfied with Hongzhizhengjue's ideas, and attempted to surpass them. This chapter provides a detailed analysis of this question, and suggests that when Dōgen made use of Hongzhizhengjue's words, even if he changed the wording, there were also times when he did not, and that neither situation was absolute. Additionally, we also investigated Dōgen's understanding of Hongzhizhengjue's special features and point out that Dōgen was firmly grounded in his own stress on practice perfection when he cried out in admiration of Hongzhizhengjue's ideas. This was not simply a case of blind promotion and worship; he had his own independent ideas.

Chapter 5 concentrates on the *Busshōmaki of Shōbōgenzō*, pointing out its special features and its position in the history of Chan/Zen Buddhism. The so-called busshō (佛性) or "Buddha-nature" refers to the possibility of becoming a Buddha. *The Mahaparinirvana Sutra* (《涅槃经》) says all living creatures have a Buddha-nature. Of the various theories of bussho to be found in the history of Chan/ Zen

Buddhism, we can basically say that they all revolve around and develop from the busshō of the *Mahaparinirvana Sutra*. Dōgen believed that regardless of whether one stresses the existence or the non-existence of busshō, we cannot ascertain its essence, because at this time existence and non-existence respect each other and therefore exist. When saying that busshō exists, it can only exist absolutely; when saying it does not exist, it can only be so absolutely. Only by doing away with the mutual respect between absolute being and absolute nothingness can we truly ascertain the essence of busshō. Additionally, he believed that busshō is removed from language and that we cannot use language to ascertain it, and that we can only experience it through meditation. From this standpoint, Dōgen criticized two theories of busshō to be found in Chan/Zen Buddhist history. One of these advocated that busshō was a conscious, mental state; the other advocated that busshō was like a plant seed. We found that these two theories are advocated by the Hongzhou (洪州) Sect of Mazu (马祖) and by the *Tanjing* (《坛经》). Nanyanghuizhong (南阳慧忠) of the Tang Dynasty had previously criticized these theories; and when Dōgen criticized them as well, he borrowed Nanyanghuizhong's words. Furthermore, these two theories were being proposed by the Daruma Sect in Japan during Dōgen's time. Therefore, from the angle of the history of Chan/Zen Buddhism, Dōgen's theory of busshō was a continuation of Nanyanghuizhong's point of view. From a historical perspective, the reason that Dōgen criticized the above two theories is intimately related to the existence of the Daruma Sect in Japan at that time. This chapter makes use of historical clarification discussed above, clearly showing Dōgen's place in the history of Chan/Zen Buddhist thought, and at the same time provides a concrete clue for us to understand the relationship between Dōgen Zen thoughts and those of China.

Chapter 6 examines the targets and background of Dōgen's criticism of the "Theory of Xinchangxiangmie". The so-called "Theory of Xinchangxiangmie" argues that "xin" (心) is changeless, while the body of "xiang" (相) perishes with death. In his *Shōbōgenzō* Dōgen criticizes this viewpoint, believing that it violates the Buddhist doctrine of the consistency of the body and mind. This criticism is very close to the theory that God never dies. As far as Dōgen's criticism of the "Theory of Xinchangxiangmie" is concerned, the vast majority of previous scholarship believes that he was criticizing the Original Enlightenment thought of the Japanese Tendai Sect. However, the two very important concepts in the "Theory of Xinchangxiangmie", "lingzhi" (灵知) and "lingxing" (灵性), cannot be found in Japanese Tendai documents. Thus, there lacks irrefutable evidence to ascertain that the target of Dōgen's criticism was indeed the Original Enlightenment thought of the Japanese Tendai Sect. This chapter views Dōgen's criticism of the "Theory of Xinchangxiangmie" as a problem within the scope of the history of Chan/Zen Buddhist thought, related to Chinese Chan Buddhist thought, and provides a new and thorough discussion of the concrete targets and background of Dōgen's criticism. Accordingly, the "Theory of Xinchangxiangmie" was initiated by the Hongzhou and Heze (荷泽) Sects of the Tang Dynasty and therefore the targets of Dōgen's criticism should be the Hongzhou and Heze Sects, which have nothing to do with the Original Enlightenment thought of the Japanese Tendai Sect. As for the background of this criticism, we believe that at that time the Daruma Sect in Japan and the Linji (临济) Sect in China were perpetuating this theory. Dōgen's intention in criticizing it was to make very clear his own religious position, distinguishing himself from them.

Chapter 7 examines the targets and background of Dōgen's criticism of the theory of the consistency among the three major Chinese religions. This theory argues that Confucianism, Buddhism, and Taoism were fundamentally in agreement with one another. Dōgen felt that the Song theory in vogue at that time was also heterodoxy and felt that the popularity of the theory of the consistency among the three major religions was an indicator of the decline of Buddhism, and urged his disciples not to listen to it so uncritically. According to what Dōgen said, those who advocated the theory of consistency belittled the doctrine of the *Saddharma-pundarika-Sūtra* (《法华经》) and esteemed the *Śūraṅgama-samādhi* (《首楞严经》) and *Yuanjue Sūtras* (《圆觉经》). Because it was said that the Sixth Patriarch Huineng (惠能) esteemed the *Saddharma-pundarika*, *Mahāparinirvana* and *Vajra* (《金刚经》) Sūtras, Dōgen felt that it was inconsistent with Chan/Zen tradition to esteem the *Śūraṅgama-samādhi* and *Yuanjue Sūtras*, pointing out that from very early on there had been those who doubted the authenticity of the *Śūrangamasamādhi* and *Yuanjue Sūtras*, suggesting that they were not Buddhist. According to our research, Dōgen first started to criticize the theory of the consistency of the three religions in 1243. One cannot find any criticism from him before that date. In 1243 Shōichi (圣一), a Japanese monk of the Linji (临济) Sect who had made a pilgrimage to China, arrived in Kyoto to be the abbot of Tōfuku (东福) Temple. It was also precisely in this year that many disciples of the Daruma Sect came to Dōgen to be converted to his sect. All of these disciples esteemed the *Śūrangamasamādhi* and *Yuanjue Sūtras*, and advocated the consistency of the three religions. Their stream of teaching was completely of the Chinese Song Dynasty Linji Sect. Having verified these facts, we believe that the targets of Dōgen's criticism were in fact the Chinese Linji Sect and those who continued their stream of teaching in Japan, the Japanese followers of the Linji Sect, as well as the followers of the Daruma Sect. The reason for carrying out this criticism was because of the existence of the Daruma and Linji Sects in Japan. He wanted to criticize them from the viewpoint of sutras held by the Sixth Patriarch, and thus make crystal clear the orthodoxy of the Chan/Zen ideas he taught, and emphasize that what he adhered to was the orthodoxy that had been passed down from the Six Patriarch Huineng of the Tang Dynasty.

Synthesizing what has been discussed in the previous seven chapters, Chapter 8 examines how to understand the particulars of the thought of Dōgen and points out some of our own viewpoints as a conclusion. As for understanding the particulars of Dōgen's thinking, most previous studies raise the criticism discussed above, and believe that the distinctive features of Dōgen's thought can be found in his criticism of Chinese Chan thought. Not a few people adhere to this viewpoint. From the chapters discussed above we know that Dōgen did indeed criticize certain ideas and viewpoints of Chinese Chan Buddhism. However, at the same time, we saw that there were historical reasons for this criticism and there were concrete targets. Such criticism most certainly did have its ulterior motives. Therefore, it is inappropriate to consider this criticism to embody what might be called the essence of his Chan/Zen thought. This question should instead be determined by how he used his native language of Japanese to understand Chinese Chan thought. In this chapter, then, we compare the similarities and differences in Dōgen's respective concepts of Chinese Chan Buddhism found in his Chinese and Japanese writings. For example, when he explains the meaning of "this very mind is itself the Buddha" in his Chinese work *Eiheikoroku*, he does so completely according to the Chinese meaning. However, in his Japanese work *Shōbōgenzō*, he doesn't do this, instead translating this saying as a whole to mean "to enter the priesthood, to be well trained, Spiritual Enlightenment" and explaining that the "mind" of this saying means "the great earth and heavenly bodies". This type of explanation can be found scattered throughout the various chapters of *Shōbōgenzō*. When Dōgen used his native language to understand the concepts of Chinese Chan Buddhism, he was not a stickler for maintaining the exact Chinese wording. He was much more free about this, enriching the explanation with meaning. Some scholars say that Dōgen was a "misreading genius". It was through these "misreadings" that he bestowed upon his Chan/Zen thought their various qualities. Research that centers around Dōgen's "misreadings" as a means of grasping the special nature of his Buddhist thought have not yet fully unfolded in Japanese academic circles. We can say that this is an important topic for future studies of Dōgen.

引用・参考文献一览

撰写本书过程中，参考了大量文献、研究著作和学术论文。这里列举其中的一部分。

一、道元著作类

1. 《正法眼藏》95卷［水野弥穗子校注：《正法眼藏》(一)—(四)，岩波文库，1990—1993年］

2. 《〈正法眼藏〉三百则》3卷（大久保道舟编：《道元禅师全集》下卷所收，筑摩书房，1970年）

3. 《普劝坐禅仪》1卷（同上）

4. 《学道用心集》1卷（同上）

5. 《宝庆记》1卷（同上）

6. 《典座教训》1卷（同上）

7. 《永平清规》1卷（同上）

8. 《伞松道咏集》1卷（同上）

9. 《永平广录》10卷（大久保道舟编：《道元禅师全集》下卷所收，筑摩书房，

1970年）

10.《正法眼藏随闻记》6卷（山崎正一校注：《正法眼藏随闻记》，讲谈社，1972年）

11.《道元禅师语録》1卷（镜岛元隆译注：《道元禅师语録》，讲谈社，1990年）

二、道元传记类

1.《永平三祖行业记》1卷（作者不明，《曹洞宗全书·史传上》所收，《曹洞宗全书》刊行会出版，1970—1983年）

2.《元祖孤云彻通三大尊行状记》1卷（同上）

3.《传光录》2卷（莹山绍瑾撰：《曹洞宗全书·宗源下》所收）

4.《元亨释书》卷六（虎关师练撰：《大日本佛教全书》101卷所收）

5.《建撕记》（建撕撰，河村孝道编著：《诸本对照〈永平开山道元禅师行状建撕记〉》，大修馆书店，1981年）

6.《永平开山道元和尚行录》1卷（作者不明，《曹洞宗全书·史传下》所收）

7.《日域曹洞列祖行业记》1卷（懒禅舜融撰，《曹洞宗全书·史传上》所收）

8.《日本洞上联灯录》1卷（岭南秀恕编，《曹洞宗全书·史传上》所收）

三、宏智、如净相关类

1.《宏智禅师广录》9卷（《大正藏》第48册所收）

2.《宏智禅师妙光塔铭》（宋·周葵撰，《两浙金石志》卷九所收）

3.《敕谥宏智禅师行业记》（《宏智禅师广录》卷九，《大正藏》第48册所收）

4.《敕谥宏智禅师后录序》（同上）

5.《天童如净禅师语录》（《大正藏》第48册所收）

6.《天童如净禅师续语录》（同上）

7.《枯崖和尚漫录》卷上（《卍续藏》第148册所收）

8.《续传灯录》卷三三（《卍续藏》第142册所收）

9.《增集续灯录》卷末《五灯会元补遗》（《卍续藏》第142册所收）

10.《继灯录》（《卍续藏》第147册所收）

11.《五灯严统》卷一四（《卍续藏》第139册所收）

12.《南宋元明僧宝传》卷七（《卍续藏》第137册所收）

13.《续灯存藁》卷一（《卍续藏》第145册所收）

14.《续指月录》卷一（《卍续藏》第143册所收）

15.《宗统编年》卷二四（《卍续藏》第147册所收）

16.《续灯正统》卷三五（《卍续藏》第144册所收）

17.《五灯全书》卷三〇（《卍续藏》第141册所收）

18.《揞黑豆集》卷一（《卍续藏》第145册所收）

四、其他

1.《坛经》（敦煌本，《大正藏》第48册所收）

2.《曹溪大师别传》（《卍续藏》第146册所收）

3.《圆觉经大疏钞》（宗密撰。《卍续藏》第14册所收）

4.《禅源诸诠集都序》（宗密撰。《大正藏》第48册所收）

5.《裴休拾遗问》（宗密撰。石井修道：《真福寺所藏〈裴休拾遗问〉的翻刻》，《禅学研究》第60期，京都禅文化研究所，1981年）

6.《祖堂集》（柳田圣山编：《祖堂集索引》上、中、下卷，京都大学人文科学研究所，1980—1984年）

7.《历代法宝记》（柳田圣山著《禅の语录2：初期の禅史Ⅱ》，筑摩书房，1976年）

8.《景德传灯录》（《普慧大藏经》版，中国台湾真善美出版社，1970年）

9.《禅林僧宝传》（《卍续藏》第137册所收）

10.《嘉泰普灯录》（《卍续藏》第137册所收）

引用·参考文献一览 · 413

11.《马祖的语录》(入矢义高编，禅文化研究所，1984年)

12.《古尊宿语录》(《卍续藏》第118册所收)

13.《续古尊宿语要》(《卍续藏跋》第118—119册所收)

14.《人天眼目》(《大正藏》第48册所收)

15.《抚州曹山元证大师语录》(《大正藏》第47册所收)

16.《抚州曹山本寂禅师语录》(同上)

17.《曹山语录抄》(性海见拙编，驹泽大学图书馆藏)

18.《曹山元证大师语录》(无刊记，驹泽大学图书馆藏)

19.《赵州录》(秋月龙珉著，筑摩书房，1972年)

20.《大慧普觉禅师语录》(《大正藏》第47册所收)

21.《大慧书》(荒木见悟著，筑摩书房，1969年)

22.《正法眼藏》(大慧著，《卍续藏》第118册所收)

23.《虚堂智愚禅师语录》(《卍续藏》第121册所收)

24.《松源崇岳禅师语录》(同上)

25.《北涧文集》(宋·居简著，《四库全书珍本》第二集所收)

26.《无文印》(宋·无文道璨撰，单行本，东北大学附属图书馆藏)

27.《无准师范禅师语录》(《卍续藏》第121册所收)

28.《感山云卧纪谈》(《卍续藏》第148册所收)

29.《无门关》(西村惠信译注，岩波文库，1994年)

30.《万善同归集》(《卍续藏》第110册所收)

30.《续日本纪》(《国史大系》本)

31.《八宗纲要》(凝然著，镰田茂雄译注，讲谈社学术文库，1981年)

32.《见性成佛论》(作者不详。《金泽文库资料全书》佛典第1卷《禅籍》篇所收，金泽文库，1974年)

33.《成等正觉论》(作者不详。同上)

34.《法门大纲》(作者不详。同上)

35.《日莲文集》(兜木正亨校注，岩波文库，1968年)

36.《十宗要道记》（传圣一撰，杂志《禅宗》第 210 号付录所收）
37.《杂谈集》（无住撰，山田昭全、三木纪人编校，三弥井书店，1973 年）
38.《宗统复古志》（三州白龙口授，卍海宗珊笔授，东北大学附属图书馆狩野文库藏本）

五、译注·校订类

1. 增谷文雄现代语译《正法眼藏》全 8 卷（角川书店，1973—1975 年）
2.《永平〈正法眼藏〉蒐书大成》刊行会编《〈正法眼藏〉蒐书大成》（春秋社，1983 年）
3. 铃木格禅等校订、注释《道元禅师全集》全 7 卷（春秋社，1990 年）
4. 柳田圣山主编《〈六祖坛经〉诸本集成》（中文出版社，1976 年）
5. 中川孝译注《坛经》（《禅の语录 4》，筑摩书房，1976 年）
5. 郭朋著《〈坛经〉对勘》（齐鲁书社，1981 年）
6. 郭朋著《〈坛经〉校释》（中华书局，1983 年）
7. 驹泽大学禅宗史研究会编《慧能研究》（大修馆，1978 年）
8. 镰田茂雄译注《禅源诸诠集都序》（《禅の语录 9》，筑摩书房，1972 年）
9. 铃木大拙编《佛果碧岩破关击节》（《一夜碧岩》，岩波书店，1942 年）
10. 入矢义高、沟口雄三、末木文美士、伊藤文生译注《碧岩录》上、中、下卷（岩波文库，岩波书店，1992 年—1996 年）
11.《国译禅宗丛书》卷一二（第一书房，1974 年）
12. 何燕生译注《正法眼藏》（宗教文化出版社，修订本，2017 年）

六、著作·论文集

1. 和辻哲郎《日本精神史研究》（岩波文库本，岩波书店，1992 年）
2. 秋山范二《道元の研究》（岩波书店，1935 年）

3. 田边元《〈正法眼藏〉的哲学私观》(岩波书店，1939年)

4. 伊藤庆道《道元禅师研究》第1卷(大东出版社，1939年)

5. 卫藤即应《宗祖としての道元禅师》(岩波书店，1944年)

6. 家永三郎《中世佛教思想史研究》(法藏馆，1947年)

7. 辻善之助《日本佛教史·中世篇之二》(岩波书店，1949年)

8. 大久保道舟《道元禅师传之研究》(岩波书店，1953年)

9. 镜岛元隆《道元禅师及其门流》(诚信书房，1961年)

10. 镜岛元隆《道元禅师与引用经典·语录之研究》(木耳社，1965年)

11. 卫藤即应《正法眼藏序说》(岩波书店，1970年)

12. 高崎直道、梅原猛《效仿古佛的道元》(角川书店，1969年)

13. 大场南北《道元禅师伞松道咏集的研究》(中山书店，1970年)

14. 玉城康四郎《道元集》(筑摩书房，1970年)

15. 竹内道雄《日本の禅》(春秋社，1976年)

16. 中世古祥道《道元禅师传研究》(国书刊行会，1979年)

17. 镜岛元隆等编《讲座道元》(I–IV)(春秋社，1980年)

18. 船冈诚《道元与〈正法眼藏随闻记〉》(评论社，1980年)

19. 镜岛元隆《天童如净禅师的研究》(春秋社，1980年)

20. 玉城康四郎编《道元》(《日本名著7》，中央公论社，1983年)

21. 山内舜雄《道元禅与天台本觉法门》(大东出版社，1985年)

22. 河村孝道等编《道元》(《日本名僧论集8》，吉川弘文馆，1985年)

23. 河村孝道《〈正法眼藏〉成立史的研究》(春秋社，1987年)

24. 古田绍钦《日本禅宗史の诸问题》(大东出版社，1988年)

25. 石井修道《宋代禅宗史の研究》(大东出版社，1987年)

26. 石井修道《中国禅宗史话—真字〈正法眼藏〉に学ぶ》(京都禅文化研究所，1988年)

27. 池田鲁参编《〈正法眼藏随闻记〉の研究》(北辰社，1989年)

28. 池田鲁参著《宝庆记—道元の入宋求法ノート》(大东出版社，1989年)

29. 池田鲁参著《道元学の摇篮》(大藏出版社,1990年)
30. 石井修道《道元禅的成立史之研究》(大东出版社,1991年)
31. 镜岛元隆他主编《十二卷本〈正法眼藏〉の诸问题》(大藏出版社,1991年)
32. 松冈由香子《古佛道元の思惟》(花园大学国际禅学研究所《研究报告》第3册,1995年)
31. 《道元思想大系》第1—21卷(同朋社,1995年)
32. 镜岛元隆监修《道元引用语录之研究》(曹洞宗宗学研究所编,春秋社,1995年)

七、相关书籍·史料

1. 宇井伯寿《第三禅宗史研究》(岩波书店,1943年)
2. 峃慈弘《日本佛教的展开及其基调——中古日本天台之研究》上、下卷(三省堂,1953年)
3. 荻须纯道《日本中世禅宗史》(木耳社,1965年)
4. 田村芳朗《镰仓新佛教思想の研究》(平乐寺书店,1965年)
5. 柳田圣山《初期禅宗史书之研究》(法藏馆,1967年)
6. 忽滑谷快天《禅学思想史》[名著出版社(复刊),1969年]
7. 镰田茂雄、田中久夫校注《镰仓旧佛教》(日本思想大系15,岩波书店,1971年)
8. 市川白弦、入矢义高、柳田圣山校注《中世禅家的思想》(日本思想大系16,岩波书店,1972年)
9. 多田厚隆、大久保良顺、田村芳朗、浅井圆道校注《天台本觉论》(日本思想大系9,岩波书店,1973年)
10. 中村元《日本人の思惟方法》(春秋社,1989年)
11. 船冈诚《日本禅宗の成立》(吉川弘文馆,1987年)
12. 镰田茂雄《宗密教学の思想史的研究》(东京大学出版会,1975年)

13. 柳田圣山译注《圆觉经》(佛教经典选 13,中国撰述经典 1,筑摩书房,1987 年)

14. 荒木见悟译注《楞严经》(佛教经典选 14,中国撰述经典 2,筑摩书房,1987 年)

15. 柳田圣山编《禅の文化·资料编》(《禅林僧宝传译注》,京都大学人文科学研究所,1988 年)

16. 裤谷宪昭《本觉思想批判》(大藏出版社,1989 年)

17. 奈良康明监修《ブッタから道元へ》(东京书籍,1992 年)

18. 洪修平《禅宗思想的形成与发展》(浙江古籍出版社,1992 年)

19. 潘明桂《中国禅宗思想的历程》(今日中国出版社,1992 年)

20. 魏道儒《宋代禅宗文化》(中州古籍出版社,1993 年)

21. 末木文美士《日本佛教史—思想史としてのアプローチ》(新潮社,1992 年)

22. 末木文美士《佛教—言叶の思想史—》(岩波书店,1996 年)

23. 末木文美士《镰仓佛教形成论》(法藏馆,1998 年)

24. 庆应义塾大学附属研究所斯道文库编《江户时代书林出版书籍目录集成》(井上书房,1962 年)

后记

本书是我的博士论文的一部分，原由日文写成，改写后，以相同的书名，于2000年由日本法藏馆出版。该书出版后，曾有几位好友建议我出版英文版，也有国内年轻学者主动提出愿意翻译成中文，在中国出版。然而，由于我主观上的惰性，加上客观上后来将精力投入其他议题的研究，比如佛教生死学、自然灾害与宗教关怀、近代佛教等，因此，英文版和中文版的出版一事，一直搁浅，未得成行，但它是我一直以来的一桩心愿。此次，承蒙福建万福寺住持定明法师厚爱，将拙著列入由他推动的"国际禅学研究丛书"之一，由中国大百科全书出版社出版，因缘殊胜，心想事成。在这里，首先要表达我对定明法师的敬意和感谢，同时也要向中国大百科全书出版社社科学术分社曾辉社长说一声谢谢。

本书日文版在日本出版时，曾得到过日本文部省"研究成果补助金"的资助，出版后，同年还获得了日本宗教学会学会赏（最高学术奖）；日本著名佛教学者末木文美士教授在日本宗教学会会刊《宗教研究》上撰写书评，对拙著在学术上的贡献做了比较客观的肯定。日本和欧美学界其他同行专家也撰写过日文和英文书评数篇。海外学界同行专家在学术上对拙著的关注与肯定，对我本人当然是一个有力的鞭策和鼓励。此次拙著中文版出版后，如果能听到汉语学界同行专家的批评与指正的声音，同样也是我由衷期盼的。据悉，末木教授的书评被译成中文，刊载在《佛学研究》2023年第1期（No.38）。

另外，需要说明的是：

1. 拙著出版后，部分章节曾经被先后翻译成中文，刊载在大陆和中国台湾地区相关杂志。有些是由我自己翻译的，也有些是由同行朋友和青年学者翻译的，在此再一次地向他们表示感谢。同时，正因如此，细心的读者会发现，本书各章节之间的汉语表达可能有不统一的地方。文字表达，各有喜好与习惯。尽管我在校对过程中做了相应的调整和修改，但可能还有遗漏。对此，希望得到读者的谅解。

2. 本书"余论"和"附录"部分所收的几篇文章，是我这几年来撰写的一些应时性文字，因其内容与本书有关，这次一并收录本书，供读者参考。除对引文出处做了相应的调整、统一外，基本上保持了原文的状态，因此，部分内容可能有重叠的情况；引文注释方面，日文文献有的译成中文，有的直接注明日文，未作翻译，存在出版不统一的情况，等等。这也需要得到读者的谅解。

本书自2000年日文版出版迄今已二十余年，国际学界关于道元的研究一直以来可以说是一个"显学"。比如，2005年3月末在东京举行的 第19届"国际宗教史协会"（The International Association for the History of Religions，简称IAHR）由150余场专题发表会组成，其中以中国禅学为专题的发表会只有一场，而以道元为专题的发表会却有两场，即"对道元禅研究的反省"和"道元与现代思想"，且发表人以外籍学者居多。笔者参加了后者的发表会，并宣读了题为《作为公共哲学的道元禅》的小文。尽管我们的发表会被安排在大会的最后一天，但令我记忆犹新的是，前来听讲的人不少，可谓座无虚席，他们纷纷就各自感兴趣的问题发言，比如道元与"京都学派"的关系、对"他者"的理解、对人生社会的关怀等，讨论十分热烈。与会的学者中近一半人来自欧美。此外，据笔者会后了解，另一场以"对道元禅研究的反省"为专题的会议，同样也颇受欢迎，讨论热烈。在这样的国际学术会议上，竟然有两场讨论道元的专题会议，这的确出乎笔者预料。除此之外，二十多年来，我几乎每年都有受邀参加以道元为专题的研讨会的机会。最近，我在京都大学人文科学研究所负责担任的禅研究班，就是以道元的《办道话》作为禅宗文献讲读的对象，有40多位国际学者参与。国际学界对道元禅学的关注度之高，由此可见一斑。

道元于日本镰仓时代来华留学，得中国曹洞宗天童寺如净禅师的印可，将中国曹洞宗传入日本，其禅法与中国具有密切的关系。在近代，经过日本学人的发现与研究，道元被视为日本杰出的哲学家，其主要著作《正法眼藏》先后被翻译成多种语言在国际流传，被广为研读。道元的思想远播欧美，深受欧美人士的欢迎。当今欧美禅学研究中道元禅学已成为重要的研究课题，国际学术界对道元禅学的兴趣与研究，不能不引起我们的重视。

近年来，中国相继出版了一些关于日本佛教研究的学术成果，日本佛教研究在中国可谓方兴未艾。本人已将道元的主要著作《正法眼藏》翻译成中文，并在中国国内出版。有兴趣的读者，可结合由我翻译的《正法眼藏》，研读道元禅思想，揭示其深厚的思想意蕴，将这个议题的研究推动开来。因为，日本佛教毕竟是中国佛教的发展，而道元禅思想就是中国佛教在日本取得深入发展的典型代表。因此，即便从研究中国佛教在周边如何发展的角度来看，日本道元的禅思想也是不可忽视的存在，更何况道元在中日佛教交流史上发挥过重要作用。

何燕生

2023 年 8 月 13 日于日本郡山

"纵横百家"丛书书单

"纵横百家"是中国大百科全书出版社旗下的社科学术出版品牌。"纵横百家"丛书主要出版人文社科通识读物和有思想、有创见的学人专著。

01 《我的父亲顾颉刚》 顾潮著 88.00元

02 《沈尹默传》 郦千明著 88.00元

03 《梁启超和他的儿女们》（增订本） 吴荔明著 88.00元

04 《但有温情在世间：爸爸丰子恺》 丰一吟著 98.00元

05 《九十年沧桑：我的文学之路》 乐黛云著 79.00元

06 《字字有文化》 张闻玉著 69.00元

07 《一个教书人的心史：宁宗一九十口述》 宁宗一口述，陈鑫采访整理 99.00元

08 《乾隆帝：盛世光环下的多面人生》 郭成康著 118.00元

09 《但愿世界会更好：我的父亲梁漱溟》 梁培恕著 88.00元

10 《中国的人文信仰》 楼宇烈著 68.00元

11 《"李"解故宫之美》 李文儒撰文，李少白摄影 88.00元

12 《法律、立法与自由》（全三册）［英］弗里德利希·冯·哈耶克著，邓正来、张守东、李静冰译 258.00元

13 《戴逸看清史1：破解三百年历史谜团》 戴逸著 59.00元

14 《戴逸看清史2：探寻历史走向与细节》 戴逸著 59.00元

15 《太和充满：郑欣淼说故宫》 郑欣淼著 108.00元

16 《变局之下：晚清十大风云人物启示录》 迟云飞著 88.00元

17 《我的老师启功先生》（增订本） 柴剑虹著 78.00元

18 《林徽因集》（增订本） 林徽因著 356.00元

19 《中国经济改革进程》（第2版） 吴敬琏著 88.00元

20 《中国的智慧》 楼宇烈著 79.00元

21 《巴金：激流一百年》 林贤治著 108.00元

22 《杨度与梁启超：我们的祖父和外祖父》（增订本） 杨友麒、吴荔明著 99.00元

23 《论禅宗与人文》 杨曾文著 88.00元

24 《经济学读书笔记》 厉以宁著 128.00元

25 《道元与中国禅思想》 何燕生著 88.00元

纵横百家视频号，欢迎关注！